本书研究与出版受到以下基金项目资助：

国家自然科学基金面上项目"中国政府创新目标规划的创新效应研究：理论机制、实证识别与政策设计"（项目编号：72273052）

国家自然科学基金面上项目"行政审批改革的经济增长效应研究：理论机制、实证识别与政策设计"（项目编号：71773038）

教育部人文社会科学研究青年基金项目"经济增长目标约束与中国结构性高杠杆的形成机制研究：理论与实证"（项目编号：20YJC790081）

广东省自然科学基金面上项目"中国政府经济发展目标的经济效应研究"（项目编号：2022A1515012025）

广东省自然科学基金面上项目"经济增长目标约束影响公共卫生：理论机制、效应识别与政策优化"（项目编号：2021A1515011983）

广东省哲学社会科学规划青年项目"经济增长目标约束对债务风险的影响机制与实证检验"（项目编号：GD19YYJ09）

广发证券社会公益基金会《中观经济学》《国家金融学》教学科研基金

经济增长目标
引领经济发展研究

Study on the Economic Growth Target
Leading Economic Development

王贤彬　黄亮雄　刘淑琳◎著

暨南大学出版社
JINAN UNIVERSITY PRESS

中国·广州

图书在版编目（CIP）数据

经济增长目标引领经济发展研究/王贤彬，黄亮雄，刘淑琳著.—广州：暨南大学出版社，2022.9
ISBN 978 - 7 - 5668 - 3482 - 9

Ⅰ.①经… Ⅱ.①王…②黄…③刘… Ⅲ.①中国经济—经济增长—研究 Ⅳ.①F124.1

中国版本图书馆 CIP 数据核字（2022）第 155064 号

经济增长目标引领经济发展研究
JINGJI ZENGZHANG MUBIAO YINLING JINGJI FAZHAN YANJIU
著　者：王贤彬　黄亮雄　刘淑琳

出 版 人：张晋升
责任编辑：曾鑫华　冯月盈
责任校对：刘舜怡　黄亦秋
责任印制：周一丹　郑玉婷

出版发行：暨南大学出版社（511443）
电　　话：总编室（8620）37332601
　　　　　营销部（8620）37332680　37332681　37332682　37332683
传　　真：（8620）37332660（办公室）　37332684（营销部）
网　　址：http：//www.jnupress.com
排　　版：广州市天河星辰文化发展部照排中心
印　　刷：广州市银裕彩印有限公司
开　　本：787mm×1092mm　1/16
印　　张：15
字　　数：266 千
版　　次：2022 年 9 月第 1 版
印　　次：2022 年 9 月第 1 次
定　　价：49.80 元

（暨大版图书如有印装质量问题，请与出版社总编室联系调换）

前　言

　　当代中国经济发展波澜壮阔，中国经济学者拥有广阔的研究空间。解读中国经济发展并为其提供理论启示是当代中国经济学者的使命。中国经济发展理论研究已经取得了一系列成果，这些成果见诸海内外著作以及学术刊物当中，相当部分已得到中国经济理论创新奖、孙冶方经济科学奖等认可。本书试图从经济增长目标规划引领视角对当代中国经济发展提供一种解释。

　　经济增长目标是中国政府管理经济发展过程中所采取的一种政策，已经形成较为完整成熟的做法。宏观经济学本身关注经济增长，也关注对短期经济波动的管理与调控。政策界及实务界都关注经济增长的波动，关注实际经济增长表现与预期性经济增长之间的差距。但是，上述这些关注仅仅是从熨平经济波动的角度展开的，并未给予经济增长目标更深层次的解释，较少从制度层面展开讨论。因此，尽管我们不能认为学界缺少对经济增长目标的研究，但其却是不完整和局部性的。

　　较早从学理层面关注经济增长目标管理的逻辑的文章是中山大学徐现祥教授等于2014年发表在《经济研究》上的《经济增长目标的策略性调整》，文中提出了这样一种逻辑：经济增长目标是各级政府一种战略性的工具和手段，服务于其追求的效用函数。这一逻辑开启了从经济增长目标角度观察政府如何影响经济增长的新研究领域。受到徐现祥教授的启发，我们也开始对中国政府的经济增长目标规划行为进行系统性的研究，自第一篇相关的文章发表至今，已经有5年多。经济增长目标管理并不是中国特有现象，但是中国政府所开展的经济增长目标管理更有规划的特点，更有执行的特色，这些都是非常值得研究和探讨的维度。本书的三位作者王贤彬、黄亮雄和刘淑琳分别来自广东的三所高校，三人紧密交流与合作，尽管合作研究的过程经历了许多困难和曲折，但是还是取得了阶段性的进展。

　　在开展经济增长目标研究过程中，我们得到了许多同行的指点和帮助。特别要感谢中山大学徐现祥教授、北京大学刘冲教授、南京财经大学余泳泽教授、中南财经政法大学詹新宇教授、中国人民大学马亮教授等，他们的文章给予了我们许多启发，我们也曾向他们请教，他们都慷慨地分享真知灼见。当然，时至今天，已经有很多的学者参与到这个方向的研究中来，并且越来越多的学者开始关注这个方向。此外，我们也要感谢在论文研讨、审稿及书稿编撰过程中给予意见和建议的所有老师、学生和朋友们。本书的成稿还要感谢做出出色助研工作的陈春秀、马明辉、王震、林绍良等同学。

本书的出版亦要感谢陈云贤教授。陈云贤教授是著名经济学家，提出了中观经济学学科，致力于从政府超前引领的视角来研究政府发展经济的问题。这一思路与经济增长目标规划的经济学研究有许多的共通之处。陈云贤教授每年主讲中观经济学师资培训班，本书主要作者王贤彬、黄亮雄先后参加了培训班，对中观经济学有了更加深入的认识。本书是以严谨的学术形式对中观经济学理论的一种论证，也是对其的一种扩展和深化。本书借鉴了大量关于中国发展的学术理论和相关文献，我们以参考文献的形式列出，并予以感谢。

最后，本书只是我们团队关注中国发展的制度经济学研究的阶段性成果，仍有许多不完善之处，我们需要继续努力，也希望各界同仁能够提出宝贵的建设性建议与意见。

作者于广州
2022 年 8 月

目录
Contents

第一章 导论

一、研究背景

当前，世界正经历百年未有之大变局，新一轮科技革命和产业变革深入发展；同时，我国已转向高质量发展阶段，经济长期向好，物质基础雄厚，市场空间广阔，发展韧性强劲。我国继续发展具有多方面优势和条件，但是也面临许多深层次的结构性和体制性问题。我国发展不平衡不充分的问题仍然突出，重点领域关键环节改革任务仍然艰巨。中共十九届五中全会胜利召开，全会审议通过了《中共中央关于制定国民经济和社会发展第十四个五年规划和二〇三五年远景目标的建议》，做出了夺取全面建设社会主义现代化国家新胜利的号召。可以看到，在无数个关键历史时刻，党和国家往往能够以关键性的文件，提出宏伟的发展目标，团结全党全国各族人民为之奋斗，不断夺取一个又一个发展的伟大新成就。

进入 2022 年，我们正开启全面建设社会主义现代化国家新征程，向第二个百年奋斗目标进军。在这历史性时刻，回望中国共产党百余年奋斗历程，新中国 70 余年发展历程，特别是改革开放 40 余年快速发展进程，最为突出和关键的逻辑线索无疑是坚持了中国共产党的全面领导，对经济发展进行了高瞻远瞩的规划引领。与主流的经济学共识一致，国家经济发展与制度及政策紧密相连，不依赖于制度基础、国家能力和政策支撑的经济发展繁荣只是存在于纯粹的新古典经济学理论框架当中。分析经济发展必须嵌入制度和政策因素，特别是需要关注国家和政府在其中的关键作用。正因如此，以发展中国家为研究对象的发展经济学研究越来越关注政府行为因素的经济发展效应。中国作为最大的发展中经济体，中国经济学者扎根中国发展伟大实践，不断挖掘中国经济发展过程中的制度和政府元素，产生了大量有影响力的理论与文献成果。这些研究成果构成了中国特色社会主义经济学的重要组成部分。中国政府被看成是一个发展型政府的角色。中国政府推动国家发展的一个重要做法就是通过超前的目标规划引领经济发展，最为常见的做法就是各级政府制定五年发展规划，并且发布年度政府工作报告，在其中提出本级政府的经济发展的数字化目标。

经济增长目标管理是中国经济发展的重要现象，是中国共产党对经济发展进行规划和管理的具体体现。特别是改革开放之后，从党的十二大到十八大，党中央一直前瞻性地提出经济翻番的增长目标。1982 年召开的十二大提出，"从一九八一年到本世纪末的二十年，我国经济建设总的奋斗目标是，在不断提高经济效益的前提下，力争使全国工农业的年总产值翻两番"。随后，党的十三大和十四大则加以确定。十五大、十六大、十七大以及十八大，先后提出与强调 2010 年实现国民生产总值比 2000 年翻一番，2020 年又比 2010 年翻一番的目标。其中，十八大提出，"实现国内生产总值和城乡居民人均收入到 2020 年比 2010 年翻一番的总体目标"。值得注意的是，虽然十九大报告没有明确提出 GDP 增长或者翻番类的目标要求，但强调"到建党一百年时建成经济更加发展、民主更加健全、科教更加进步、文化更加繁荣、社会更加和谐、人民生活更加殷实的小康社会，然后再奋斗三十年，到新中国成立一百年时，基本实现现代化，把我国建成社会主义现代化国家"。十九大淡化了经济增长速度的目标，并同时强调了落实"创新、协调、绿色、开放、共享"的多元新发展目标。

党对国家经济发展的愿景表述和目标设定，在具体的国家政府文件和政策上表现得更为明显。党的十一届三中全会之后，中国共产党将国家的工作重心调整到经济建设上来，政府规划的重心也相应地重新凸显对经济发展的规划和管理。中央政府以国民经济和社会发展五年规划纲要来对国家经济发展做出系统性规划设计，其中最为重要的规划是对未来五年的经济增长设置一个目标。中央政府不仅通过五年规划纲要设置中长期的经济增长目标，还通过全国人民代表大会上公布的《政府工作报告》对当年的经济增长设置目标，这一目标往往更加具体，对应某个相对确定的数字。类似地，各级政府也纷纷制定经济增长目标。经济增长目标已经成为中国宏观经济管理的重要指标。

2021 年国务院《政府工作报告》提出："'十四五'时期，经济运行保持在合理区间，各年度视情提出经济增长预期目标。2021 年发展主要预期目标是：国内生产总值增长 6% 以上。经济增速是综合性指标，今年预期目标设定为 6% 以上，考虑了经济运行恢复情况，有利于引导各方面集中精力推进改革创新、推动高质量发展。经济增速、就业、物价等预期目标，体现了保持经济运行在合理区间的要求，与今后目标平稳衔接，有利于实现可持续健康发展。"[①] 党和政府的文件表述充分表明了党和政府依靠目标规划引导经济社会发展的系统性举措，已经形成一种相对成熟以及较为科学的经济发展管理模式。当然，这种经济增长管理模式并非一朝一夕形成，而是党和政府经过长期实践探索形成的。这种重要的实践对中国宏观经济发展、微观企业和家庭决策运行产生了全方位的影响。新近经济学文献已经开始关注中国政府制定经济增长目标的经济发展效应，并且带来了一定的发现，也验证了中国政府以目标规划引领经济发展的理论基础。

中国政府以目标规划引领经济发展，本质上属于政府与市场关系的范畴。中国政府提出经济增长目标，并非仅仅属于一种预期管理，而是一种设定目标并配合实际政策和资源的运筹模式，并给市场经济运行带来实际影响。正因为如此，专门研究中国政府目标规划和管理具有重要的经济学理论价值和实践意义。政府与市场或者政府与经济的关系，一直以来都是经济学研究中的重要话题。陈云贤教授及其合作者早在 2011 年与 2013 年出版了《超前引领：对中国区域经济发展的实践与思考》和《论政府超前引领：对世界区域经济发展的理论与探索》两本著作，提出了政府超前引领理论，认为政府可以充分作为、顺应市场规律，对区域经济发展进行超前规划和引领，推动经济增长与发展。2015 年，陈云贤教授与顾文静教授两位学者共同出版了《中观经济学：对经济学理论体系的创新与发展》，2020 年，陈云贤教授出版了《市场竞争双重主体论：兼谈中观经济学的创立与发展》，更为全面深入地阐述了有为政府在经济发展过程中的准宏观和准微观属性，在市场经济建设过程中的关键作用，提出了市场竞争双重主体论、市场经济双强机制论等理论，重新阐述了政府在经济发展过程中的重要作用。本书具体研究了中国政府如何通过经济增长目标影响经济增长与发展，是对政府超前引领理论的一种具体的探索与验证。

二、中国经济增长驱动因素文献综述

经济学文献一直寻找经济增长的源泉，自经济增长理论诞生以来，就经历了不同的研究阶段和层次，对经济增长源泉的认识也不断深入。Aghion 和 Howitt（2008）在 *The Economics of Growth* 一书中明确指出，看待

---

① 值得注意的是，鉴于新冠肺炎疫情的冲击，2020 年的《政府工作报告》并没有设定具体的经济增长速度目标，而是强调"六稳"和"六保"。尽管如此，刘伟（2020）指出，不设定具体年度经济增长速度指标，即不以追求速度为目标，并不等于不需要经济增长，也不等于不需要努力实现一定的经济增长速度。

经济增长过程及其政策可以分为三个层次：第一个层次就是要素积累和创新；第二层次是制度和结构改革；第三个层次是文化和信念。从研究阶段来看，20世纪五六十年代的增长理论研究强调资本积累和外生的技术进步（Solow，1956）；进入80年代则强调内生的技术进步及影响技术进步的政策等；进入21世纪则定量分析制度因素的影响，强调内生制度是更深层次决定因素（Hall and Jones，1999；Acemoglu et al.，2001；Acemoglu et al.，2015）；近年来则开始寻找更加深层次的决定因素，比如基因（Spolaore and Wacziarg，2013）和文化（Doepke and Zilibotti，2014；Alesina et al.，2016）。尽管当前一些文献开始从基因和文化这些深层次角度探讨经济增长的源泉，但是实际上制度和政策因素始终是近年来经济学家看待经济增长及发展差距的最为重要的视角，制度和政策既与政府体制和市场机制密切相关，又是一个国家和地区在一定阶段内能够改变的方面。

关注中国发展转型的现有文献对中国的经济发展成就给出了一系列的学理解释。钱颖一和许成钢等（Qian and Xu，1993；Qian and Weingast，1997）将其归结于中国形成了一个"中国式财政联邦主义"（Federalism，Chinese style）；姚洋（姚洋，2009；贺大兴、姚洋，2009；贺大兴、姚洋，2011）将其概括为中国共产党在实际层面表现为一个"中性政府"（Disinterested Government）；张军和周黎安将其概括为地方政府的"为增长而竞争"（张军、周黎安，2008）；许成钢（许成钢，2009；Xu，2011）将其总结为一种经济分权和政治集权相结合的"地区性的分权式威权主义"模式（Regionally Decentralized Authoritarian）。这些理论皆从权力安排的视角解读中国发展，为中国奇迹提供了一个解释。其中，"中性政府"论主要从国家最高层面对中国如何维持政治稳定与实现经济发展提出制度解读；"中国式财政联邦主义"论主要从中央和地方政府之间如何合理分配财政等权力解释中国经济发展的演进；"为增长而竞争"论主要是从地方官员政治晋升竞争的角度解释中国经济发展及其相关的一系列问题；"地区性的分权式威权主义"论是对上述各种理论观点的一种总结提炼，更加简洁地表述了中国的内部政治体制安排的基本特征。从文献发展的脉络来看，学界不仅从国家整体层面对中国发展做出解释，更注重从国家内部的政府间关系对中国发展做出剖析，并且已经深入到中央与地方各级官员之间的微观联系分析。这些文献为我们理解中国发展模式提供了新的见解。

在众多的学理解释中，大部分研究将重点放在地方政府层面，或者中央政府对地方政府的权力分配以及对地方官员的激励和治理层面。中央和地方政府之间的财政关系，构成了转型国家经济发展的重要制度约束。

20 世纪 80 年代施行的财政包干制使地方政府成为财政剩余索取者。因此，地方政府纷纷努力发展本地乡镇企业，壮大本地经济总量，增加本地财政收入。1994 年的分税制改革是中央对地方财政权力的一次集权，但这并没有从根本上改变地方政府具有巨大的正式和非正式财政权力的事实（张军等，2007）。中国向地方分权的程度仍然是世界上较高的，张军等（2007）、许成钢（2009）等人都强调，按照国际度量标准，即地方财政开支占全国财政总开支的比例，中国向地方经济分权的程度超过了联邦制国家。1978 年之后的财政分权为地方政府和官员在维护市场、促进竞争与推动经济增长过程中的行为提供了重要激励，第二代财政分权理论是对此的重要文献成果（Qian and Xu，1993；Shirk，1993；Qian and Weingast，1997；Qian and Roland，2006）。史宇鹏和周黎安（2007）还指出，中国放权让利改革的一个重要方面是中央政府对地方政府的下放经济管理权限，即所谓的行政性分权。行政性分权作为中国分权改革的核心战略之一，对地方的经济效率产生了积极作用。此外，在权力下放的过程中，中国的产权形式发生了巨大变化，逐步形成了所谓的产权地方化。从所有制的角度看，中国改革的起点是公有制，在产权改革过程中，许多国有产权下放到地方，造就了国有产权地方化，中央给予了地方大量的资源，比如土地等自然资源出让权、国企控制权等。无论是财政分权还是经济分权以及国有产权地方化，都给予了地方政府以及地方官员推动地方发展的重要激励，从而导致解释中国发展无法脱离对地方政府层面的高度关注和全面考察。

　　大量的文献也将视角放在官员治理上，这一研究脉络主要由 Li 和 Zhou（2005）、周黎安（2007，2008）所开启，强调中央给予地方官员的政治激励，并命名为"官员晋升锦标赛"理论，随后得到极大的实证扩展。徐现祥等（2007）、张军和高远（2007）、姚洋和张牧扬（2013）都从经济增长的角度证实了地方官员对地方经济增长的重要影响。随后，研究的重点扩展到地方官员的微观经济效应上，曹春方等（2013，2014）、徐业坤等（2013）、罗党论等（2015，2016）、钱先航等（2011，2014）考察了地方官员更替等对商业银行、国有企业、上市公司等微观经济主体的经济行为和绩效表现的影响。

　　学界一度掀起了对于中国经济发展与转型而言，财政权力分配角度的解释还是官员激励角度的解释更为重要的学术争论（Opper and Brehm，2007；陶然等，2010；Jia et al.，2013；Fisman et al.，2020）。然而，张军（2008）指出，从中央对地方政府的财政权力分配的角度和中央对地方官员的政治激励的角度来解释中国经济增长，两者并非互相排斥的理论，而是高度互补和共融的。许成钢更是在其对中国转型和发展研究的宏大综述（许成钢，2009；Xu，2011）当中，将相关的理论解释总结为一种经济分权和政治集权相结合的"地区性的分权式威权主义"模式。周黎安（2018）进一步将中国经济奇迹归结为"官场 + 市场"的逻辑。

当前，这一脉络的研究仍在推进当中。但是，财政分权理论关注的是政府财政权力分配对经济的影响，政府官员理论主要关注的是政府官员在上级的激励和约束下所实施的决策与行为的经济效应，中国政府体制的转型和政策职能的配置对经济发展的影响，仍然具有巨大的研究空间。特别是政府对经济发展的整体规划和引领职能，显得越来越重要，这种职能产生何种效应，遵循怎样的影响机理，如何能够达到更好的效果，是研究中国经济增长的制度新视角。

近年来，随着对中国经济增长的制度探因研究的不断推进和深入，学界开始注意到中国政府对经济发展整体规划和引领的重要作用。经济学者首先关注到的是，中国政府实施了一种以经济增长目标引导经济增长的模式，经济增长目标一直主导着实际经济增长（徐现祥等，2018；Lyu et al.，2018）。新近涌现的一系列文献，开始直接研究政府的经济增长目标管理。这些研究实质上是中国"政治集权经济分权"治理模式下"官员晋升锦标赛"理论的延续（张军，2005；Li and Zhou，2005；周黎安等，2007）。马亮（2017）强调目标责任考核是中国政府管理体制的核心组成部分，目标是政府工作的"指挥棒"，政府分配和监督目标的完成，目标约束着政府与官员的行为。我们进一步提出，目标规划是中国政府推动经济发展的一种重大战略做法。当前经济增长目标管理研究主要有两类，一是，经济增长目标的决定因素，即什么因素决定经济增长目标的设定；二是，经济增长目标带来的影响，主要是对经济增长的影响。

第一类研究是有关经济增长目标的影响因素。在"官员晋升锦标赛"之下，经济增长目标是中国上级政府激励、管理下级官员的重要手段和政府绩效评价与管理的主要抓手（王汉生、王一鸽，2009；周黎安等，2015），但地方具体目标的制定与实施，必然是一个政府上下各部门反复推敲和讨价还价的复杂过程（王汉生、王一鸽，2009）。首先，中国经济增长目标的制定体现了上级政府领导的意志。徐现祥和梁剑雄（2014）基于区域经济增长格局转变的视角，论证了东部省区近年来下调经济增长目标的动因是中央政府实施了更强力度的跨区域财政收入再分配策略，降低了东部省区推动地方经济快速增长的激励。周黎安等（2015）强调经济增长目标是中国上级政府激励、管理下级官员的重要手段，通过部门划分、逐级摊派和层层分解而得以贯彻落实。Li et al.（2019）基于经济增长目标是上级政府传递其对经济增长重视程度的信号并激励地方官员为之努力的假设，构建 Tullock 竞赛模型考察以"官员晋升锦标赛"为基础的多层级组织的最优目标设定，更为系统地揭示了"层层加码"现象。其次，地方官员制定的目标体现了本级政府领导的意志。地方官员如何根据中央为其预先设定的经济增长目标，制定能让自己脱颖而出的目标并力保完成，就成为一个至关重要的问题。现行的人事制度和财政体制安排形成了地方官员积极推动地方经济增长的主要激励基础（Qian and Roland, 2006；Jin et al., 2005；周黎安等，2005；Li et al., 2005；史宇鹏等，2007），同时也给予地方官员适度的自由决策和行动的空间（王世磊、张军，2008；王贤彬等，2009）。马亮（2013）、余泳泽和杨晓章（2017）的研究均表明，地方官员显著地影响了地方经济增长目标的设置。此外，目标制定也受到周围同级地区的影响。"官员晋升锦标赛"这种行政治理模式之下，地方官员之间存在激烈的竞争（张军，2005；周黎安，2007；张五常，2008；王贤彬、徐现祥，2010；付强、乔岳，2011）。当上级政府提出某个经济发展目标，下级政府会竞相提出更高的发展目标，因此周围同级地区有影响互动。Li et al.（2019）的 Tullock 竞赛模型在揭示"层层加码"现象的同时，表明目标设定会受到同一省区内下级行政机构数量的影响。王贤彬和黄亮雄（2019）亦提出地方政府实施经济增长目标调整时，会对其他地区的经济增长目标做出策略性反应。

第二类研究是有关经济增长目标带来的影响，较多的是集中于对经济增长的影响。从现有的研究来看，经济增长目标确实能够有效地促进经济增长。孙文凯和刘元春（2016）就政府制定经济增长目标对实际增长的影响进行了定量分析，发现政府制定经济增长目标对经济实际增长有显著正向影响。徐现祥和刘毓芸（2017）对除非洲和南美洲以外的全球各个经济体的经济增长目标数据的分析表明，经济增长目标变动一个百分点，实际经济增长速度也将变动一个百分点，并且主要影响资本积累。李书娟和徐现祥（2021）考察中国政府的经济增长目标引领经济增长的程度。他们基于 2001—2013 年中国地级市样本的研究发现，在经济上行时期，目标对实际经济增长无显著影响；在经济下行时期，目标对经济增长的引领程度约为 1/3；在 2001—2013 年间，目标引领经济增长的程度大致不变，保持在 1/3 左右。李书娟、陈邱惠和徐现祥（2021）进一步考察了经济增长目标管理在应对不利冲击并快速恢复经济增长中的作用。他们指出，中国施行目标导向的宏观经济管理，当遭遇不利冲击时，经济向下偏离当年增长目标，政府迅速实施目标导向政策，对冲不利冲击的负面影响，从而使经济较快恢复增长。他们采用洪水这一准自然实验，实证分析发现在2001—2016年洪水对当年经济的负面冲击约为1.07个百分点，目标对冲效应约为1.11个百分点，对冲了洪水冲击的负面影响，经济得以快速恢复增长。

由此可见，经济学界已经充分地认识到了经济增长目标在经济增长过程中的重要性，并且取得了一定程度的共识。本书将在已有研究的基础上，进一步系统地考察经济增长目标规划驱动经济增长的手段和渠道，并在已有文献的基础上进一步较为全面地探究其所可能产生的资源配置和经济发展质量效应。本书的系列研究有希望能够为有为政府以经济增长目标规划超前引领经济发展提供更加系统性的证据。

三、本书内容与结构

本书立足于现有制度和体制的文献，直接从政府经济增长目标视角切入，考察经济增长目标的经济效应。特别地，本书突破了已有文献着重于考察经济增长目标的经济增长效应的局限性，着重考察经济增长目标驱动和引领经济增长的具体渠道和机制，并且深入地考察了经济增长目标管理所产生的经济发展质量效应，特别是其可能具有的资源配置效应。具体来说，本书主要部分覆盖第二章到第九章，共八章的主体内容。

已有研究发现政府制定的经济目标能够产生经济增长绩效，本书第二章至第五章集中考察政府目标实现经济增长绩效的渠道和机制。经济增长的直接动力来自生产要素积累和技术进步。中国改革开放以来的经济增长奇迹突出体现在快速的物质资本积累方面。理解政府经济增长目标规划引领实际经济增长，必然无法忽略固定资产投资。第二章正是专门考察了经济增长目标如何影响投资，提出了经济增长目标驱动辖区投资增长的理论假说，并采用地级市政府工作报告公布的经济增长目标数据，对理论假说进行了验证。我们发现，经济增长目标每提高1%，地区投资显著上升约0.44%。这一发现是稳健的，采用不同的核心变量度量指标、不同的回归样本以及不同的估计方法等，结论依然成立。我们还发现，经济发展阶段和地区发展水平差异导致了目标驱动投资效应的异质性。随着经济发展阶段的转变，经济增长目标推动辖区投资增加的边际效应下降；经济发展水平较高的东部地区的地方政府所制定的增长目标更有效地扩大了辖区投资。

第三章在第二章发现经济增长目标管理显著推动辖区固定资产投资的

基础上，进一步考察经济增长目标对外商直接投资的影响。第三章基于中国各地级市政府工作报告公布的年度经济增长目标，形成地级市面板数据，检验经济增长目标对吸引外资的影响。研究发现，经济增长目标的提高显著增加了实际利用外资数量，该发现是稳健的；在进行了变换度量变量、回归样本和考虑内生性的稳健性检验之后，结论依然成立。究其机制，是在既定的经济增长目标的激励下，地方政府扩大土地出让面积，增大人均财政支出，以此吸引外商直接投资。

第四章在关注各类投资如何受到经济增长目标影响的基础上，聚焦于一个对发展中经济体经济发展具有重要作用的方面——基础设施建设与改善。毫无疑问，基础设施的建设与改善是发展中经济体经济发展的重要基础，基础设施大规模建设与超幅度改善为中国长达40多年的经济增长提供了重要支撑。深入论证了地区政府可以通过实施增长目标管理，引领和驱动基础设施改善。第四章采用省级面板数据，基于政府工作报告中的经济增长目标数据，检验经济增长目标对基础设施数量和质量两个维度的影响。结果表明，经济增长目标对基础设施数量存在正向促进的线性影响效应，而对基础设施质量存在先促进随后转为遏制的"倒 U 型"非线性影响效应。其机制在于，基础设施数量始终能正向影响经济增长，但基础设施质量对经济增长的促进作用存在门槛值，仅在质量较低时才成立。同时，基础设施数量的促进作用大于基础设施质量。这一研究深化了目标引领理论，厘清了目标驱动基础设施改善进而引领经济增长的内在逻辑，为有为政府引领经济发展提供了具体证据。

第五章在关注驱动经济增长的投资和资本积累影响的基础上，转向关注影响长期经济增长的深层次因素，这一因素就是创新。经济理论已经取得这一共识，长期经济增长的动力来自科技进步，而科技进步最终需要依靠创新。第五章结合增长目标管理与地方政府激励视角，重点考察地方经济增长目标压力对地区创新的影响效应及其特征。在理论上，本章论述了经济增长目标压力对创新的影响并非线性，而是存在着先促进随后转为遏制的"倒 U 型"非线性效应。在实证上，采用政府工作报告中公布的经济增长速度目标与上一年实际经济增长速度的比值度量经济增长目标压力，基于地级市的面板数据，验证了理论假说。我们还发现，这种非线性的关系，在市场化程度较高的情况下更为突出，这反映了地方经济增长目标所传递的压力信息对创新造成的影响，是微观企业主体对相关信息和政策进行理性反映的综合结果。本章研究发现深化了对创新规律及驱动因素的理解，有助于构建更加科学的创新激励体系框架。

在考察经济增长目标驱动经济增长的渠道和机制基础上，第六章至第九章进一步考察经济增长目标所产生的经济发展质量效应，即考察经济增长目标对经济效率和资源配置效率方面的影响。

第六章从政府经济增长目标规划层面探寻制造业生产效率的影响效应。本章利用我国省级制造业的面板数据实证检验地方政府经济增长目标压力与制造业全要素生产率的作用关系。结果表明：经济增长目标与制造业全要素生产率之间存在显著的"倒 U 型"关系，且政府经济增长目标效应是通过减少研发投入、缩减科教支出、增加投资规模的方式作用于制造业，进而降低了生产效率。分行业的异质性检验支持基准回归结论。此外还发现，经济增长目标压力效应对技术型制造业的影响显著，而资本型制造业对经济增长目标压力反应最为敏感。这一研究为我国地方政府改变传统经济发展模式提供了有益参考。

第七章从企业层面考察经济增长目标如何驱动微观经济主体的决策，从而为经济增长目标如何影响企业获取和利用资源提供证据。本章从地方政府经济增长目标的角度，匹配地级市经济增长目标数据和沪深 A 股上市公司数据，考察了政府经济发展规划如何影响企业风险承担水平。研究发现，地方经济增长目标的提高，显著提升了企业风险承担水平，该发现是稳健的，在更换了企业风险承担、经济增长目标的衡量方法以及内生性问题后，结论依然成立。在外部资源的调节效应中，本章发现获得高政府补助、融资约束程度低以及能获得高贷款的企业，经济增长目标对其风险承受水平的提升作用更大。而异质性检验也发现，地方经济增长目标对企业风险承担水平的刺激效应主要体现在具有一定规模、国有性质以及具有政治关联的企业当中，以及主要体现在发展水平较低、市场化程度较低的城市当中。这些发现一致表明，地方经济增长目标对企业风险承担水平的正面影响，主要还是地方政府主导资源分配的结果，而并非市场信号机制的结果。

第八章从产能利用率角度考察经济增长目标的资源配置效应。中国经济长期以来的高速增长伴随着难以消除的产能过剩问题，亟须转向高质量发展。本章利用中国工业企业数据库测算地级市四位数行业的产能利用率，采用工具变量法考察地方政府制定的经济增长目标对产能利用率的影响。研究表明，经济增长目标与产能利用率存在"倒 U 型"关系，这种关系主要体现在受地方政府干预更多的资本密集型产业、重点产业；目标对实际产出的促进作用随着目标的提高逐渐变小，对产能的促进作用保持稳定，导致产能利用率先升后降；目标对产能利用率的影响通过降低工业用地价格和环保标准实现。

第九章进一步分析经济增长目标管理在地理空间维度上所产生的资源配置效应。中国快速的城镇化进程中出现的一个重要现象是，建成区面积扩大速度快于城镇人口增长速度。本章利用夜间灯光数据测算了城市层面的激进城镇化程度，系统地呈现了中国各区域的激进城镇化变动趋势，并融合政治经济学和城市经济学文献，基于中国政府的经济增长目标管理实践，提出政治晋升激励之下的地方政府经济增长目标的提高显著导致激进城镇化现象出现的理论假说。经验分析结果与理论假说高度吻合，其机制是高经济增长目标导致地方政府更大力度地出让土地，但未能推动城镇人口同步增加。本章为从地理空间角度改善中国资源配置效率和提升经济发展质量提供理论启示。

综上可知，本书主要进行了两大方面的工作，分别考察了经济增长目标规划驱动实际经济增长的渠道和机制，以及考察了经济增长目标规划产生了怎样的经济发展质量效应。这两大方面构成了本书一个完整的研究体系，正因为已有研究和文献著作已经较为深入地回答了经济增长目标多大程度上驱动了实际经济增长，本书则先聚焦于实现的渠道和机制，再探讨其对经济发展质量的影响。整个研究拓展了现有研究的边界，使得我们可以更加清晰地看到，中国政府作为发展型的有为政府，可以通过各种有力的工具和手段实现快速的实际经济增长，这些手段包括大力招商引资、进行大规模的基础设施投资建设，以投资拉动经济增长。这很好地体现了政府以目标规划超前引领经济增长的重大典型事实，更体现出政府特别是区域政府具有准宏观和准微观的双重属性。但是，在实践当中，中国各级政府以目标规划引领实际经济增长的做法，也存在着不可忽视的成本和风险。目标驱动增长，是通过调动和配置资源实现的，政府可以通过顺应市场规律的做法，也可以通过其他扭曲性的做法，来进行资源配置。当政府出于短视性和局部性的目标时，就可能扭曲资源配置，降低资源配置效率，从而不利于经济发展质量。因此，怎样优化政府经济增长目标规划，完善政府经济增长目标引领经济发展的机制，仍然是未来兼具理论价值和实践意义的重大课题。这些未完全回答的课题，是中观经济学进一步发展的重要内容。

第二章　经济增长目标引领固定资产投资

一、引言

　　改革开放40多年，中国经济增长创造了史无前例的奇迹。中国经济增长的奇迹，很大程度上与各级政府推动经济发展的热情联系在一起。中国各级政府在政治激励和财政激励之下对发展辖区经济有着高涨的热情，并在实践中陆续引入目标管理，通过每年年初的政府工作报告制定较明确的经济增长目标，指引当年辖区的经济建设。现有大量研究表明，各级政府官员对辖区经济增长产生了显著的影响（Jones and Olken，2005；徐现祥等，2007；姚洋、张牧扬，2013）。与政策、产业结构等官员无法直接控制的影响经济增长的工具相比，徐现祥和梁剑雄（2014）指出，由官员直接制定并对其负责的经济增长目标，可能是官员影响经济增长的更为直接的证据。徐现祥和刘毓芸（2017）进一步利用包括中国在内的49个一直或定期公布经济增长目标的经济体的实践表明，其宣布的经济增长目标与随后的经济增长速度呈现出明显的正相关关系。如果这些文献的逻辑成立的话，那么令人感兴趣的一个问题是，中国的经济增长目标管理是如何得以实现的，是否与大家耳熟能详的增长模式存在关联？

　　我们可以观察到，在经济增长目标宣布后，各级政府通常会出台各种配套政策和指导规划，力图把资金引导或者配置到某些特定的行业或经济活动中去，以确保既定增长目标的实现。一直以来，投资都是拉动中国经济增长的主要动力（王小鲁等，2009；张德荣，2013），为此，从本章开始，我们将对经济增长目标如何驱动经济增长进行较为系统性的考察。本章将目光聚焦在投资上，考察经济增长目标是否对投资有拉动作用。如果是，这种拉动作用是否存在某种重要的异质性，其背后的逻辑机制是什么。目前虽然出现了不少研究经济增长目标的文献，但至少在我们的知识范围内，目前还没有文献基于城市级别的经济增长目标数据专门研究经济增长目标影响经济增长的投资机制。

从现有的经济理论和相关研究出发，本章提出待论证的三个基本假说。第一个是关于经济增长目标与投资之间的基本关系。经济增长目标是对地方官员政绩考核的关键指标，为了完成上级的考核，地方政府必然要采取有效手段完成既定目标，而投资的效果立竿见影，势必成为政策首选。因此，经济增长目标与投资呈现正相关的关系。第二个是关于经济增长目标与投资关系的时间异质性。随着我国经济由高速增长阶段转向高质量发展阶段，经济增长目标与投资的正相关关系随着时间的推移会有所弱化，以适应经济发展方式转变、增长动力转换的新趋势。第三个是关于经济增长目标与投资关系的区域异质性。投资虽然是实现经济增长目标的有效手段，但这种手段能否得以落实依赖于地方的经济环境与实力。相较于中西部省区，东部省区的经济增长目标投资驱动作用更加明显。

　　在实证上，本章采用 2001—2016 年各地级市的经济增长目标数据分析发现，与理论假说预期一致，经济增长目标具有明显的投资驱动作用。具体而言，在 2001—2016 年，经济增长目标每提高 1%，地区投资将显著上升约 0.44%。这一发现是稳健的，采用不同指标度量投资，采用不同指标度量增长目标，采用不同的回归样本，以及采用不同的估计方法等，这一基本结论都没有发生任何实质性变化。接着，本章考察经济增长目标投资驱动作用的异质性。通过检验经济增长目标与时间交互项对投资的影响发现，2011 年以后投资作为地级市实现经济增长目标手段的重要性有所减弱。通过检验经济增长目标与区域交互项对投资的影响发现，相对于中西部的内陆省区，投资作为实现经济增长目标的手段在东部省区效果更加明显。这些异质性结果体现了地方政府以投资手段实现经济增长目标的实际效果取决于一系列外部条件与环境，可为当前实现高质量发展提供一定的启示。

　　相对于已有文献，本章的创新和特色主要体现在以下几个方面。第一，已有的考察经济增长和投资关系的文献几乎都是关注投资对经济增长的影响，本章则另辟蹊径，专门考察经济增长目标对投资的影响效应。第二，尽管大量文献都探讨政府制度和政策对经济的影响，但基于政府的经济计划角度入手的文献不多，本章专门从经济增长目标切入，旨在考察政府所主动制定的经济目标是如何影响实体经济运行的，丰富了经济学关于计划与市场关系的研究。第三，尽管最近有文献开始关注政府目标对经济增长的影响，但并未解释政府制定经济目标影响经济绩效的机制，本章基于经济增长理论，在实证的基础上对此做出深入的分析，增进了学界对这一论题的理解。

本章以下部分的结构安排依次是：文献综述与理论假说；对实证模型及数据的介绍；实证结果分析；对经济增长目标投资驱动作用异质性的考察；结论性评述。

二、文献综述与理论假说

现有文献一直致力于寻找经济增长的源泉，关注的重点从资本积累和外生的技术进步，到内生的技术进步及其影响技术进步的政策，再到内生制度乃至基因和文化（Hall and Jones，1999；Acemoglu et al.，2001；Spolaore and Wacziarg，2013；Doepke and Zilibotti，2014）。新近涌现的一系列文献，强调目标管理对经济增长的影响（余泳泽、杨晓章，2017；徐现祥、刘毓芸，2017；徐现祥等，2018）。

事实上，对目标作用的研究由来已久，就我们目前掌握的文献，最早可以追溯到1935年英国的Mace对不同类型的目标影响绩效的分析（Locke and Latham，2006）。大量的研究表明，目标可以提高绩效（Boyne and Gould-Williams，2003）。其作用机制主要表现在：目标可以促使组织或个体将精力和资源集中在与目标相关的活动，提高人们的努力程度，使人持之以恒，激励人们寻求新的知识与技能以更好地完成目标（Locke，2000）。

正因为目标的积极作用，目标管理现象普遍存在。从全球范围看，自1950年至今，至少有49个经济体一直或定期公布经济增长目标（徐现祥、刘毓芸，2017），当中既有德国、英国等发达国家，也有中国、印度等发展中国家。其中，英国将目标作为政府绩效管理体系的核心要素（Halpern，2015），自上而下地设定和推动各类政策目标。在我们所掌握的文献范围内，经济增长目标管理文献主要基于中国情境展开分析。这些研究实质上是"官员晋升锦标赛"理论的延续。改革开放以来，中国通过干部人事制度改革，建立了一个有效的地方官员考评和晋升的激励机制，形成了基于地方经济发展绩效的可度量的"政绩观"，解决了中国经济发展的动力问题（周黎安，2007）。在"晋升锦标赛"之下，经济增长目标是中国上级政府激励、管理下级官员的重要手段和政府绩效评价与管理的主要抓手（王汉生、王一鸽，2009；周黎安等，2015），地方官员如何根据中央为其预先设定的经济增长目标，制定能让自己脱颖而出的目标并力保完成，就成为一个至关重要的问题。

首先，地方政府制定的目标体现了本级政府领导的意志。现行的人事制度和财政体制安排形成了地方官员积极推动地方经济增长的主要激励基础（Qian and Roland，2006），同时也给予了地方官员适度的自由决策和行动的空间。因此，地方官员可以选择把财政支出更多地投资于地方基础设施建设、招商引资等，以提高本辖区的经济增长，实现经济目标（王世磊、张军，2008；徐现祥、王贤彬，2010；肖洁等，2015B）。马亮（2013）、余泳泽和杨晓章（2017）的研究均表明，地方官员显著影响了地方经济增长目标的设置。其次，目标制定也体现了上级政府领导的意志。改革开放以来，中国实施的"地方分权式的威权主义"体制下，中央对地方政府和官员具有人事任命的决定权（Xu，2011）。在上级政府掌握地方官员政治前途的情况下，地方官员不得不对上级设定的目标和分配的任务作出反应。周黎安等（2015）强调经济增长目标通过部门划分、逐级摊派和层层分解得以贯彻落实。Li 等（2019）构建 Tullock 竞赛模型考察以锦标赛为基础的多层级组织的最优目标设定，更为系统地揭示了"层层加码"现象。此外，目标制定也受到周围同级地区的影响。"晋升锦标赛"行政治理模式之下，地方官员之间存在激烈的竞争（周黎安，2007；付强、乔岳，2011）。当上级政府提出某个经济发展目标，下级政府会竞相提出更高的发展目标，因此同级地区之间存在影响互动。

尽管地方政府官员有动机设置高目标以向上级传递正面的能力信号和积极的忠诚态度，但目标设置得过高不利于绩效改进（Schweitzer et al.，2004）。目标设置过高且刚性时，政府会为了达成目标而弄虚作假或篡改数据，结果适得其反（Li，2005）。20 世纪 50 年代"大跃进"时期各地公社争先恐后"放卫星"，在粮食产量、钢铁产量和工业增长等方面设置了大量不现实的过高目标任务，导致不切实际的"浮夸风"泛滥（周飞舟，2009）。激进的政治氛围不仅导致了粮食减产，也加剧了分配不公，并造成了 1959—1961 年的饥荒（Kung and Chen，2011）。

从现有的研究来看，经济增长目标确实能够有效地促进经济增长。徐现祥和刘毓芸（2017）对除非洲和南美洲以外的全球各个经济体的经济增长目标数据的分析表明，增长目标每变动一个百分点，实际经济增长速度也将变动一个百分点。当然，这里存在一个竞争性解释，即经济增长目标是对经济运行的一个预测指标。他们认为，如果这种解释成立的话，那么经济增长目标应该与所有生产要素相关，但是他们基于跨国样本的实证检验表明，经济增长目标对资本积累有显著影响，对技术进步有微弱影响，对就业和人力资本没有显著影响，从而排除了经济增长目标只是对经济运行的一个预测指标的解释。

经济增长目标之所以能带动实际的经济增长，源于目标制定后政府的积极作为。我们可以观察到，经济体宣布经济增长目标的同时通常明确了资源配置。如日本在 1960 年通过的"国民收入倍增计划"中提出在 1960—1970 年间实现国民总产值年增长率 7.2% 的目标，并明确了充实社会公共资本、引导产业结构走向现代化等主要任务，最终实现了年均 11.6% 的增长率（全毅等，2014）。徐现祥和刘毓芸（2017）将目标管理纳入内生经济增长模型，发现当中央设定了兼容部委官员最大化权利租金的目标时，能倒逼部委官员更加积极地审批、提高工作效率，使更高质量的中间投入品进入市场，提高了经济增速。孙文凯和刘元春（2016）对中国各省的考察表明，地方政府设定的经济增长目标显著地促进了当年的经济增长，消费、投资和政府支出都对经济增长目标有正面反馈。但是，徐现祥等（2018）进一步指出，当政府实现经济增长目标的政策工具是要素投入时，经济增长目标与经济发展质量负相关。

由上可见，当前经济增长目标管理方面的文献主要是考察经济增长目标管理本身及其与经济增长的关系，尽管已有部分研究探讨了经济增长目标管理的作用机制，但针对中国的经济增长目标管理是如何得以实现的，目前尚不多见。实际上，不管是何种经济增长动力，最终都将通过影响要素投入或是生产率发挥作用，经济增长目标也一样。本章从投资这一动力入手，尝试基于中国城市增长目标数据专门研究经济增长目标影响固定资产投资的内在机制。与徐现祥和刘毓芸（2017）、孙文凯和刘元春（2016）不同，我们采用地级市数据，样本更具变异性与代表性，且我们专门考察投资这一重要手段，允许我们更为细致地论证结果的可信度。

经济增长理论认为，投资在经济增长过程中扮演着重要的作用，大量文献也证实了这一点（王小鲁等，2009）。在经济发展的初级阶段，经济体更加缺乏物质资本，物质资本的边际回报率较高，通过投资加快资本积累是实现经济快速增长的有效手段。自新中国成立以来，我国一直致力于实现工业化，当中离不开物质资本持续积累的支撑。中国各级政府持续系统地制定经济增长目标，同时在实际运行过程中充分利用各种手段和工具实现既定目标。在中国特殊的政治经济体制下，经济增长目标除了作为当年辖区经济建设的重要指引外，更是上级政府考核地方官员政绩的关键指标（王汉生、王一鸽，2009；周黎安等，2015）。在定期考核机制的压力下，地方官员具有实施短期行为追求经济增长的强烈动机（周黎安，2007；黎文靖、郑曼妮，2016），以良好的业绩向上级传递正面的能力信号和积极的忠诚态度。改革开放以来，地方政府实际上掌握了经济管理权力、财政权力及金融管理权力，并且管理着本辖区的土地、地方国企等各种资源。这些权力和资源都赋予了地方官员扩大地方投资的巨大能力与空间。因此，在晋升锦标赛下，投资成为地方政府官员推动当地经济增长最直接、最有效和最常用的手段（娄洪，2004；张军等，2007；唐雪松等，2010）。

经济增长目标可以通过两种渠道带动投资增长。一是地方政府为实现目标增加自主投资，特别在经济发展的初始阶段，地方政府需要加强完善基础设施及加强对辖区内企业的政策和服务扶持，以公共投资增长推动非公共投资和经济的增长（唐东波，2015）。二是市场上的企业顺应政府的经济目标信号进行投资。政府对整体经济运行的信息掌控比企业有优势，因此地方政府所提出的经济增长目标对企业而言意味着经济政策乃至实际运行趋势的风向标，有利于企业形成对区域未来经济走势的预期（钟春平、田敏，2015）。与产业投资的"潮涌现象"类似（林毅夫，2007），如果众多企业同时看好某个区域的发展，企业的投资会像浪潮般地涌向这个区域。

基于以上文献梳理和理论分析，本章提出假说 1：经济增长目标对投资增长有显著的推动作用。

投资在很长一段时间内是拉动中国经济高速增长的重要因素。但是，张军（2002）认为中国一直存在投资的过度需求，由此导致资本产出比率持续提高，而资本的边际效率递减规律制约资本的形成，这将导致产出增长不可持续。中国经济增长前沿课题组（2014）在总结中国增长经验及趋势的基础上指出，中国投资驱动的经济增长阶段将结束，以房地产投资和基础建设投资抵消结构性减速只是短期行为，资本形成增速必然下降。赵昌文等（2015）从产业结构、要素供给以及总需求三个不同角度的分析均表明，工业化后期，投资对经济增长的贡献难以维持在较高水平，今后增长的新动力主要在于创新驱动、通过提高要素质量和促进要素优化配置提高生产率、扩大居民消费需求。特别是在经济新常态下，金碚（2015）指出，中国经济发展将依赖新动力，政府、企业、居民都必须有新观念和新作为，才能实现"从要素驱动、投资驱动转向创新驱动"。

基于这些文献背景，本章提出假说 2：随着经济发展阶段的转变，经济增长目标对投资增长的推动作用有所弱化。

地方政府制定经济增长目标，进而以投资驱动的方式实现既定目标。要实现这一点，需要依赖于一系列的条件和环境。地方政府要促进当地经济发展，往往需要加强和完善基础设施以及加强对辖区内企业的政策和服务扶持，从而吸引区域外乃至外资投资。从这一点看，地方政府需要有大量自有资金投入（张卫国等，2011），需要有较强的财政实力和行政能力。中国东、中、西部地区间的政府财力和行政能力差距悬殊，决定了东部省区的地方政府有更多的资源投入经济建设，改善当地投资环境。此外，地方政府希望以投资拉动的方式实现经济增长目标，不能仅仅依靠政府自主投资，而应当更多地依靠市场上的企业顺应政府的经济目标信号进行投资。从这个角度看，发达地区的市场发展程度更加成熟、生产要素流动性更强、金融发展更完善等特征决定了地方政府合理的增长目标能够更好地发挥目标引导的信号作用，强化投资效应（樊纲等，2011；韦倩等，2014）。据此，本章推断，不同区域经济增长目标对投资产生不同的影响作用。

因此，本章提出假说3：东部沿海省区地方政府的财力优势及地区市场环境优势使其制定的经济增长目标对投资的影响高于中西部省区。

三、实证模型

（一）实证模型

为了检验经济增长目标是否影响投资增长，本章设定如下回归方程：

$$\log(I_{it}) = \alpha + \beta \log(target_{it}) + X_{it}\psi + \gamma_i + \lambda_t + \varepsilon_{it} \qquad (2-1)$$

其中，I_{it} 和 $target_{it}$ 分别是城市 i 在时期 t 的投资和经济增长目标，γ_i 和 λ_t 分别是城市固定效应和时间固定效应，X_{it} 和 ε_{it} 分别是控制变量和随机扰动项。β 是本章最关心的系数，当假说1成立时，预计 $\beta > 0$。

为了检验随着经济发展阶段的推移，经济增长目标对投资推动作用具有差异性，本章将方程（2-1）拓展为如下回归方程：

$$\log(I_{it}) = \alpha + \beta_1 \log(target_{it}) + \beta_2 \log(target_{it}) \times ten_t + X_{it}\psi + \gamma_i + \lambda_t + \varepsilon_{it}$$
$$(2-2)$$

ten_t 是一个 0-1 虚拟变量，如果是 2011 年或者以后，则赋值为 1；如果是 2011 年以前，则赋值为 0。如果 β_2 显著为负，则能够证明随着经济发展阶段的推移，经济增长目标对投资的驱动作用弱化。选择以 2011 年作为分界点的原因在于：本章的样本区间涵盖"十五""十一五""十二五"和"十三五"四个五年规划期，在不同的规划期，党中央对经济社会发展的总体战略与侧重点会进行适当调整，地方政府也会对此作出反应（胡鞍钢等，2010）。若以每个五年期作为一个时间阶段，"十三五"规划期仅有 2016 年一年的数据。再者，"十一五"期间，全球经济遭遇金融危机的重创，可能导致期间投资及经济行为的异常。因此，本章舍弃以每个五年期作为一个时间阶段的做法，而将整个样本段分为两个阶段，以"十二五"规划的起始年份——2011 年作为考察经济发展阶段的分界点。

为了检验经济增长目标对投资影响的区域异质性，本章将方程（2-1）拓展如下：

$$\log(I_{it}) = \alpha + \beta_1 \log(target_{it}) + \beta_2 \log(target_{it}) \times east_i + X_{it}\psi + \gamma_i + \lambda_t + \varepsilon_{it}$$
$$(2-3)$$

$east_i$ 表示东部省区虚拟变量，如果假说 3 成立，则 β_2 应该显著为正。换而言之，在经济基础和实力较强的地区，经济增长目标导致投资更显著地扩张。

（二）数据说明

本章的研究对象为全国地级市，样本区间为 2001—2016 年。限于数据可得性，2001—2003 年地级市数量 281 个，2004—2010 年地级市数量 282 个，2011—2016 年地级市数量 284 个。

本章的投资变量为消除价格因素后的实际全社会固定资产投资额度量，数据来自历年《中国城市统计年鉴》。经济增长目标变量采用每年年初地级市政府工作报告公布的经本级人大批准的经济增长目标，本章数据主要通过以下途径手工收集：一是各省及地级市的人民政府门户网站，这是政府工作报告的主要来源。二是通过地级市年鉴获取，地级市政府工作报告通常会在该地级市当年的统计年鉴上以"特载"形式出版。对收集得到的经济增长目标数据，本章进一步作如下整理：明确报告的增长目标，直接使用；带有"约""左右""高于""不低于"等修饰词的目标表述，以具体数字为准；区间目标取均值。

除了核心解释变量，本章在实证回归中考虑了一系列控制变量。张德荣（2013）发现在不同的发展阶段经济增长的动力因素不同，投资作为拉动经济增长手段的重要性会随经济发展阶段的不同而变化，因此我们以上期人均实际 GDP（对数形式）度量经济发展阶段。增长目标推高投资可能存在趋势成分和刺激成分，我们加入上期实际 GDP 增速（对数形式）以控制趋势成分。赵昌文等（2015）的研究表明，产业结构的变化同样会导致经济增长动力发生转变，从而改变地区投资表现，因此我们以第二产业占 GDP 比重度量产业结构。

由于核心解释变量经济增长目标数据共缺失 1 247 个观测值，全社会固定资产投资额数据共缺失 41 个观测值，本章实际有效样本量为 3 263

个。表 2 - 1 报告了主要变量的描述性统计。

表 2 - 1   主要变量描述性统计

变量名	样本数	均值	标准误	最小值	最大值
经济增长目标	3 274	0.117 2	0.029 3	0.010 0	0.350 0
实际全社会固定资产投资（对数形式）	4 480	14.879 2	1.220 8	11.124 4	17.849 3
上期人均实际 GDP（对数形式）	4 475	9.916 6	0.924 3	7.400 7	13.134 9
上期实际 GDP 增速（对数形式）	3 907	2.469 0	0.387 2	-2.302 6	4.691 3
第二产业占 GDP 比重	4 480	0.480 9	0.111 9	0.090 0	0.909 7

注：样本区间是 2001—2016 年；2001 年的实际 GDP 增速数据缺失。

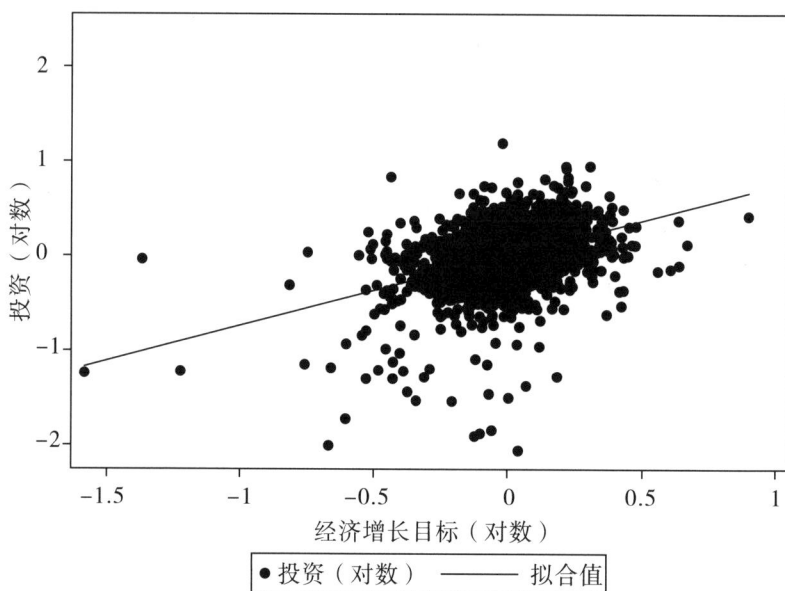

图 2 - 1   经济增长目标与投资

资料来源：作者整理。

图 2 - 1 报告了 2001—2016 年控制了城市和年度固定效应后中国各地级市经济增长目标与投资之间的散点图。横轴是城市经济增长目标，纵轴是投资。从图形上看，二者明显正相关，地方政府设定的经济增长目标越

高，投资就越高。本章接下来以计量实证的方式更加稳健地对此逻辑关系进行验证。

四、实证结果

（一）基本结果

表2-2报告了基于实证方程（2-1）的基本回归结果。与假说1的预期一致，在2001—2016年间，经济增长目标每提高1%，投资将上升约0.44%。

表2-2 基本回归结果

	（1）	（2）	（3）	（4）	（5）	（6）
	被解释变量：实际全社会固定资产投资（对数形式）					
经济增长目标	0.737 9***	0.587 6***	0.499 9***	0.440 0***	0.408 6***	0.191 9***
（对数形式）	(0.061 3)	(0.055 0)	(0.052 5)	(0.049 5)	(0.072 4)	(0.062 2)
上期人均实际GDP		0.687 8***	0.610 8***	0.394 2***	0.281 6***	1.262 0***
（对数形式）		(0.087 7)	(0.081 3)	(0.084 5)	(0.085 5)	(0.291 1)
上期实际GDP			0.082 3***	0.059 4**	0.026 3	0.040 9
增速（对数形式）			(0.030 1)	(0.030 1)	(0.049 8)	(0.029 4)
第二产业占GDP比重				1.365 0***	1.820 5***	0.184 0
				(0.214 6)	(0.266 1)	(0.625 2)
常数项	11.608 3***	5.822 3***	6.935 8***	8.476 5***	9.456 9***	1.693 3
	(0.149 8)	(0.776 9)	(0.727 9)	(0.731 8)	(0.741 0)	(2.816 9)
城市固定效应	控制	控制	控制	控制	控制	控制
时间固定效应	控制	控制	控制	控制	控制	控制
N	3 263	3 259	3 108	3 107	1 786	1 321
R^2	0.388 5	0.591 6	0.560 6	0.518 0	0.389 1	0.284 3

注：括号内是稳健标准误；***、**分别表示通过显著性水平为1%、5%的统计检验；N为样本量，R^2为拟合优度。

表2-2第（1）列报告了仅控制城市固定效应和时间固定效应的回归结果，经济增长目标的回归系数约为0.74，能够通过显著性水平为1%的统计检验。第（2）至第（4）列依次加入控制变量：以上期人均实际GDP

度量的经济发展阶段、可以较好地控制由市场力量驱动的具有自发投资成分的上期实际 GDP 增速、度量产业结构的第二产业占 GDP 比重，回归结果没有发生本质变化，经济增长目标回归系数绝对值略微变小，仍然通过显著性水平为 5% 的统计检验。本章把第（4）列的回归结果视为基准回归结果。以上回归结果较为一致地表明，在 2001—2016 年，经济增长目标对投资有显著和可观的推动作用。

鉴于 2012 年以前《中国城市统计年鉴》报告的是全社会固定资产投资总额，而自 2012 年起，报告的则是固定资产投资额（不含农户），前后报告口径并不完全一致，第（5）至第（6）列分别报告 2012 年前后子样本的回归结果。第（5）列的样本区间为 2001—2011 年，与第（4）列相比，第（5）列的结果基本一致，经济增长目标的回归系数约为 0.41，通过显著性水平为 1% 的统计检验。第（6）列的样本区间为 2012—2016 年，经济增长目标的回归系数约为 0.19，虽有较大幅度的下降，但依然通过显著性水平为 1% 的统计检验。

因此，我们初步验证了，与理论假说 1 的预期一致，在 2001—2016 年间，中国地方政府倾向于以增加投资的方式实现预先制定的经济增长目标，经济增长目标每提高 1%，投资将显著上升约 0.44%。

（二）稳健性检验 I：变换核心变量度量指标

我们通过变换被解释变量（投资）和核心解释变量（经济增长目标）的度量指标，检验上述基本回归结果的稳健性。

首先，采用不同的投资度量方式，本章的发现依然成立。表 2 - 3 第（1）列为以全社会固定资产投资增长率度量投资的回归结果，经济增长目标的回归系数约为 0.17，通过显著性水平为 1% 的统计检验。与表 2 - 2 第（4）列采用实际全社会固定资产投资对数度量投资的回归结果相比，系数的显著性水平没有发生变化。表 2 - 3 第（2）列采用投资率，即全社会固定资产投资占名义 GDP 的比重来度量投资，经济增长目标的回归系数约为 0.27，通过显著性水平为 1% 的统计检验。这表明，地方政府制定的经济增长目标，的确导致了地方投资规模的扩张。

另外，采用不同的核心解释变量度量方式，本章的发现也成立。经济增长目标一经制定，就成为地方政府及其官员需要完成的重要任务。经济增长目标与潜在经济增长率差距越大，地方政府官员面临的压力越大，越可能以投资这一短平快的手段促进经济增长。基于此角度，本章考察经济增长压力对投资的影响，作为基准回归结果的稳健性检验。表 2 - 3 第

（3）列以"当年的经济增长目标/上年的实际经济增长速度"的对数衡量经济增长压力，结果显示，当地方政府面临经济增长压力时，倾向于通过加大投资以完成制定的经济增长目标。具体而言，第（3）列的经济增长压力的回归系数为0.44，通过显著性水平为1%的统计检验。这意味着，经济增长压力每提高1%，投资将上升约0.44%。表2-3第（4）列设置经济增长压力如下：若当年的经济增长目标大于等于上年的实际经济增长速度，设置经济增长压力虚拟变量为1，否则为0。此时，经济增长压力的回归系数约为0.04，依然通过显著性水平为5%的统计检验。换而言之，地方政府在面临保增长压力的情况下，有动机与能力来通过各种手段刺激投资扩张，以实现既定经济增长目标。

表2-3 变换核心变量回归结果

被解释变量	(1) 投资增长率	(2) 投资率	(3) 实际全社会固定资产投资（对数形式）	(4)
经济增长目标（对数形式）	0.171 4*** (0.041 6)	0.267 8*** (0.033 3)		
经济增长压力1（对数形式）			0.440 0*** (0.049 5)	
经济增长压力2（虚拟变量）				0.038 3** (0.015 7)
N	3 102	3 107	3 107	3 107
R^2	0.112 3	0.368 3	0.518 0	0.523 1

注：括号内是稳健标准误；＊＊＊、＊＊分别表示通过显著性水平为1%、5%的统计检验；N为样本量，R^2为拟合优度。表中所有回归结果均加入了控制变量、城市固定效应和时间固定效应。

（三）稳健性检验Ⅱ：变换回归样本

地级市的经济增长目标在样本区间内存在不同程度的数据缺失，我们通过采用多种回归样本的方式，检验上述基本回归结果的稳健性。

表2-4第（1）列报告了2001—2016年经济增长目标数据齐全的37个地级市样本的回归结果。与全样本一样，经济增长目标对投资有显著的推动作用。具体而言，经济增长目标每提高1%，投资将增加约0.39%。

第（2）列报告了经济增长目标数据存在缺失的地级市样本的回归结果。此时，经济增长目标的回归系数约为 0.44，通过显著性水平为 1% 的统计检验。因此，在两类样本当中，回归系数大小及显著性与全样本的回归结果没有本质性的差异。

表 2-4 第（3）列考察经济增长目标数据多于或等于 5 个的地级市样本，结果表明，经济增长目标的回归系数约为 0.44，通过显著性水平为 1% 的统计检验，与经济增长目标数据存在缺失的地级市样本的回归结果几乎没有差异。第（4）列考察的是经济增长目标数据多于或等于 10 个的地级市样本，经济增长目标的回归系数约为 0.44，仍然通过显著性水平为 1% 的统计检验。

以上分析表明，不管样本范围如何变化，其发现与理论假说 1 保持一致。2001—2016 年，各地级市倾向以增加投资的方式推动经济增长，增长目标每提高 1%，投资显著上升约 0.44%。

表 2-4　变换样本回归结果

	(1)	(2)	(3)	(4)
被解释变量：实际全社会固定资产投资（对数形式）				
经济增长目标	0.394 5***	0.436 3***	0.436 2***	0.437 6***
（对数形式）	(0.106 3)	(0.055 3)	(0.049 7)	(0.056 8)
N	517	2 590	3 096	2 578
R^2	0.596 4	0.501 9	0.519 3	0.542 4

注：括号内是稳健标准误；＊＊＊表示通过显著性水平为 1% 的统计检验；N 为样本量，R^2 为拟合优度。表中所有回归结果均加入了控制变量、城市固定效应和时间固定效应。

（四）稳健性检验Ⅲ：考虑内生性

经济增长目标的制定往往先于投资行为。一般的逻辑是，地方政府为了实现既定的增长目标，增加投资以拉动经济增长。但是也不排除这样的可能，即经济增长目标的制定是基于对潜在投资项目及潜力的评估。一旦存在这种情况，本章的基本回归就会面临内生性问题。本章采用两种方式应对可能存在的内生性：一是采用系统 GMM 回归方法，结果显示，经济增长目标与经济体的投资显著正相关①；二是采用工具变量方法，分别以省级经济增长目标和省内地级市数量作为地级经济增长目标的工具变量。以省级经济增长目标作为工具变量的思路是，中国"官员晋升锦标赛"体制下，下级政府倾向于在上级政府提出的经济增长目标的基础上，制定一个比上级政府更高的经济增长目标（周黎安等，2015），而上级政府的目标受到下级政府投资预期的影响则相对较小；以省内地级市数量作为工具变量考虑的是，地方经济增长目标值的设定除了受到上级政府目标设定值的影响，还可能受到其他竞争对手的影响。在省内晋升职位固定且有限的情况下，地级市数量越多，经济增长目标"锦标赛"越激烈，地方官员越可能制定更高的增长目标以脱颖而出，从而不得不承担更大的压力。

表 2-5　工具变量回归结果

被解释变量	(1)	(2)	(3)	(4)
	工具变量：省级经济增长目标		工具变量：省内地级市数量	
	实际全社会固定资产投资（对数形式）	地级市经济增长目标（对数形式）	实际全社会固定资产投资（对数形式）	地级市经济增长目标（对数形式）
	第二阶段回归	第一阶段回归	第二阶段回归	第一阶段回归
地级市经济增长目标（对数形式）	0.768 4***		1.148 5***	
	(0.068 7)		(0.144 8)	
IV：省级经济增长目标（对数形式）		0.653 0***		
		(0.034 1)		
IV：省内地级市数量				0.165 0***
				(0.016 0)
N	3 107	3 107	3 107	3 107
R^2	0.963 7	0.804 2	0.958 2	0.761 0

注：括号内是稳健标准误；＊＊＊表示通过显著性水平为1%的统计检验；表中所有回归结果均加入了控制变量、城市固定效应和时间固定效应，N 为样本量，R^2 为拟合优度。

表 2-5 第（1）、第（2）列报告了以省级经济增长目标作为地级市经济增长目标的工具变量的估计结果。第（2）列报告的是第一阶段的回归结果，省级经济增长目标的回归系数约为 0.65，通过显著性水平为 1% 的

---

① 限于篇幅，正文没有报告 GMM 的回归结果。

统计检验，表明地级市经济增长目标与工具变量省级经济增长目标之间具有显著的正相关关系。第（1）列为第二阶段即IV估计的基本结果。经济增长目标的回归系数约为0.77，较表2-2第（4）列略微变大，仍然通过显著性水平为1%的统计检验。

表2-5第（3）、第（4）列报告了以省内地级市数量作为地级市经济增长目标的工具变量的估计结果。第（4）列报告了第一阶段的回归结果，工具变量省内地级市数量与地级市经济增长目标显著正相关。第（3）列是第二阶段的回归结果，经济增长目标的回归系数约为1.15，依然通过显著性水平为1%的统计检验。

上述结果说明，考虑内生性时，本章的基本结论依然成立，进一步验证了结论的稳健性。

五、异质性分析

至此，本章已发现，与假说1预期一致，在2001—2016年间，地级市政府制定的经济增长目标显著促进投资。接下来将采用固定效应模型进一步检验假说2和假说3。

（一）时间异质性

表2-6第（1）列报告了基于实证方程（2-2）的回归结果。与假说2预期一致，2011年以后，投资作为地级市实现经济增长目标手段的重要性有所减弱。具体地，经济增长目标的回归系数约为0.51，通过显著性水平为1%的统计检验，与基准回归结果相比，没有实质性变化。2011年后阶段的虚拟变量与经济增长目标交互项的回归系数约为-0.14，通过显著性水平为10%的统计检验，表明2011年以后，地级市借助投资实现经济增长目标的程度减弱。

以要素投入推动经济增长的模式实现了中国的经济增长奇迹，但是随着资本的积累，资本的边际效率递减已经制约了经济的持续增长（张军，2002）。党的十三大到十八大反复指出要"转变经济发展方式"，那么，是否在2011年以前地级市已经开始改变以加大投资这种粗放型的经济增长模式来实现增长目标？为此，本章亦尝试了以2011年以前的年份作为分界点并进行回归，但并未发现这种显著的转变。

2012年新一届政府上任后，经济政策更加强调以提高经济增长质量和效益为中心，那么，2012年后经济增长模式的转变是否更加明显？为检验这一变化，本章加入新一届政府执政虚拟变量与经济增长目标的交互项，虚拟变量的设置具体为：2013 年及以后年份设置为 1，其余年份为 0。表 2 - 6 第（2）列的结果显示，2013 年虚拟变量与经济增长目标交互项的回归系数没有通过显著性水平为 10% 的统计检验，说明政府换届后，经济增长模式并未发生显著性转变。这也是新一届政府不断致力于推动经济增长模式真正转型的重要原因。

2008 年金融危机后，政府出台"四万亿"投资政策以应对金融危机冲击，本章进一步检验这一冲击对经济增长目标与投资关系的影响。表 2 - 6 第（3）列报告了加入金融危机虚拟变量与经济增长目标的交互项的回归结果。金融危机虚拟变量的设定如下：将 2009 年赋值为 1，其余年份赋值为 0。结果显示，金融危机虚拟变量与经济增长目标的交互项系数约为 0.11，通过显著性水平为 10% 的统计检验。这意味着，面对金融危机的冲击，地级市经济体通过加大投资这一手段来保证经济增长目标的实现，使得投资作为增长手段的重要性反而在短期当中进一步被强化。

（二）区域异质性

表 2 - 6 第（4）列是基于实证方程（2 - 3）的回归结果。与理论假说 3 预期一致，相对于中西部地区，东部地区的经济增长目标对投资产生更强的驱动作用。具体而言，经济增长目标的回归系数约为 0.42，通过显著性水平为 1% 的统计检验，与基准回归结果相似。东部地区虚拟变量与经济增长目标交互项的回归系数约为 0.17，通过显著性水平为 5% 的统计检验，符合假说 3 的预期：东部地区的地级市能够更多和更好地利用投资来实现经济增长目标。

按照本章的推理，东部地区的地级市因经济实力的缘故更有能力利用投资实现既定目标，如果这一思路成立，那么，经济实力较强的城市应该都有这样的特征。作为对这一假设的进一步检验，本章引入重点城市虚拟变量，将所有的副省级城市、省会城市和计划单列市设置为 1，其他城市设置为 0，并将重点城市虚拟变量与经济增长目标的交互项加入回归模型。表 2 - 6 第（5）列的回归结果显示，重点城市虚拟变量与经济增长目标交互项的回归系数约为 0.14，通过显著性水平为 10% 的统计检验。以上结果表明，投资在发展水平较高的经济体中作为实现经济增长目标的手段，效果更加明显。

表 2-6 时间和区域异质性回归结果

	(1)	(2)	(3)	(4)	(5)
	时间异质性			区域异质性	
	实际全社会固定资产投资（对数形式）			实际全社会固定资产投资（对数形式）	
经济增长目标（对数形式）	0.507 9***	0.438 2***	0.431 6***	0.418 4***	0.427 9***
	(0.067 2)	(0.059 7)	(0.050 0)	(0.049 4)	(0.049 5)
2011 年经济增长目标	-0.139 2*				
	(0.082 0)				
2013 年经济增长目标		0.005 9			
		(0.082 9)			
金融危机×经济增长目标			0.109 2*		
			(0.056 4)		
东部×经济增长目标				0.167 3**	
				(0.082 2)	
重点城市×经济增长目标					0.144 4*
					(0.086 9)
N	3 107	3 107	3 107	3 107	3 107
R^2	0.524 2	0.517 9	0.518 0	0.558 6	0.579 6

注：括号内是稳健标准误；＊＊＊、＊＊、＊分别表示通过显著性水平为 1%、5% 和 10% 的统计检验；N 为样本量，R^2 为拟合优度。表中所有回归结果均加入了控制变量、城市固定效应和时间固定效应。

（三）目标驱动投资机制的初步分析

我们已经稳健地发现，地方政府经济增长目标的提高，会带动本地投资更快地增长。这种目标驱动投资的机制是什么呢？最为重要的解释当属地方经济增长目标会使得地方政府有动力通过影响投资活动来实现既定的经济增长目标。在经济转型的发展过程中，中国经济具有深刻的混合经济特征，政府和市场均在经济增长过程中发挥重要作用。我们更加深入地观察可以发现，各级政府既可以通过财政收支等手段直接影响经济，也可以通过政策和规则等向市场发送信号，影响企业等经济主体的决策与行动，以使得经济运行偏向既定目标。本章认为，经济增长目标对投资的影响也遵循类似的逻辑。为了对此做出验证，我们把两个重要指标与经济增长目标的交互项作为新的解释变量，加入基础回归方程当中，考察交互项的回归系数的符号及统计显著性。这两个指标分别是政府支出比重和市场化指数。政府支出比重以地级市政府公共财政支出占 GDP 比重衡量，市场化指数为王小鲁、樊纲中国分省份市场化指数，我们采用两个指标的 2001 年的数值，这种使用非时变的数值的做法以减弱内生性对回归结果的干扰。

表 2-7　目标驱动投资机制的回归结果

	（1）	（2）	（3）
	被解释变量：实际全社会固定资产投资（对数形式）		
经济增长目标	0.707 2***	-0.178 5	-0.333 0
（对数形式）	（0.165 9）	（0.257 4）	（0.237 6）
政府支出比重（对数形式）×	0.082 0**		0.068 6*
经济增长目标（对数形式）	（0.040 5）		（0.036 5）
市场化指数（对数形式）×		0.360 3**	0.678 7***
经济增长目标（对数形式）		（0.160 6）	（0.125 8）
N	2 914	2 292	2 914
R^2	0.457 9	0.475 5	0.436 6

注：括号内是稳健标准误；＊＊＊、＊＊分别表示通过显著性水平为 1%、5% 的统计检验；表中所有回归结果均加入了控制变量、城市固定效应和时间固定效应，N 为样本量，R^2 为拟合优度。

表 2-7 报告了相应的回归结果。政府支出比重与经济增长目标的交互项的回归系数至少在 10% 统计水平显著为正，市场化程度与经济增长目标的交互项的回归系数也至少在 5% 统计水平显著为正。这表明，政府直接干预力度较强的地区，经济增长目标对投资的影响更强。这一逻辑非常容易理解，政府直接干预力度强，则政府更加倾向于通过财政支出等直接手段扩大本地投资。回归结果也表明了，市场化程度越高，经济增长目标更加强烈地刺激了投资。这背后的逻辑在于，市场化程度较高的地区，经济内生发展动力更强，在政府调整经济增长目标的情况下，市场经济主体更有能力对政府信号做出反应，并且其总体反应是顺应政府的目标与战略。这也说明了中国的市场经济是一种政府引导下的市场经济，兼具有为政府和有效市场的双重特征。

六、结论性评述

基于中国经济增长目标管理实践，本章具体考察经济增长目标对投资的驱动作用及其特征。本章发现，经济增长目标产生了显著的投资推动作用，这个结论相当稳健，在变换度量变量、回归样本和考虑内生性的情况下依然成立。而且，在相同的增长压力下，发展阶段和地区发展水平差异导致了地方经济增长目标的投资效应差异。随着国家经济发展阶段的转变，地方政府一定程度上减少了利用增加投资这一手段推动经济增长；经济发展水平较高的东部地区的地方政府能够更好和更强地通过扩大投资，实现原定的经济增长目标。

经济增长目标的投资驱动假说的验证，有利于我们更好地认识经济发展过程中的政府策略与行为。在"官员晋升锦标赛"下，经济增长目标很大程度上是上级政府对地方政府官员的关键考核指标。因此，地方政府的决策者往往会选择见效快的手段实现既定目标。加大投资是实现短期经济快速增长的重要手段。中国经济整体上是一种"有为政府＋有效市场"的模式，政府所制定的经济增长目标能够在政府的手段干预及政策引导下发挥作用，投资会跟随经济增长目标而扩张。这一发现意味着，中国各级政府所制定的经济增长目标基本上处于可行合理区间，提高了资本积累速度，进而推动了经济快速增长。随着经济收入水平的提高，资本边际回报率趋于下降。经济增长目标驱动投资进而推动经济增长的效果会弱化。各级政府需要采取更多的改革措施优化制度支撑与市场环境，优化资源配置效率与提高全要素生产率，遏制资本边际回报率下滑。实际上，当前中国中央政府以及部分先行发达地区地方政府已经通过各种政府改革措施和市场体制完善政策来提升经济政策效力，增强经济发展动能。同时，中国政府需要优化经济增长目标管理，扩展经济目标管理内涵，将其扩展为经济发展目标管理，引领经济增长方式的转变，更加注重经济发展质量。如果中国能够适当地改革经济增长目标的管理体制和方式，则有望"推动经济发展质量变革、效率变革、动力变革，提高全要素生产率"，从根本上改变粗放型经济增长方式，实现高质量发展，满足人民日益增长的美好生活需要。

第三章　经济增长目标引领外商直接投资

一、引言

改革开放40多年来，中国创造了经济发展奇迹。这既是市场优化资源配置的结果，也离不开有为政府的作用，即各级政府积极的合理干预。在中国进行宏观经济管理调控的过程中，各级地方政府纷纷引入经济增长目标管理，往往于每年年初通过政府决策，制定本年度具体的经济增长目标。面对经济增长目标的动力和压力，各级政府利用所掌握的各种资源与权力促进本辖区内的经济发展，以完成既定目标。在上一章中，我们考察了各级政府如何通过驱动固定资产投资来实现既定的经济增长目标。实际上，为了实现经济增长目标，地方政府在推动投资的情况下，往往会特别关注吸引外部投资。在将GDP作为考核官员的核心指标的治理体制下，地方政府官员争相竞逐外来资本（Tung 和 Cho，2001；郭庆旺、贾俊雪，2006；张莉等，2011）。过去，外资的注入对中国经济高速发展起到了重要的作用。如今，我国进入强调经济高质量发展的新征程，更应重视外资引入的质与量。

经济增长目标管理是中国上级激励与约束下级官员的重要手段（周黎安等，2015）。这种经济增长目标管理成为中国宏观经济增长过程中的一个重要现象，体现在我国整个政治系统中，其中涵盖党委、行政部门以及从上至下的各个层级的地方政府。可以观察到，各级政府在党代会报告、发展规划纲要和政府工作报告等文件中宣布经济增长目标，目标宣布后，将形成某种约束。在这种约束之下，为了确保既定增长目标按时按规地完成，各级地方政府会倾向于制定更好地利用各类资源的配套政策和本辖区年度发展规划，将资源输送至特定行业或领域（徐现祥等，2018；刘淑琳等，2019），从而对各项经济指标产生影响，其中包括对外商直接投资等投资的影响，但这一点往往被忽视。

上一章，我们已经考察了经济增长目标如何影响固定资产投资。在此基础上，本章基于2001—2016年各级政府公布的城市经济增长目标数据与实际利用外资金额的数据开展实证分析，展现经济增长目标对吸引外资的影响，剖析作用机制，并探讨区域和时间上的异质性。

本章的探讨与论证可能提供以下几个方面的边际创新和贡献：第一，尽管最近兴起了经济目标管理文献，但研究大多关注于目标的制定规律（马亮，2013；徐现祥、梁剑雄，2014；余泳泽、杨晓章，2017；王贤彬、黄亮雄，2019），或者是研究经济发展本身受到目标的影响（徐现祥、刘毓芸，2017；徐现祥等，2018），在考察经济增长目标发挥作用的内在机制方面，现有探讨较为少见。上一章将增长目标管理文献推进到理解其经济效应内在机制的层面，分析了经济增长目标如何影响投资，从而带来实际经济增长效应。本章进一步将经济增长目标的影响机制研究深入到外商直接投资层面。本章不但挖掘政府经济目标管理如何影响外商直接投资，还深入探索了其内在机制，以及展现了一系列异质性分析，能够为全面开放新格局，促进经济高质量发展，从政府管理的角度提供一定的启示与政策建议。第二，关于地方政府与官员对吸引外资的分析中，以往文献已经发现在"官员晋升锦标赛"下，地区竞争激烈，"逐底竞争"现象变为常态，招商引资成为此项竞争中的一个重要手段（Tung and Cho，2001；郭庆旺、贾俊雪，2006；张莉等，2011），但忽视了经济增长目标管理这一约束与激励官员的重要体制机制，本章为中国外商直接投资增长奇迹提供了一个新的解释视角。

本章以下部分的结构安排依次是：文献综述与理论假说；设定实证模型与描述相关数据；实证分析验证理论假说；在实证分析的基础上进行相关机制探索；异质性分析；阐述文章结论与提出政策建议。

二、文献综述与理论假说

中国长达40多年的高速经济增长是多重因素共同发挥作用的结果，其中离不开引进外资发挥的重要作用。中国改革开放伴随着全球化的不断深入，外商直接投资（Foreign direct investment，FDI）对中国地区经济增长提供了不可忽略的贡献（魏后凯，2002；陈继勇、盛杨怿，2008；王贤彬、许婷君，2020）。

正因为外商直接投资的重要性，考察影响外商直接投资的影响因素也成为重要议题。影响外商直接投资的因素较为多样，一般来说，外商直接投资的区位决定因素分为微观区位决定和宏观区位决定两个层面。而本章关注的地方经济增长目标属于宏观层面因素。从宏观层面探讨吸引 FDI 的影响因素主要可以归纳为以下两类：一是，地区的经济因素，既包括东道国状况，也包括母国状况，以及两国的差异（张一等，2019）。胡志强等（2018）提出东道国的劳动力成本、市场规模、专业化经济、FDI 累积等一系列因素均对外资有着正向作用。同样地，黄亮雄和钱馨蓓（2016）、黄亮雄等（2018）也认为母国的发展程度、产业结构等也会影响 FDI 的区位选择。王凤彬和杨阳（2013）则强调外资进入市场的激励方式包括市场寻求型、资源寻求型和战略资产寻求型。二是，营商环境因素，甚至是文化等制度因素。张应武和刘凌博（2020）提出营商环境的改善对于 FDI 的促进作用显著。刘军和王长春（2020）将外资进入市场的动机细化为市场寻求型 FDI 动机和效率寻求型 FDI 动机，提出了若发展中国家进行营商环境的优化，会对两种不同的 FDI 产生相反的影响，即减弱市场寻求型 FDI 动机的同时导致效率寻求型 FDI 动机的增强。张一等（2019）进一步认为母国与东道国之间的制度距离影响着 FDI 的进入模式，制度距离越大，FDI 越倾向于选择合资的进入模式。

可以看到，目前大量研究认为外资的落户与地方政府行为密切相关。的确，在目前我国政治体制安排下，地方政府官员积极推动地方经济增长的方式，主要体现在其能够充分利用手中各项权力和资源产生某种影响（徐现祥等，2007；姚洋、张牧扬，2013）。近期，系列文献关注到中国政府对经济发展实施的目标管理实践（徐现祥、刘毓芸，2017；余泳泽、潘妍，2019），通过在本辖区内进一步细化"五年规划"的内容，为本辖区经济增长设定新目标。在中国，经济增长目标既是上级政府激励和评价下级官员的重要方式（王汉生、王一鸽，2009；周黎安等，2015），同时也成为各级官员实现自身收益，并向上级传递其具备较强能力的重要工具。

在制定经济增长目标的过程中，地方政府主要受到三方面的因素影响（王贤彬、黄亮雄，2019）：首先，目标直接体现了本级政府官员的自主意志。"经济分权"使得地方官员拥有适度的自由决策和行动的空间，同时他们也更了解地方的实际状况（马亮，2013；余泳泽、杨晓章，2017）。其次，目标制定在一定程度上也是上级意志的反映。"政治集权"下，上级政府可以利用自身合法权力，通过设定具体的目标和分配相应的任务的方式，来影响下级地方官员政治前途，各级官员通常会对此做出积极反应，其中的"层层加码"备受关注（周黎安等，2015；Li et al. , 2019）。最后，经济增长目标的制定也受到辖区附近同级地区发展水平的影响。这是因为参与"官员晋升锦标赛"的地方官员之间存在激烈的横向竞争（付强、乔岳，2011；黄亮雄等，2015）。由于多个地方政府处于同一个上级政府的领导之下，为了向上级发送自身能力的正向信号，同一层级的地方政府在制定本地经济目标时，不可避免地受到其他地区的策略影响，因此同级地区的目标之间存在互动。

现有研究表明，地方政府确实可以通过制定经济增长目标有效地促进本地区经济实现增长（孙文凯、刘元春，2016；徐现祥、刘毓芸，2017）。经济增长目标之所以能促进发展，很大程度上是由于各级政府掌握财政资金、土地、国企等各种资源的自由配置权，有条件最大限度地利用各种手段和工具实现既定的经济增长目标。在不定期的升迁考核机制的压力之下，进行投资扩张是地方政府推动当地经济增长最有效和最常用的手段（张军等，2007；张卫国等，2010）。由于 FDI 的技术效应和资本积累效应对经济增长有着促进作用（崔建军、吕亚萍，2014），促进 FDI 的发展也将成为地方政府推动当地经济增长的重要手段。

我们将进一步分析政府如何利用 FDI 这种手段。在"官员晋升锦标赛"中，中央政府在很长一段时期内主要采用经济发展绩效来对地方官员进行绩效考核评估。为此，地方政府官员会充分利用手中的经济、行政和财政权力，引导甚至干预地方辖区的经济发展和社会发展，力图在政治锦标赛中脱颖而出。在将 GDP 作为考核官员的核心指标的政体下，地方政府官员争相竞逐外来资本。Tung 和 Cho（2001）的实证指出，在中国，若各级政府提供税收方面的优惠，则更多的 FDI 将会被吸引而来。李永友、沈坤荣（2008）在考察我国省级地方政府之间在财政收支政策方面的策略性竞争时发现，地方政府对单位资本的税收负担率呈现显著的收敛趋势，也就验证了地方政府官员通过给予外资税收优惠来竞逐外资。这种税收优惠可能是违规的（郭庆旺、贾俊雪，2006）。除此之外，财政支出结构的扭曲通常也是竞逐外资带来的负面效果之一（傅勇、张晏，2007）。这是由于扩大财政支出，往往带来高的财政赤字。与此同时，进行大规模的土地出让，也是地方政府常常使用的手段之一（张莉等，2011），以吸引企业入驻。由此，本章提出的理论假说如下：地方经济增长目标的提高将导致外商直接投资显著增加。

三、实证模型

（一）实证模型

为了检验上述理论假说，本章参考刘淑琳等（2019）、余泳泽等

（2019）的方法，设定相应的回归方程如下：

$$lFDI_{it} = \alpha + \beta target_{it} + X\Gamma + \gamma_i + \lambda_t + \varepsilon_{it} \qquad (3-1)$$

其中，下标 i 代表城市代码，t 代表年份。$lFDI$ 为城市实际利用外资额，作对数处理。$target$ 为城市经济增长目标，也作对数处理。X 为控制变量；γ_i、λ_t 分别表示城市固定效应和时间固定效应；ε_{it} 为随机扰动项。β 是本章最关心的回归系数，若系数 β 显著大于 0，说明地方经济增长目标的提高将导致外商直接投资显著增加，则理论假设成立；如果系数 β 显著小于 0，则说明经济增长目标与外商直接投资呈负向关系；若系数 β 不显著，表明经济增长目标不影响实际利用外资。

（二）数据说明

本章所研究的城市数据样本取自 2001—2016 年区间。地级市数量在不同时间段内有所变化，具体而言，2001—2003 年地级市数量为 281 个，2004—2010 年地级市数量为 282 个，2011—2016 年地级市数量为 284 个。

被解释变量为各级地方政府的外商直接投资额，本章的外商直接投资变量采用消除价格因素后的当年实际使用外资金额进行度量，相关数据来自历年《中国城市统计年鉴》。

核心解释变量为各级地方政府的经济增长目标变量，方法为参考徐现祥等（2018）、刘淑琳等（2019）的相关做法。一般来说，地方政府每年年初都会制定经济增长目标，并通过政府工作报告予以公布。我们主要通过各省及地级市的人民政府门户网站，以及地级市统计年鉴，获取政府工作报告，从而收集经济增长目标数据。[①] 本章进一步地对不同形式的目标表达进行统一整理：若已在政府工作报告中明确提出的具体形式的增长目标数据，可直接进行使用；对于带有"大约""不低于""以上""最低"等词汇的目标表述，以其中含有的具体数字为准；对于区间目标则以区间均值代替。

在实证回归中，除核心变量之外，多个控制变量的加入不可或缺。张德荣（2013）发现处于不同发展阶段的经济体，具体有不同的增长动力，由此可知利用外商投资的重要性也会随着发展阶段的不同而有所不同。因此，以上期人均实际 GDP（对数形式）表示某地方经济体的不同经济发展阶段。经济目标推高利用外资可能包含两类因素，一是趋势因素，二是促进因素，故我们加入上期实际 GDP 增速（对数形式）以衡量趋势因素。此外，经济增长的动力也会随着产业结构的变化而发生转变（赵昌文等，

---

① 各省及地级市的人民政府门户网站是本章收集政府工作报告的主要来源。同时，地级市政府工作报告通常也会在该地级市当年的统计年鉴上以"特载"形式出版。

2015），基于此，我们分别选取第二产业占 GDP 与第三产业占 GDP 的比重作为度量产业结构的方法。我们以市辖区人口占城市总人口的比例来衡量的城镇化作为控制变量（王雨飞、倪鹏飞，2016；刘金凤、赵勇，2018）。表 3-1 报告了本章主要变量的描述性统计的结果。

表 3-1　主要变量描述性统计

变量名	样本数	均值	标准误	最小值	最大值
经济增长目标	3 274	0.117	0.029	0.010	0.350
实际利用外商投资（对数形式）	4 262	9.132	1.904	0.321	13.819
上期人均实际 GDP（对数形式）	4 475	9.917	0.924	7.401	13.135
上期实际 GDP 增速（对数形式）	3 907	2.469	0.387	-2.303	4.691
第二产业占 GDP 比重	4 480	0.481	0.112	0.090	0.910
第三产业占 GDP 比重	4 481	0.366	0.084	0.086	0.853
城镇化率	4 480	34.00	30.64	3.34	100

注：样本区间是 2001—2016 年；2001 年的实际 GDP 增速数据缺失；数据由作者计算整理所得。

四、实证分析

（一）基本结果

表 3-2 呈现了在考虑了城市固定效应和时间固定效应的前提下，实证方程（3-1）的回归结果。表中六列回归的被解释变量均为实际使用外资金额（对数形式），核心解释变量为经济增长目标（对数形式），经济增长目标与实际使用外资金额的回归系数均显著为正，在考察期间内（2001—2016 年），经济增长目标与地方政府利用外商直接投资呈正向关系，证实了地方经济增长目标的提高将导致外商直接投资显著增加。

具体而言，表 3-2 的第（1）列报告了地级市的经济增长目标和实际使用外资金额的回归系数为 0.753。依次加入各个控制变量，可以发现各回归结果是一致的，经济增长目标的系数均至少在 5% 的统计水平上显著为正。其中第（6）列的回归系数为 0.343，那么，若目标提高 1 个百分点，该经济体的利用外资水平将上升约 0.343 个百分点。本章把加入所有控制变量的回归结果视为本章的基准回归结果。

表 3 - 2　基本回归结果

	（1）	（2）	（3）	（4）	（5）	（6）
	被解释变量：实际使用外资金额（对数形式）					
经济增长目标	0.753***	0.549***	0.357**	0.347**	0.347**	0.343**
（对数形式）	(0.158)	(0.151)	(0.164)	(0.170)	(0.170)	(0.171)
上期人均实际		1.091***	0.940***	0.904***	0.911***	0.907***
GDP（对数形式）		(0.221)	(0.210)	(0.248)	(0.253)	(0.255)
上一期实际 GDP			0.162*	0.158*	0.159*	0.160*
增速（对数形式）			(0.092)	(0.095)	(0.095)	(0.095)
第二产业				0.233	-0.050	-0.049
占 GDP 比重				(0.916)	(1.842)	(1.843)
第三产业					-0.421	-0.436
占 GDP 比重					(1.979)	(1.982)
城镇化率						0.000
						(0.000)
常数项	9.783***	-0.437	0.457	0.665	0.879	0.898
	(0.401)	(2.081)	(2.012)	(2.136)	(2.378)	(2.386)
城市固定效应	控制	控制	控制	控制	控制	控制
时间固定效应	控制	控制	控制	控制	控制	控制
N	3 145	3 142	2 998	2 997	2 997	2 997
R^2	0.330	0.352	0.324	0.324	0.325	0.325

注：括号内是稳健标准误；＊＊＊、＊＊、＊分别表示通过显著水平为1%、5% 和10% 的统计检验；N 为样本量，R^2 为拟合优度。

（二）稳健性检验

1. 变换核心变量度量指标

这里变换利用外商直接投资的和经济增长目标的不同度量指标，考察上述基本回归结果所得的系数是否稳健。

首先，本章变换被解释变量的度量方法，表 3 - 3 第（1）列报告了以使用外资金额增长率度量外商直接投资的结果，地级市经济增长目标的回归系数为0.379，通过5% 水平的显著性检验。表 3 - 3 第（2）列中，我们将"外商直接投资/GDP"定义为外商投资利用率，将其作为度量被解释变量的方法，结果显示核心解释变量增长目标的回归系数为0.318，在

10% 的统计水平上显著。可见，变换被解释变量后，改变实际利用外资的度量方法后，经济增长目标增大外资引入的结论依然成立。

其次，改变核心解释变量。地方政府官员的重要考核指标之一体现在其能否完成制定的经济增长目标。若其目标与可能实现的潜在增长率相差越大，地方官员希望实现目标的压力将会越大，因此地方政府将更有可能采用直接利用外资这一见效快的手段促进其辖区的经济增长，来完成自身的考核指标。基于此，本章改变解释变量的形式，表 3-3 第（3）列采用当年的经济增长目标与上年的实际经济增长速度的差额（对数形式）作为解释变量，反映地方官员面临的经济增长压力。结果显示，当经济体面临增长压力时，地方经济倾向于加大利用外商直接投资以完成制定的经济增长目标。具体来看，经济增长压力的回归系数为 0.343，通过 5% 水平的显著性检验。结果表明，若经济增长压力提高 1 个百分点，利用外商直接投资将上升约 0.343 个百分点。表 3-3 第（4）列采用当年的经济增长目标与上年的实际经济增长速度的比值（对数形式）衡量经济增长压力，其系数显著为 1.375。以上结果表明，采用经济增长压力替代经济增长目标，本章的结论依然成立。

表 3-3　变换核心变量回归结果

	（1）	（2）	（3）	（4）
	使用外资金额增长率	外资利用率	实际使用外资金额	实际使用外资金额
经济增长目标（对数形式）	0.379** (0.179)	0.318* (0.170)		
经济增长压力1（对数形式）			0.343** (0.171)	
经济增长压力2（对数形式）				1.375** (0.674)
城市固定效应	控制	控制	控制	控制
时间固定效应	控制	控制	控制	控制
N	2 255	2 997	2 997	2 997
R^2	0.108	0.051	0.325	0.323

注：括号内是稳健标准误；**、*分别表示通过显著水平为 5%、10% 的统计检验；N 为样本量，R^2 为拟合优度。

2. 变换数据样本

在我们收集的样本区间内,经济增长目标数据存在一定程度的缺失。[①]
表3-4根据各地级市经济增长目标数据的缺失程度进行回归。

表3-4　变换样本回归结果

	(1)	(2)	(3)
	被解释变量:实际使用外资金额(对数形式)		
经济增长目标 (对数形式)	0.361** (0.181)	0.345** (0.171)	0.328* (0.194)
上期人均实际GDP (对数形式)	0.788*** (0.268)	0.905*** (0.255)	0.932*** (0.270)
上期实际GDP增速 (对数形式)	0.174* (0.100)	0.163* (0.095)	0.185 (0.116)
第二产业 占GDP比重	0.883 (1.770)	-0.047 (1.843)	0.328 (1.973)
第三产业 占GDP比重	1.056 (1.851)	-0.431 (1.983)	0.001 (2.125)
城镇化率	0.001*** (0.000)	0.000 (0.000)	0.000* (0.000)
常数项	0.997 (2.593)	0.911 (2.387)	0.294 (2.573)
城市固定效应	控制	控制	控制
时间固定效应	控制	控制	控制
N	2 484	2 992	2 520
R^2	0.297	0.326	0.349

注:括号内是稳健标准误;＊＊＊、＊＊、＊分别表示通过显著水平为1%、5%和10%的统计检验;N为样本量,R^2为拟合优度。

表3-4第(1)列反映了公布的经济增长目标数据未齐全的样本的回归结果。此时,地级市的经济增长目标的回归系数为0.361,在5%的

---

① 在本章的样本中,仅37个地级市在考察期间每年都报告了经济增长目标,样本量为592个,占13.1%。经济增长目标数据部分缺失的城市样本量为3 901,占86.3%;佳木斯市、毕节市、铜仁市3个城市的增长目标数据全部缺失,样本量共计28个,占0.6%。

水平上显著。第（2）列进一步反映了具有不低于 5 个经济增长目标数据的地级市样本的回归情况：地级市的经济增长目标的回归系数为 0.345，通过 5% 水平的显著性检验，与第（1）列反映的结果没有实质性差异。第（3）列反映了具有不低于 10 个经济增长目标数据的地级市样本的回归情况：地级市的经济增长目标回归系数显著为 0.328，在 10% 的统计水平上显著。

综合以上三列回归结果，无论数据样本的连续范围发生怎样的变换，其回归结果仍然与本章基本回归结果保持一致。

3. 考虑内生性

由于经济增长目标通常在年初制定，先于政府在本年度内促进辖区利用外商投资的行为，上述的作用机制可以表述为地方政府为了实现既定的经济增长目标，倾向于增加外商投资的利用金额。与此同时，我们需要考虑可能存在的内生性问题，即年初制定的经济增长目标是基于政府官员对本年度能够利用的外资金额进行评估之后的结果。本章选择采用以下两种方式：一是采用检验内生性通常使用的系统 GMM；二是采用二阶段 IV 估计法，其中的工具变量采取省级经济增长目标，采用这种方法的思路在于，在"官员晋升锦标赛"中，下级政府受到上级政府目标预期的影响较大，制定一个比上级政府更高的经济增长目标是各级政府一种倾向（周黎安等，2015），而反之，上级政府所制定的增长目标通常不会受到下级目标的影响。

表 3 - 5 反映了进行系统 GMM 回归的回归结果，若经济增长目标上升 1 个百分点，利用外资金额约上升 1.5 ~ 2.5 个百分点。第（1）列报告了全样本的回归结果，地级市的经济增长目标的回归系数为 0.159，与表 3 - 2 的基准回归结果相比，虽然系数变小，但通过了 1% 统计水平的显著性检验。第（2）列反映了含有缺失的经济增长目标的数据样本的系统 GMM 回归结果。此时，地级市的经济增长目标的回归系数显著为 0.158。第（3）列反映了具有不低于 5 个经济增长目标数据的地级市样本的回归情况，地级市的经济增长目标的回归系数显著为 0.155。第（4）列反映了具有不低于 10 个经济增长目标数据的地级市样本的回归情况，经济增长目标的回归系数显著，为 0.251。后三列的经济增长目标系数均在 1% 的统计水平上显著。

表 3 – 5　GMM 回归结果

	（1）	（2）	（3）	（4）
	被解释变量：实际使用外资金额（对数形式）			
经济增长目标	0.159***	0.158***	0.155***	0.251***
（对数形式）	(0.011)	(0.013)	(0.011)	(0.018)
上期人均实际 GDP	0.862***	0.765***	0.860***	0.886***
（对数形式）	(0.023)	(0.023)	(0.022)	(0.027)
上期实际 GDP 增速	0.166***	0.195***	0.172***	0.182***
（对数形式）	(0.004)	(0.006)	(0.004)	(0.006)
第二产业	-1.482***	-0.425**	-1.687***	-2.202***
占 GDP 比重	(0.099)	(0.183)	(0.095)	(0.174)
第三产业	-1.671***	-0.783***	-1.860***	-2.237***
占 GDP 比重	(0.117)	(0.150)	(0.114)	(0.277)
城镇化率	0.001***	0.001***	0.001***	0.001***
	(0.000)	(0.000)	(0.000)	(0.000)
L. 利用外资金额	0.630***	0.634***	0.638***	0.675***
（对数形式）	(0.002)	(0.003)	(0.002)	(0.004)
常数项	-3.735***	-3.658***	-3.206***	-4.258***
	(0.173)	(0.169)	(0.167)	(0.259)
城市固定效应	控制	控制	控制	控制
时间固定效应	控制	控制	控制	控制
N	2 970	2 458	2 966	2 503

注：括号内是稳健标准误；***、**分别表示通过显著水平为 1%、5% 的统计检验；N 为样本量，R^2 为拟合优度。

表 3 – 6 反映了加入工具变量的二阶段 IV 估计结果。第（2）列报告了地级市经济增长目标与省级经济增长目标关系的第一阶段回归结果，两者的回归系数显著为 0.877。这意味着地级市经济增长目标与工具变量省级经济增长目标之间具有显著的正相关关系。第（1）列反映了二阶段即 IV 估计的结果。此时地级市经济增长目标的回归系数为 0.848，通过了 1% 水平的显著性检验。与表 3 – 2 的基准回归结果相比，系数虽有所变大，但仍显著为正。综上所述，考虑内生性问题之后，其回归依然佐证了本章的基本假说，基本结论的稳健性得到进一步验证。

表3-6　工具回归结果

被解释变量	(1) 实际使用外资金额 （对数形式） 第二阶段回归	(2) 地级市经济增长目标 （对数形式） 第一阶段回归
地级市经济增长目标 （对数形式）	0.848*** (0.244)	
Ⅳ：省级经济增长目标 （对数形式）		0.877** (0.364)
常数项	-1.331 (2.434)	-8.171*** (1.138)
城市固定效应	控制	控制
时间固定效应	控制	控制
N	2 997	2 997
R^2	0.856	0.659

注：括号内是稳健标准误；＊＊＊、＊＊分别表示通过显著水平为1%、5%的统计检验；N为样本量，R^2为拟合优度。

五、机制分析

根据前述的实证结果，我们发现经济增长目标促进了外资利用。我们尝试对其中的作用机制进行探讨，强调扩大土地出让和增加财政支出两个渠道。政府官员面对更高的经济增长目标会积极动用手中可以使用的资源以实现目标，而土地出让和财政支出是其可动用的最重要的两种资源。政府官员也会倾向于使用这两类资源，以吸引外商直接投资。

这里我们采用两步回归法。第一步，检验经济增长目标对土地出让和财政支出的影响，即以经济增长目标为核心解释变量，以土地出让和财政支出为被解释变量。第二步，检验土地出让和财政支出对吸引外资的影响，即分别以土地出让和财政支出为核心解释变量，以实际使用外资金额为被解释变量。

（一）土地出让机制

表3-7考察土地出让机制。第（1）列和第（2）列以土地出让面积

为被解释变量，核心解释变量为经济增长目标。第（1）列是含有缺失的经济增长目标数据的样本，第（2）列则是无缺失数据的全样本。两列显示的回归结果表明经济增长目标的系数均为正，均在1%的统计水平上显著。其中，第（2）列的经济增长目标系数为0.473，意味着若经济增长目标上升1%，土地出让面积增加0.473%。这与胡深和吕冰洋（2019）的发现是一致的，经济增长目标的增大会促使地方政府提高其辖区内土地的出让面积。

表3-7第（3）列和第（4）列的被解释变量为实际使用外资金额，核心解释变量为土地出让面积。第（3）列是含有缺失的经济增长目标数据的样本，第（4）列则是无缺失数据的全样本。这两列数据显示，土地出让面积的系数均为正，均在1%的统计水平上显著。其中，第（2）列的土地出让面积系数为0.258，意味着土地出让面积增加1%，实际使用外资金额会增加0.258%。这与张莉等（2013）的发现是一致的，即在本地晋升的地方官员会倾向于增加土地出让面积。

综合表3-7的两步回归，表明为了实现高经济增长目标，地方政府会提高其辖区内土地的出让面积来吸引外商直接投资。

表3-7 土地出让机制

	(1)	(2)	(3)	(4)
	被解释变量：土地出让面积（对数形式）		被解释变量：实际使用外资金额（对数形式）	
经济增长目标（对数形式）	0.413*** (0.109)	0.473*** (0.106)		
土地出让面积（对数形式）			0.156*** (0.047)	0.258*** (0.091)
上期人均实际GDP（对数形式）	0.268 (0.253)	0.399* (0.227)	0.697*** (0.247)	1.185* (0.594)
上期实际GDP增速（对数形式）	0.023 (0.036)	0.027 (0.039)	0.172* (0.099)	-0.082 (0.230)
第二产业占GDP比重	2.949*** (1.071)	2.141* (1.097)	-0.115 (1.533)	-1.844 (3.863)
第三产业占GDP比重	2.140* (1.193)	1.529 (1.191)	-0.398 (1.700)	-3.983 (4.010)

（续上表）

	(1)	(2)	(3)	(4)
	被解释变量：土地出让面积（对数形式）		被解释变量：实际使用外资金额（对数形式）	
城镇化率	-0.000	-0.000	0.001**	-0.017
	(0.000)	(0.000)	(0.000)	(0.014)
常数项	2.12	1.530	0.958	-0.187
	(2.403)	(2.069)	(2.309)	(4.810)
城市固定效应	控制	控制	控制	控制
时间固定效应	控制	控制	控制	控制
N	2 331	2 795	2 883	460
R^2	0.353	0.339	0.337	0.484

注：括号内是稳健标准误；＊＊＊、＊＊、＊分别表示通过显著水平为1%、5%和10%的统计检验；N为样本量，R^2为拟合优度。

（二）财政支出机制

表3-8考察财政支出机制。第（1）列和第（2）列以人均财政支出为被解释变量，经济增长目标为核心解释变量。第（1）列是含有缺失的经济增长目标数据的样本，第（2）列则是无缺失数据的全样本。两列的经济增长目标系数也为正，至少通过10%统计水平的显著性检验，意味着，经济增长目标的提高，加大了人均财政支出。其中，第（2）列的经济增长目标系数为0.247，意味着城市经济增长目标设定每提高1%，人均财政支出金额就增加0.247%。这与Liu等（2020）的发现是一致的，即经济增长目标提高财政支出。

表3-8第（3）列和第（4）列进行第二步回归，被解释变量为实际使用外资金额，核心解释变量为人均财政支出。第（3）列是含有缺失的经济增长目标数据的样本，第（4）列则是无缺失数据的全样本。两列显示，人均财政支出的系数均为正，至少在10%的统计水平上显著。其中，第（4）列的人均财政支出系数0.847，意味着城市人均财政支出每增加1%，实际使用外资金额就提高0.847%。这又与Tung and Cho（2001）、郭庆旺和贾俊雪（2006）的观点一致，他们认为增加财政支出能吸引外商落户本地。

综合表3-8的两步回归，表明一旦本辖区经济增长目标的设定提高，政府为实现经济增长目标，会采取增加财政支出方式吸引外商直接投资。

表3-8　财政支出机制

	（1）	（2）	（3）	（4）
	被解释变量：人均财政支出（对数形式）		被解释变量：实际使用外资金额（对数形式）	
经济增长目标（对数形式）	0.210***	0.247*		
	(0.058)	(0.144)		
人均财政支出（对数形式）			0.371***	0.847*
			(0.140)	(0.492)
上期人均实际GDP（对数形式）	0.317***	0.899***	0.578**	0.954*
	(0.077)	(0.248)	(0.253)	(0.538)
上期实际GDP增速（对数形式）	0.007	0.009	0.186*	-0.070
	(0.018)	(0.081)	(0.097)	(0.229)
第二产业占GDP比重	1.074***	1.196	-0.518	-2.175
	(0.323)	(1.017)	(1.541)	(3.820)
第三产业占GDP比重	0.352	0.078	-1.044	-4.817
	(0.386)	(1.154)	(1.689)	(3.775)
城镇化率	0.000	0.004	0.006*	-0.011
	(0.000)	(0.003)	(0.000)	(0.013)
常数项	3.796***	-1.573	0.039	-2.724
	(0.678)	(2.071)	(2.443)	(4.936)
城市固定效应	控制	控制	控制	控制
时间固定效应	控制	控制	控制	控制
N	2 594	517	3 191	513
R^2	0.949	0.921	0.346	0.496

注：括号内是稳健标准误；***、**分别表示通过显著水平为1%、5%的统计检验；N为样本量，R^2为拟合优度。

六、异质性分析

综合上述各部分的分析，本章提出的理论假说已被证实，且该效应具有稳健性。这种效应的作用机制表现在，为了实现经济增长目标，地方政府常常扩大土地出让的面积，并通过增加财政支出，吸引外商直接投资。本部分将进行异质性检验，考虑地方经济增长目标的提高将导致外商直接投资显著增加的效应在不同条件下的差异，旨在进一步揭示本章理论假说的内在逻辑。

（一）区域异质性

首先是区域异质性，表3-9按照地区的不同区分两类样本，即我国东部地区和我国中西部地区。第（1）列是东部地区样本的回归结果，本章所关心的经济增长目标的回归系数并不显著。第（2）列是中西部地区样本，经济增长目标系数为0.361，通过10%水平的显著性检验。那么，经济增长目标对吸引外资的促进效应，存在于中西部地区，但在东部地区并不存在。在发达的东部地区，能为实现经济增长目标提供支撑的手段是多样的，并不单单依靠外商直接投资；但在较为落后的中西部地区，存在较少能助力经济增长目标的实现手段，从而更依赖于外商直接投资途径。上述回归结果与逻辑分析表明，经济增长目标对吸引外资的促进效应，仅存在于中西部地区。

表3-9　区域异质性检验

	（1） 东部地区	（2） 中西部地区
经济增长目标 （对数形式）	0.007 (0.235)	0.361* (0.196)
初始人均GDP （对数形式）	0.521** (0.253)	0.849*** (0.313)
上期实际GDP增速 （对数形式）	0.095 (0.104)	0.233** (0.104)
第二产业 占GDP比重	1.654 (1.658)	-0.849 (2.219)
第三产业 占GDP比重	0.607 (1.986)	2.805 (2.507)
城镇化率	-0.007 (0.006)	0.001*** (0.000)

	(1)	(2)
	东部地区	中西部地区
常数项	4.172	-0.180
	(2.692)	(3.101)
城市固定效应	控制	控制
时间固定效应	控制	控制
N	1 018	1 979
R^2	0.209	0.400

注：括号内是稳健标准误；＊＊＊、＊＊、＊分别表示通过显著水平为1%、5%和10%的统计检验；N为样本量，R^2为拟合优度。

（二）时间异质性

其后，表3-10呈现时间异质性的结果。2012年中共十八大之后，以习近平同志为核心的党中央和新一届政府有了新的执政变化。于是，区分2012年前后（2012年含在前部分）的样本，进行回归。第（1）列是2012年之前的样本，经济增长目标的回归系数为0.768，在1%统计水平上显著，但第（2）列是2012年之后的样本，经济增长目标系数并不显著。从而可知，地方经济增长目标的提高将导致外商直接投资显著增加的效应，仅存在于2012年之前。

一方面，十八大之后，中央政府开始加大强调新发展理念的力度，淡化经济增长目标的考核。新发展理念强调"创新、协调、绿色、开放、共享"，对于地方政府与官员的考核也添加了相应的标准。另一方面，十八大之后经济发展方式明显得到转变。针对外资而言，一是，对于外资的倚重程度有所降低，实际使用外资金额占GDP的比重显著下降，由2009年的1.80%，下降到2012年的1.33%，再下降到2016年的1.12%。这一点与表3-9的区域异质性检验是一致的。2012年后，中国能为实现经济增长目标提供支撑的手段更为多样。二是，促进利用外资的质量不断提高，更重视外资的质量。外资更多流向高新技术产业，2016年高技术业引进外资占比超过19%，比2012年提高了5个百分点。跨国公司在华研发中心超过2 400家。由此，相比于2012年之前，2012年之后，地方经济增长目标的提高导致外商直接投资显著增加的效应并不存在。

表 3 - 10　时间异质性检验

	(1) 2012 年之前（含 2012 年）	(2) 2012 年之后
经济增长目标	0.768***	-0.080
（对数形式）	(0.189)	(0.209)
初始人均 GDP	0.845***	1.840**
（对数形式）	(0.242)	(0.792)
上期实际 GDP 增速	0.141	0.231**
（对数形式）	(0.105)	(0.117)
第二产业	-1.807	-0.390
占 GDP 比重	(1.861)	(3.486)
第三产业	-1.514	0.437
占 GDP 比重	(2.154)	(3.407)
城镇化率	0.006	0.001***
	(0.005)	(0.000)
常数项	3.490	-10.200
	(2.456)	(7.497)
城市固定效应	控制	控制
时间固定效应	控制	控制
N	1 485	1 512
R^2	0.320	0.105

注：括号内是稳健标准误；* * *、* *分别表示通过显著水平为 1%、5%的统计检验；N 为样本量，R^2 为拟合优度。

七、结论性评述

本章考察经济增长目标如何引领外商直接投资。我们主要采用历年的《中国城市统计年鉴》匹配地级市政府工作报告的相关数据，构建 284 个地级市 2001—2016 年的面板数据，实证检验经济增长目标对吸引外资的影响。研究发现，经济增长目标的提高显著增加了实际利用外资数量，该发现是稳健的，并在进行了变换度量变量、回归样本和考虑内生性的稳健性检验之后，结论依然成立。究其机制，在既定的经济增长目标的激励下，地方政府扩大土地出让面积，增加财政支出，以吸引外商直接投资。本章发现表明，经济增长目标达到了良好的吸引外商直接投资（FDI）的效果，有效地驱动了中国经济增长。

第四章　经济增长目标引领基础设施

一、引言

改革开放 40 多年来，基础设施建设为我国的高速发展奠定了坚实的基础。当前，我国正开启建成社会主义现代化强国的新征程，基础设施建设要从以规模扩张为主的阶段转向以质量提高为主的阶段，进一步支撑经济高质量发展。作为公共品的基础设施，在中国"政治集权，经济分权"的治理体制下，其建设过程往往少不了地方政府及官员的身影（丁从明等，2015；刘蕾等，2020）。而经济增长目标管理是我国动员和激励各级地方政府和官员的重要体制机制（徐现祥、梁剑雄，2014；詹新宇、曾傅雯，2021）。

陈云贤（2019、2020）认为，有为政府与有效市场相结合的中国特色社会主义市场经济建设是中国改革开放成功的钥匙，成熟有为的政府应该做好超前引领。所谓政府的超前引领，是指遵循市场规则，依靠市场力量，做好产业经济的引导、调节、预警，以及城市经济的调配、参与、维序和民生经济的保障、托底、提升。陈云贤（2019、2020）虽然提出了政府超前引领理论，但缺乏对内在制度和机制的实证检验，即地方政府何以和通过怎样的机制实现超前引领。基础设施是政府超前引领的重要领域，本章基于经济增长目标管理相关文献（徐现祥等，2018；余泳泽、潘妍，2019），认为政府可以通过经济增长目标管理作用于基础设施建设，从而实现超前引领。

政府超前引领以"官员晋升锦标赛"理论为基础，强调政绩考核对地方官员造成激励，进而衍生出"有为政府"的概念（陈云贤，2019、2020）。毋庸置疑，经济增速最易被测度与观察，仍是目前最重要的政绩考核指标。为了取得较高的经济增长水平，地方政府及官员会设置经济增长目标，运用"经济分权"的政策工具与资源手段，短期内获取更高的经济增长，而着眼于基础设施建设正是当中重要的手段（张军等，2007；王贤彬等，2014）。

在不同的经济增长目标下，地方政府及官员所采取的政策方向、力度和时限往往是不同的，对基础设施的数量和质量的影响往往也不同。但是，现有经济学文献并没有同时从数量和质量两个维度深入考察经济增长目标与基础设施之间的关系。

中国的目标管理贯穿整个党政系统，覆盖各级政府，经济增长目标由地方官员制定并负责，其既是上级对下级的考核标准，也是下级对上级的政绩承诺（徐现祥、梁剑雄，2014；周黎安等，2015）。一般地，当实际经济增长速度与增长目标偏离，尤其是实际经济增长速度接近甚至低于增长目标而无法完成预设目标时，地方政府及官员的压力显著增加。虽然目前出现了不少分析经济增长目标与官员激励的文献，但至少在我们的知识范围内，还没有文献将二者有机结合起来探讨经济增长目标压力影响基础设施的内在原因，也谈不上连接政府超前引领理论。在本章的逻辑中，政府通过实施经济增长目标管理，形成经济增长目标压力，影响基础设施建设，从而完成超前引领。

在实证上，本章形成 2002—2018 年全国 31 个省（区、市）的面板数据，以地方政府工作报告中公布的经济增长目标与上一年实际经济增长速度的比值度量经济增长目标压力，以此来表征政府超前引领程度；以交通公路数据衡量基础设施状况水平，检验增长目标引领对基础设施数量和质量两个维度的影响。本章的边际创新可能体现在以下方面：第一，现有文献已关注到地方政府及官员行为对地区基础设施的影响，但主要围绕地方竞争及官员晋升、更替、任期等产生的效应展开分析（王贤彬等，2014；刘蕾、陈灿，2020），本章则另辟蹊径，关注地方经济增长目标对基础设施的影响，扩展了该方向的研究范围。第二，以往文献分析地方政府及官员行为对地区基础设施的影响时，大多局限于对基础设施数量的讨论（王世磊、张军，2008；丁从明等，2015），即使注意到基础设施质量，也甚少涉及地方政府与官员行为（黄寿峰，2016；王永进、黄青，2017）。本章基于统一框架，同时检验经济增长目标对基础设施数量和质量的影响，分析更为全面。第三，经济增长目标管理相关文献无论是对目标制定法则的分析（王贤彬、黄亮雄，2019；詹新宇、刘文彬，2020），还是对目标影响效应的研究（徐现祥等，2018；余泳泽、潘妍，2019；徐现祥、刘毓芸，2017），都忽视了基础设施建设。本章则有机结合增长目标管理与地方政府激励视角，探讨经济增长目标与基础设施的关系，所得的理论发现增进了对这一话题的理解。第四，本章从经济增长目标的角度，专门考察政府作为非常重要的基础设施建设主体，为政府超前引领理论提供了机制与制度的经验证据，为有为政府引领经济发展提供了理论证据。同时，本章也加深了对地区基础设施建设的政策性认识，强调了地区基础设施建设受到地方经济增长目标的复杂性影响。

本章以下部分的结构安排依次如下：介绍文献及提出假说；构建实证模型与进行数据说明；实证分析中的基准回归与稳健性检验；机制分析；异质性分析；结论与政策建议。

二、文献综述与理论假说

（一）文献综述

本章基于政府超前引领理论，重在检验地方经济增长目标引领对基础设施数量和质量的影响效应，主要涉及两类文献：一是经济增长目标文献；二是基础设施影响因素文献。

1. 经济增长目标文献

中国各级地方官员面临多方面压力，在"官员晋升锦标赛"下，对经济增长的考核，是他们的主要压力来源。除了使辖区内的实际经济增长绩效高于同级地区，更重要的是实现预定的经济增长目标，并尽量地让实际经济增长高于经济增长目标（王贤彬等，2021）。

在我们所掌握的文献范围内，经济增长目标管理文献主要基于中国情境展开。这些研究实质上是中国"政治集权，经济分权"治理体制下"官员晋升锦标赛"理论的延续（Li and Zhou，2005；徐现祥等，2018）。基于实践，中国政府主动前瞻性地规划设计未来经济社会发展，往往在党代会报告、国民经济和社会发展五年规划纲要、政府年度工作报告等文件中公布相应的发展目标。例如，经济增长目标是政府宣布的增长目标承诺和相应资源配置的行为宣言，一直以来，中国各级地方政府也不断演绎这种以经济增长目标引导实际经济增长的宏观经济管理模式（周黎安等，2015；詹新宇等，2020）。

与本章直接相关的是经济增长目标造成的影响效应分析。起初，学者们关注于经济增长目标导致的宏观效应，主要包括实际经济增长（徐现祥、刘毓芸，2017）、全要素生产率（徐现祥等，2018；余泳泽等，2019）、投资（刘淑琳等，2019）、土地出让（胡深、吕冰洋，2019）、城镇化（黄亮雄等，2021B），等等。其后，学者们开始探讨经济增长目标对微观主体的影响。例如，经济增长目标对企业风险承担水平的影响（黄亮雄等，2021A）、对企业实际税负的影响（詹新宇等，2020）、对企业创新的影响（王贤彬等，2021），等等。虽然学者们已展开了多方面的研究，但至今仍甚少涉及经济增长目标对基础设施的影响。

事实上，虽然地方官员更了解地方的实际状况，也拥有适度的自由决策和行动的空间（余泳泽、杨晓章，2017），但完成既定的经济增长目标并不轻松。从纵向反应看，为了赢得上级的青睐，下级官员倾向于在增长目标上"层层加码"和添加"确保""力争"等硬约束（Li et al.，2019；余泳泽、潘妍，2019），且上级也可能指导下级进行目标设定的不同区域偏向调整（徐现祥、梁剑雄，2014）。从横向策略看，地方政府在制定经济增长目标时存在显著的横向竞争性策略互动（王贤彬、黄亮雄，2019）。本章分析面对经济增长目标压力时，地方政府及官员对基础设施数量和质量影响的不同表现。

值得注意的是，政府超前引领理论强调了有为政府的作用，但对其内在机制与制度的验证甚为缺乏（陈云贤，2019、2020）。本章则重点检验政府如何通过经济增长目标管理实现基础设施领域建设的超前引领。

2. 基础设施影响因素文献

区域的基础设施是否完善，包括数量是否足够，质量是否良好，是该区域经济能否长期持续稳定发展的重要基础（Harrigan，2010；马淑琴等，2018）。从衡量的角度看，学者们惯常采用反映交通运输情况的铁路里程数或公路里程数度量区域的基础设施水平。例如，王小鲁等（2009）采用标准道路里程数，而王永进和黄青（2017）则使用公路里程数。当然，也有学者构建多维度的指标体系，例如黄亮雄等（2018）构造了交通、能源、通信、城市和农村五维度的基础设施指标。上述度量，或是仅关注基础设施的数量，或是仅关注其质量，而本章则同时捕捉基础设施的数量和质量。

影响基础设施的因素是多样的，但总离不开地方政府与官员的作用，且多集中于三个方面：一是官员的晋升激励。王世磊和张军（2008）指出，为了获得晋升，官员有足够的激励去驱动基础设施投资的增加。二是官员的任期等情况。丁从明等（2015）认为，官员任期与基础设施投资之间存在"倒 U 型"关系。三是地方政府（官员）之间的竞争。为了在激烈的竞争中取得优秀政绩从而赢得上级的青睐，地方官员将可以利用的资源投向见效快的基础设施，因其往往能够实现他们希望快速彰显政绩的愿望。刘蕾和陈灿（2020）发现，相邻城市政府投资显著正向影响着地方政府城市基础设施支出。

上述研究已经关注到地方政府及官员与基础设施的密切关系，但仍未深入官员管理体制的经济增长目标考核带来的经济增长目标压力的内在层面。基础设施是政府超前引领的重要领域，但其少有文献将二者结合起来进行实证分析。此外，已有的分析往往只关注地方政府及官员对基础设施数量或质量某一维度的影响，结论并不全面。事实上，为了实现既定的经济增长目标，地方政府和官员对基础设施数量和质量的态度往往是不一样的。

（二）假说提出

"官员晋升锦标赛"机制下的区域政府竞争是政府超前引领的重要驱动力。已有文献认为"官员晋升锦标赛"导致地方官员产生短期的政治需求，激励地方增加基础设施方面的投资（张军等，2007；王贤彬等，2014）。我们认为这些研究可能未能全面评估这一影响，较为明显的是，基础设施包括数量和质量两个维度，上述关系更多地反映了对基础设施数量的影响，而地方政府和官员对基础设施数量和质量的态度可能是不一样的。

经济绩效（如经济增长）是政绩集合中最为核心的维度，是决定官员是否晋升的重要指标，在定期考核压力下，地方官员具有强烈动机在短期内获得高经济增长（周黎安，2007）。中国各级政府均通过制定经济增长目标引导和管理本辖区经济增长，经济增长目标成为考核的重要依据：是否实现目标，高于目标多大程度等。不容忽视的是，由于各级政府面对横向竞争和纵向反应，每个地方政府均强烈倾向于制定较高的经济增长目标（王贤彬、黄亮雄，2019；余泳泽、潘妍，2019）。很多情况下，这种经济增长目标制定模式会导致地方政府及整个地方经济发展面临经济增长目标压力。

陈云贤（2020）指出，区域基础设施的完善程度将直接影响该区域经济发展的现状和未来，政府超前引领要求地方政府对辖区内的基础设施建设施加影响，基础设施体系对区域社会经济发展的支撑，主要包括超前型、适应型和滞后型三种类型。陈云贤（2020）进一步强调，区域基础设施的供给如能适度超前，不仅将增进区域自身的直接利益，而且会增强区域竞争力，提高经济发展质量。地方政府制定的经济增长目标以及相应形成的经济增长目标压力，会系统性地影响地方政府对基础设施数量和质量的态度、政策取向及其力度。其中的关键在于基础设施数量和质量短期内对经济增长的不同影响。为实现经济增长目标、追求高经济增长，地方政府会扩大投资（刘淑琳等，2019）。而基础设施建设投资是财政资金的主要投向（吕炜、刘晨晖，2013）。基础设施数量是较易观察与量化的。投资于提高基础设施数量本身可以带动对相关产品的需求，增加实际产出。同时，基础设施数量的提高，能够向外发送政府重视本地区建设及发展的信号，能提高区域吸引力，有利于地方政府招商引资（张军等，2007）。这也是胡深和吕冰洋（2019）所强调的，地方政府倾向于通过扩大土地出让，增加招商引资，来实现经济增长目标。正是由于基础设施数量较易观察与量化，且总是能在短期内带来较高的经济增长，地方政府重视用于基础设施数量提高的投资。例如，我们可以发现，我国城市面积不断扩大，相关的建筑物、道路也不断增多（常晨、陆铭，2017）。

但是，不同于基础设施数量，基础设施质量较难清晰观察与量化。当基础设施质量较低时，并不否定质量的提高能显著促进经济增长。例如，在招商引资中，提高基础设施质量无疑更具吸引力。因此，当经济增长目标压力较低时，地方政府能做到基础设施数量和质量同时提高，二者均有利于获得高经济增长。但如果基础设施质量本身处于较高水平，进一步改善往往需要更大的投入，且其对经济增长的作用也往往较低。可以观察到，地区新城不断增多，但"鬼城"及激进城镇化现象也愈发严重（黄亮雄等，2021B），其原因是，建成区的面积扩大并没有带来相对完善的配套质量，吸引不了相应的人口增长。换言之，基础设施质量的提升对经济增长的促进作用仅当基础设施质量较低时才成立，若高于某个门槛值，作用就会消失。同时，相比于基础设施数量，质量的促进作用显得较为弱小。那么，面临着激烈的经济增长竞争压力，增加在基础设施质量上的投入并非地方官员推动地方经济增长的优先政策选项。经济增长目标虽然起到动员官员、优化资源配置的作用，但过高或者约束过强的经济增长目标会扭曲官员行为，有损地方经济效率（徐现祥等，2018；余泳泽等，2019）。当经济增长目标设定较高，尤其是高于经济增长正常趋势时，地方官员感受到的经济增长目标压力陡增（王贤彬等，2021）。为完成预设的增长目标，地方政府及官员会动用更强的资源手段，出台更强的经济政策，试图短期内推动经济增长。对于基础设施，地方政府和官员则会选择提高数量，而忽视质量。于是，我们得到如下两个理论假说：

理论假说1：经济增长目标压力与地区基础设施数量存在正向线性关系，即经济增长目标压力的增大显著提高地区基础设施数量。

理论假说2：经济增长目标压力与地区基础设施质量之间存在"倒U型"关系，即经济增长目标压力的增大起初有利于改善基础设施质量，但当经济增长目标压力达到一定程度后，进一步增大反而不利于基础设施质量的提高。

政府通过制定各种任务目标来凝聚发展共识、动员资源配置的"目标动员"模式，是中国宏观经济管理的普遍性做法，是政府管理体制机制的重要组成部分（詹新宇、曾傅雯，2021）。由经济增长目标引起的经济增长目标压力对基础设施建设产生了显著影响，佐证了政府通过经济增长目标管理，引领和驱动基础设施改善。

三、实证模型

（一）实证策略

本章考察地方政府经济增长目标压力对其辖区内基础设施的影响，以佐证政府超前引领的基础设施建设机制，参考王贤彬和陈春秀（2019）、黄亮雄等（2021B）的研究，构建以下计量模型：

$$Infra_{it} = \beta_0 + \beta_1 Press_{it} + \beta_2 Press_{it}^2 + X\lambda + \eta_i + \theta_t + \varepsilon_{it} \qquad (4-1)$$

其中，下标 i 代表地区，本章采用省级区域样本（省、直辖市、自治区），t 代表时间，本章采用的是年份。被解释变量 $Infra$ 表示基础设施状况。本章同时捕捉基础设施的数量和质量两个维度。$Press$ 为地方的经济增长目标压力，$Press^2$ 为经济增长目标压力的平方项。经济增长目标压力也度量了政府超前引领的力度。X 为其他控制变量。η_i 和 θ_t 分别是省份固定效应和年份固定效应。ε 为随机扰动项。

系数 β_1 和 β_2 的符号和大小衡量了地方经济增长目标压力对基础设施水平的影响。如果 β_2 显著大于 0，那么基础设施与经济增长目标压力呈"U型"关系，即基础设施水平随着经济增长目标压力的上升，先下降再上升。如果 β_2 显著小于 0，那么基础设施与经济增长目标压力呈"倒U型"关系，即基础设施水平随着经济增长目标压力的上升，先上升再下降。如果 β_2 不显著，即基础设施与经济增长目标压力不呈现二次关系。在此情况下，若系数 β_1 显著大于 0，则基础设施与经济增长目标压力呈正相关关系，即基础设施水平随着经济增长目标压力的增大而提高；若系数 β_1 显著小于 0，则基础设施与经济增长目标压力呈负相关关系，即基础设施水平随着经济增长目标压力的增大而下降；若系数 β_1 不显著，则经济增长目标压力对基础设施水平的影响不显著。在本章的理论假说成立时，基础设施数量与经济增长目标压力正相关，此时，β_2 不显著，β_1 显著大于 0；基础设施质量与经济增长目标压力呈"倒U型"关系，此时，β_2 显著小于 0。

（二）数据说明

1. 被解释变量

被解释变量为地区基础设施水平，本章试图从数量和质量两个维度加以分析。遵循王小鲁等（2009）、周浩和郑筱婷（2012）、王永进和黄青（2017）以及李涵等（2020）以交通设施状况衡量基础设施的思路，本章采用公路数据来反映基础设施状况。

在基础设施数量方面，本章参考高翔等（2015）的做法，将公路里程数作为基础设施数量的代理变量。根据"地方政府和官员的经济增长目标压力源于其需要在短期内促进经济增长，实现既定的经济增长目标"这一逻辑，使用公路里程数增量能更好地刻画地方政府和官员在经济增长目标压力下的应对行为。在具体回归中，我们作对数处理，将其设定为：ln（1 + 今年的公路里程数 − 去年的公路里程数）。在基础设施质量方面，参考郭劲光和高静美（2009）的做法，本章将高等级的公路视作高质量的交通基础设施，采用一级公路占公路里程的比重来衡量交通基础设施的质量。

2. 核心解释变量

本章的核心解释变量是经济增长目标压力及其平方项，具体采用各省（区、市）每年年初政府工作报告中公布的经济增长目标与上一年实际经济增长速度的比值度量经济增长目标压力（王贤彬等，2021；黄亮雄等，2021A；黄亮雄等，2021B）。在具体回归中，我们将其加1，并取对数，即 $Press = \ln$（1 + 增长目标/上一年实际的 GDP 增长率）。一般地，当年设立的经济增长目标与上一年实际 GDP 增长率的比值越高，当地政府要实现当年的经济增长目标就越有难度，其经济增长目标压力就越大；相反，若该比值越低，当地政府实现当年的经济增长目标就越容易，其经济增长目标压力就越小。该指标也反映了政府超前引领程度。

本章采用的是 2002—2018 年全国 31 个省（区、市）的面板数据。经济增长目标变量参考徐现祥和刘毓芸（2017）、刘淑琳等（2019）的做法，采用每年年初各省（区、市）政府工作报告中公布的经济增长目标，主要通过以下途径手工收集：一是查阅各地当年发布的政府工作报告，从报告中得到；二是通过各省的年鉴获取。对搜集并整理得到的数据，作以下处理：如果目标的修辞不带任何副词，则直接使用；带有"大约""上下""确保"等副词约束时，以特定数字为准；如果给出的是区间范围，则取平均数。

3. 控制变量

本章还参考以往的研究，加入了一系列控制变量，具体做法为：采用人均实际 GDP（取对数，$lpgdp$）衡量地方经济发展水平；鉴于城镇化水平对基础设施建设有较大的影响，控制变量中加入了城镇化率（$urban$）；采用财政支出中的交通支出反映政府投资在基础设施建设中的作用（取对数，trex）；考虑到基础设施建设可能存在的 PPP 模型，利用全社会的固定资产投资（取对数，fass）捕捉社会资本参与基础设施建设的情况。此外，还加入了第二产业增加值占 GDP 比重（stru）来衡量地区的产业结构。

本章的公路里程数和一级公路里程数均来自国泰安数据库。控制变量所需数据来源于历年《中国统计年鉴》。

四、实证分析

（一）基准回归

根据式（4-1），本章试图探索经济增长目标压力对基础设施数量和质量的影响效应，以论证地方政府通过实施经济增长目标管理，引领和驱动基础设施改善。表4-1 呈现了基准回归的结果。

具体地，表4-1 第（1）列和第（2）列的被解释变量为公路里程数增量（取对数，Infra_qn），其是基础设施数量的代理变量。第（1）列仅添加了经济增长目标压力平方项（$Press^2$），该变量的系数并不显著。也就是说，基础设施数量与经济增长目标压力并不存在非线性的二次关系。第（2）列转而加入经济增长目标压力一次项（Press），此时，经济增长目标压力（Press）的系数为 0.969，在 1% 的统计水平上显著。这意味着，基础设施数量与经济增长目标压力呈线性的正相关关系，即基础设施数量随着经济增长目标压力的增大而提高，这与本章的理论假说 1 是一致的。从数量上说，在控制其他条件不变的情况下，地方经济增长目标压力增加 1%，其辖区内的公路里程数增量（基础设施数量）就提高 0.969%。

第（3）列和第（4）列采用一级公路里程数与公路总里程数的比值衡量基础设施质量，并以其为被解释变量。第（3）列的核心解释变量仅加入经济增长目标压力平方项（$Press^2$），其系数为负，并通过 1% 统计水平的显著性检验，初步判断基础设施质量与经济增长目标压力存在"倒 U 型"关系，即基础设施质量随着经济增长目标压力的增大，先上升再下降，这与本章的理论假说 2 是一致的。在此基础上，第（4）列的核心解释变量再加入经济增长目标压力本身（Press）。此时，经济增长目标压力平方项（$Press^2$）的系数为 -0.639，依然在 1% 的统计水平上显著，经济增长目标压力（Press）的系数为 1.903，也通过 1% 统计水平的显著性检验。从而说明，基础设施质量与经济增长目标压力存在"倒 U 型"关系。

"倒 U 型"拐点时的经济增长目标压力数值为正数，压力值为 1.489。换言之，基础设施质量（一级公路占比）随着经济增长目标压力的增大先上升，压力值达到 1.489 后再下降。从提高基础设施质量的角度来说，经济增长目标压力不能过大，或者说设定的经济增长目标不能超过上一年实际 GDP 增长率的 3.43 倍，不然，基础设施质量反而会下降。

表 4 – 1　基准回归

	(1)	(2)	(3)	(4)
	基础设施数量		基础设施质量	
	公路里程数增量（对数形式）		一级公路占比	
$Press$		0.969***		1.903***
		(0.344)		(0.510)
$Press^2$	0.189		− 0.415***	− 0.639***
	(0.121)		(0.048)	(0.174)
$lpgdp$	0.633	0.864	2.001***	1.944***
	(0.739)	(0.986)	(0.399)	(0.394)
$urban$	− 1.200**	− 4.721*	− 2.815***	− 3.068***
	(0.582)	(2.414)	(0.747)	(0.739)
$stru$	2.337***	2.729***	− 1.123**	− 0.937**
	(0.424)	(0.938)	(0.452)	(0.448)
$trex$	0.866***	0.712	0.158	− 0.180*
	(0.207)	(0.460)	(0.150)	(0.104)
$fass$	− 0.177	0.111	0.003	0.091
	(0.149)	(0.705)	(0.198)	(0.196)
$cons$	0.172	− 2.816	− 3.560	− 4.538
	(2.737)	(7.416)	(0.982)	(2.843)
省份固定效应	控制	控制	控制	控制
年份固定效应	控制	控制	控制	控制
N	484	484	478	478
R^2	0.515	0.353	0.293	0.316

注：括号中为稳健标准误；***、**、*分别表示在 1%、5%、10% 的统计水平上显著；N 为样本量，R^2 为拟合优度。

综上，地方政府的经济增长目标压力对基础设施数量有正向的线性作用，而对基础设施质量有"倒 U 型"作用。也就是说，随着经济增长目标压力的增大，基础设施数量不断增加，但基础设施质量先提高再下降。经济增长目标压力对基础设施的数量和质量均产生显著影响，从而佐证了地方政府通过实施经济增长目标管理，引领和驱动基础设施改善。

（二）稳健性检验

为验证表 4 - 1 结论的稳健性，本部分做了三项稳健性检验：一是更换被解释变量，更换基础设施数量和质量的度量变量；二是更换解释变量，更换经济增长目标压力的衡量变量；三是考虑内生性问题，采用工具变量法。

1. 更换被解释变量

表 4 - 1 采用公路里程数增量衡量基础设施数量，表 4 - 2 的第（1）列和第（2）列分别采用公路密度增量（对数形式）以及每百万人拥有的公路里程数增量（对数形式）代理基础设施数量[①]。两列的经济增长目标压力（*Press*）的系数均为正，且均在 1% 的统计水平上显著，即更换基础设施数量的度量变量后，经济增长目标压力正向线性推动基础设施数量提高的结论依然成立。

表 4 - 1 采用一级公路占比衡量基础设施质量，表 4 - 2 的第（3）列和第（4）列转而采用高速公路占比和质量指标来代理基础设施质量。其中，质量指标 = 0.4 × 高速公路里程数 + 0.3 × 一级公路里程数 + 0.2 × 二级公路里程数 + 0.1 × 等外公路里程数（周浩、郑筱婷，2012；王永进、黄青，2017），回归时该指标取对数。两列的经济增长目标压力平方项（$Press^2$）的系数均在 10% 的统计水平上显著为负，且经济增长目标压力（*Press*）的系数均在 5% 的统计水平上显著为正。从而说明，更换基础设施质量的度量变量后，基础设施质量随着经济增长目标压力的增大先上升后下降的"倒 U 型"关系依然存在。

---

① 如同公路里程数增量，作加 1 取对数的处理。

表4-2　稳健性检验Ⅰ：更换被解释变量

被解释变量	(1)	(2)	(3)	(4)
	基础设施数量		基础设施质量	
	公路密度增量（对数形式）	每百万人拥有的公路里程数增量（对数形式）	高速公路占比	质量指标（对数形式）
Press	0.720***	0.382***	0.905**	0.360**
	(0.111)	(0.103)	(0.414)	(0.162)
*Press*²			-0.235*	-0.101*
			(0.141)	(0.055)
cons	-5.139**	-2.429	3.86*	4.167***
	(2.477)	(2.161)	(2.326)	(0.958)
其他控制变量	有	有	有	有
省份固定效应	控制	控制	控制	控制
年份固定效应	控制	控制	控制	控制
N	484	484	478	451
R^2	0.545	0.583	0.554	0.738

注：括号中为稳健标准误；＊＊＊、＊＊、＊分别表示在1%、5%、10%的统计水平上显著；N 为样本量，R^2 为拟合优度。

2. 更换解释变量

在上述回归中，采用经济增长目标与上一年实际 GDP 增长率的比值衡量经济增长目标压力。表4-3参考黄亮雄等（2021B）、王贤彬和陈春秀（2019）的做法，分别用经济增长目标（对数形式，*Target*）、当年的经济增长目标减去上一年的实际 GDP 增长率（*Mpre*）以及当年的经济增长目标减去上一年的实际 GDP 增长率的差除以当年的经济增长目标（*RMpre*）来衡量经济增长目标压力。一般地，这三个指标的数值越大，地方政府与官员的经济增长目标压力就越大。

表4-3第（1）列至第（3）列的被解释变量为基础设施数量（公路里程数增量），其中，第（1）列的核心解释变量 *Target* 系数为1.246，通过5%统计水平的显著性检验。第（2）列的核心解释变量 *Mpre* 系数为0.080，在1%的统计水平上显著。第（3）列的核心解释变量 *RMpre* 系数为0.697，在1%的统计水平上显著。也就是说，更换经济增长目标压力的度量变量后，经济增长目标压力的增大显著提高基础设施数量的结论依然存在。

表4-3第（4）列至第（6）列的被解释变量为基础设施质量（一级公路占比）。其中，第（4）列的核心解释变量 $Target$ 的系数为 1.859，在 5% 的统计水平上显著；$Target^2$ 的系数为 -0.415，通过 5% 统计水平的显著性检验。第（5）列的核心解释变量 $Mpre$ 的系数在 5% 的统计水平上显著为正，$Mpre^2$ 的系数在 10% 统计水平上显著为负。第（6）列的核心解释变量 $RMpre^2$ 的系数在 5% 的统计水平上显著为负。这说明，更换经济增长目标压力的度量变量后，基础设施质量随着经济增长目标压力的增大先上升后下降的"倒 U 型"关系依然存在。

表4-3　稳健性检验Ⅱ：更换解释变量

	(1)	(2)	(3)	(4)	(5)	(6)
	基础设施数量 公路里程数增量（对数形式）			基础设施质量 一级公路占比		
$Target$	1.246** (0.632)			1.859** (0.947)		
$Target^2$				-0.415** (0.190)		
$Mpre$		0.080*** (0.023)			0.025** (0.011)	
$Mpre^2$					-0.001* (0.001)	
$RMpre$			0.697*** (0.203)			0.257*** (0.091)
$RMpre^2$						-0.100** (0.049)
$cons$	0.892 (3.131)	-2.588 (5.693)	-3.982 (5.692)	-6.277*** (2.410)	-7.075*** (2.176)	-7.083*** (2.170)
其他控制变量	有	有	有	有	有	有
省份固定效应	控制	控制	控制	控制	控制	控制
年份固定效应	控制	控制	控制	控制	控制	控制
N	484	460	460	478	450	450
R^2	0.330	0.395	0.389	0.308	0.779	0.780

注：括号中为稳健标准误；***、**、*分别表示在 1%、5%、10% 的统计水平上显著；N 为样本量，R^2 为拟合优度。

3. 考虑内生性问题

经济增长目标压力的产生往往先于基础设施的建设。一般的逻辑是，在经济增长目标压力下，地方政府为了实现既定的增长目标，区别对待基础设施数量和质量。但是，也不排除这样的可能，即经济增长目标压力的形成和增长目标的制定是基于对潜在基础设施数量和质量的评估。一旦存在这种情况，本章的基准回归就会面临内生性问题。

表4–4采用工具变量法进行回归，该方法不但能解决遗漏重要变量而产生的内生性问题，还能解决双向因果关系导致的内生性问题，具体参考余泳泽等（2019）、刘淑琳等（2019）的研究，采用相邻省份的经济增长目标压力均值及其平方项作为本地区经济增长目标压力及其平方项的工具变量[①]。

第（1）列和第（2）列考察基础设施数量（公路里程数增量，对数形式），以相邻省份经济增长目标压力均值作为本地区经济增长目标压力的工具变量。无论添加控制变量与否，$Press$ 的系数均至少在10%的统计水平上显著为正。第（3）列和第（4）列考察基础设施质量（一级公路占比），以相邻省份经济增长目标压力均值及其平方项作为本地区经济增长目标压力及其平方项的工具变量。同样地，无论添加控制变量与否，$Press^2$ 的系数在1%的统计水平上显著为负，$Press$ 在1%的统计水平上显著为正。由此可知，采用工具变量克服内生性问题后，经济增长目标压力对基础设施数量产生正向线性关系，对基础设施质量产生先提高后抑制的"倒U型"关系，该结论依然成立。

表4–4　稳健性检验Ⅲ：工具变量法

	(1)	(2)	(3)	(4)
	基础设施数量		基础设施质量	
	公路里程数增量（对数形式）		一级公路占比	
$Press$	1.410[*]	2.136[***]	1.622[***]	1.482[***]
	(0.806)	(0.687)	(0.545)	(0.526)
$Press^2$			−0.666[***]	−0.598[***]
			(0.162)	(0.197)

---

① 为了防止出现"孤岛效应"，设定海南省与广西壮族自治区和广东省相邻。

（续上表）

	（1）	（2）	（3）	（4）
	基础设施数量		基础设施质量	
	公路里程数增量（对数形式）		一级公路占比	
cons	6.387***	3.146	2.504	2.094
	(0.585)	(7.424)	(2.338)	(10.033)
其他控制变量	无	有	无	有
省份固定效应	控制	控制	控制	控制
年份固定效应	控制	控制	控制	控制
N	519	484	511	478

注：括号中为稳健标准误；*＊＊、＊分别表示在1%、10%的统计水平上显著；
N 为样本量。

五、机制分析

地方政府和官员之所以有经济增长目标压力，关键在于，在"官员晋升锦标赛"的考核下，他们需要完成既定的经济增长目标，这也是政府超前引领的动力来源。遵循理论假说，表4-5至表4-7以实际GDP增长率为被解释变量，检验基础设施数量和质量对经济增长的影响。这里主要包括两部分的检验：一是局部均衡分析，单独观察基础设施数量和质量对经济增长的影响；二是一般均衡分析，同时检验基础设施数量和质量对经济增长的影响。

在局部均衡分析中，回归模型如下：

$$gGDP_{it} = \alpha_0 + \alpha_1 Infra_{it} + X\lambda + \eta_i + \theta_t + \varepsilon_{it} \qquad (4-2)$$

式（4-2）中，$gGDP$ 为实际GDP增长率，$Infra$ 是地区的基础设施状况，包括数量（$Infra\_qn$）和质量（$Infra\_ql$）两个维度。如果理论假说中的机制成立，在数量方程中 $Infra\_qn$ 的系数 α_1 显著大于0；在质量方程中 $Infra\_ql$ 的系数 α_1 并不显著。

同时，理论假说的机制提出，基础设施对实际GDP增长率的影响可能存在门槛效应，为此，我们构建门槛效应模型：

$$gGDP_{it} = \delta_0 + \delta_1 1\,(Infra_{it} \leqslant TH)\,Infra_{it} + \delta_2 1\,(Infra_{it} > TH)\,Infra_{it} + X\lambda + \eta_i + \theta_t + \varepsilon_{it} \qquad (4-3)$$

式（4-3）中，TH 为门槛值。$1\,(Infra_{it} \leqslant TH)$ 是指基础设施状况值

小于等于门槛值为 1，否则为 0；1（$Infra_{it} > TH$）是指基础设施状况值大于门槛值为 1，否则为 0。那么，如果基础设施数量始终对经济增长产生正向作用，则其系数 δ_1、δ_2 均显著大于 0。如果基础设施质量对经济增长存在门槛效应，仅当基础设施质量较低时，才产生正向作用，则其系数 δ_1 显著大于 0，δ_2 不显著。

在一般均衡分析中，回归模型如下：

$$gGDP_{it} = \kappa_0 + \kappa_1 Infra\_qn_{it} + \kappa_2 Infra\_ql_{it} + X\lambda + \eta_i + \theta_t + \varepsilon_{it} \qquad (4-4)$$

式（4-4）同时检验了基础设施数量和质量对经济增长的影响。可以预期，系数 κ_1 显著大于 0，κ_2 并不显著。

（一）局部均衡分析

在局部均衡分析中，我们单独观察基础设施数量和质量对经济增长的影响。表 4-5 呈现了基础设施数量对实际 GDP 增长率的影响效应。

表 4-5 第（1）列和第（2）列是针对式（4-2）的回归，结果显示，无论添加控制变量与否，基础设施数量（$Infra\_qn$）的系数均在 5% 的统计水平上显著为正。这说明基础设施数量总体上提高实际 GDP 增长率。在此基础上，第（3）列和第（4）列采用门槛效应模型式（4-3）进行回归，结果显示，无论添加控制变量与否，无论是大于还是小于等于门槛值，基础设施数量（$Infra\_qn$）的系数也均在 1% 的统计水平上显著为正。以第（4）列为例，其门槛值为 9.284①。当基础设施数量小于等于 9.284 时，基础设施数量提高 1%，实际 GDP 增长率提高 0.023%；当基础设施数量大于 9.284 时，基础设施数量提高 1%，实际 GDP 增长率提高 0.020%。从而说明，基础设施数量始终促进经济增长。

表 4-5　机制探索：局部均衡分析 I

	(1)	(2)	(3)	(4)
	实际 GDP 增长率			
$Infra\_qn$	0.015**	0.015**		
	(0.006)	(0.007)		
$Infra\_qn \leqslant TH$			0.049***	0.023**
			(0.011)	(0.010)

---

① 表 4-5 中第（3）列的门槛值为 9.283。

（续上表）

	（1）	（2）	（3）	（4）
	\multicolumn{4}{c}{实际 GDP 增长率}			
$Infra\_qn > TH$			0.029***	0.020**
			(0.008)	(0.008)
$cons$		1.195	2.377***	0.455
		(0.891)	(0.070)	(0.608)
其他控制变量	无	有	无	有
省份固定效应	控制	控制	控制	控制
年份固定效应	控制	控制	控制	控制
N	521	486	510	510
R^2	0.720	0.741	0.724	0.745

注：括号中为稳健标准误；＊＊＊、＊＊分别表示在1%、5%的统计水平上显著；N 为样本量，R^2 为拟合优度。

表4-6考察了基础设施质量对经济增长的影响。第（1）列和第（2）列是基于式（4-2）的回归。无论添加控制变量与否，基础设施质量（$Infra\_ql$）的系数均不显著，总体上，基础设施质量并不显著影响经济增长率。第（3）列和第（4）列转而采用门槛效应模型式（4-3）进行回归。可见，当基础设施质量（$Infra\_ql$）小于等于门槛值时，其系数显著为正，大于门槛值时，其系数并不显著，也就印证了理论假说中机制的观点，即基础设施质量对经济增长存在门槛效应，仅当基础设施质量较低时，才产生正向作用。以第（4）列为例，其门槛值为1.798①。当基础设施质量小于等于门槛值时，基础设施质量提高1%，促进实际 GDP 增长率提高0.347%，但当基础设施质量大于门槛值时，基础设施质量并不显著促进经济增长。

① 表4-6中第（3）列的门槛值为1.536。

表4-6　机制探索：局部均衡分析 II

	(1)	(2)	(3)	(4)
	实际 GDP 增长率			
Infra_ql	−0.012	−0.023		
	(0.015)	(0.018)		
Infra_ql ≤ *TH*			0.084*	0.347**
			(0.044)	(0.168)
Infra_ql > *TH*			−0.006	−0.006
			(0.015)	(0.021)
cons	2.380***	−0.149	9.648	0.576***
	(0.048)	(1.619)	(7.265)	(0.114)
其他控制变量	无	有	无	有
省份固定效应	控制	控制	控制	控制
年份固定效应	控制	控制	控制	控制
N	510	478	510	510
R^2	0.732	0.758	0.723	0.747

注：括号中为稳健标准误；＊＊＊、＊＊、＊分别表示在1%、5%、10%的统计水平上显著；*N* 为样本量，R^2 为拟合优度。

综合表4-5和表4-6可知，基础设施数量始终对经济增长产生正向促进作用，但仅当基础设施质量较低时，其提高才能促进经济增长。

（二）一般均衡分析

表4-5和表4-6单独考察了基础设施数量、质量对经济增长的影响。表4-7则采用式（4-4），同时考虑基础设施数量和质量对经济增长的影响。

表4-7显示，无论添加控制变量与否，基础设施数量（*Infra_qn*）的系数均至少在5%的统计水平上显著为正，基础设施质量（*Infra_ql*）的系数均不显著。也就是说，基础设施对经济增长的促进作用更多体现在基础设施数量的增加上。相比于基础设施质量，基础设施数量对经济增长的促进作用更为显著。

表 4 - 7　机制探索：一般均衡分析

	（1）	（2）
	实际 GDP 增长率	
Infra_qn	0.017**	0.014**
	（0.009）	（0.007）
Infra_ql	-0.094	-0.041
	（0.119）	（0.117）
cons	2.750***	103.247*
	（0.082）	（56.670）
其他控制变量	无	有
省份固定效应	控制	控制
年份固定效应	控制	控制
N	510	478
R^2	0.475	0.590

注：括号中为稳健标准误；***、**、*分别表示在1%、5%、10%的统计水平上显著；N 为样本量，R^2 为拟合优度。

根据局部均衡分析和一般均衡分析的结论可知，感受到经济增长目标压力的地方政府和官员，为了实现经济增长目标，会对基础设施数量和质量区别对待。随着经济增长目标压力的增大，地方政府会采用各种手段，不断增加基础设施数量，但经济增长目标对基础设施质量确实存在先促进再抑制的效应。

六、异质性分析

本部分采用分样本回归的方式，进行异质性检验，考察政府超前引领中，经济增长目标压力影响基础设施的效应在不同条件下是否存在差异，从而更深刻地剖析其背后的特征规律。

（一）区域异质性

首先，本章将样本划分东部地区和中西部地区，进行异质性检验。一般地，东部地区较为发达，而中西部地区相对较为落后。表4-8展现了具体的实证结果。

表 4 - 8　异质性检验 I：区域异质性

	（1）	（2）	（3）	（4）
	基础设施数量		基础设施质量	
	公路里程数增量（对数形式）		一级公路占比	
	中西部地区	东部地区	中西部地区	东部地区
Press	1.760**	0.494	1.916***	1.407
	(0.671)	(0.322)	(0.452)	(1.369)
Press²			-0.642***	-0.111
			(0.149)	(0.573)
cons	-24.335	10.726	-9.922***	-4.130
	(30.586)	(8.423)	(2.895)	(8.551)
其他控制变量	有	有	有	有
省份固定效应	控制	控制	控制	控制
年份固定效应	控制	控制	控制	控制
N	293	191	287	191
R²	0.490	0.282	0.382	0.425

注：括号中为稳健标准误；＊＊＊、＊＊分别表示在 1%、5% 的统计水平上显著；N 为样本量，R^2 为拟合优度。

第（1）列和第（2）列的被解释变量为基础设施数量（公路里程数增量）。第（1）列是中西部地区样本，此时，经济增长目标压力（Press）的系数在 5% 的统计水平显著为正。第（2）列是东部地区样本，经济增长目标压力（Press）的系数并不显著。这说明经济增长目标压力对基础设施数量的正向线性相关的效应仅存在于中西部地区。

第（3）列和第（4）列的被解释变量为基础设施质量（一级公路占比）。第（3）列是中西部地区样本，经济增长目标压力（Press）的系数在 1% 的统计水平上显著为正，经济增长目标压力平方项（Press²）的系数在 1% 的统计水平上显著为负。第（4）列是东部地区样本，经济增长目标压力（Press）及其平方项（Press²）的系数均不显著。这说明经济增长目标压力对基础设施质量先上升后下降的"倒 U 型"效应仅在中西部地区成立。

由此可知，经济增长目标压力对基础设施数量和质量的影响效应，存在于经济发展程度较为落后的中西部地区，但在较为发达的东部地区不存在，这与黄亮雄等（2021A）的观点一致。在发达的东部地区，面对经济增长目标压力，能为实现经济增长目标提供支撑的手段是多样的，并不单单依靠基础设施；但在较为落后的中西部地区，能助力经济增长目标的实现手段较少，即面对经济增长目标压力时，短期内促进经济增长可供选择的方式较少，经济增长更依赖于基础设施途径。

（二）时间异质性

表4-9呈现了时间异质性分析的结果。2012年中共十八大之后，以习近平同志为核心的党中央和新一届政府有了新的执政变化。于是，本章区分2012年前后样本，进行回归。

表4-9第（1）列和第（2）列的被解释变量为基础设施数量（公路里程数增量）。第（1）列是2012年前（含2012年）的样本，此时，经济增长目标压力（Press）的系数在1%的统计水平显著为正。第（2）列是2012年之后的样本，经济增长目标压力（Press）的系数并不显著。可知，经济增长目标压力对基础设施数量的正向线性相关效应仅在2012年前成立。

第（3）列和第（4）列的被解释变量为基础设施质量（一级公路占比）。第（3）列是2012年前（含2012年）的样本，此时，经济增长目标压力（Press）的系数在5%的统计水平上显著为正，经济增长目标压力平方项（$Press^2$）的系数也在5%的统计水平上显著为负。第（4）列是2012年之后的样本，经济增长目标压力（Press）及其平方项（$Press^2$）的系数均不显著。可知，经济增长目标压力对基础设施质量先上升后下降的"倒U型"效应仅存在于2012年之前。

表4-9 异质性检验Ⅱ：时间异质性

	（1）	（2）	（3）	（4）
	基础设施数量		基础设施质量	
	公路里程增量（对数形式）		一级公路占比	
	2012年以前（含2012年）	2012年以后	2012年以前（含2012年）	2012年以后
Press	1.935***	-0.025	1.695**	-0.384
	(0.440)	(0.510)	(0.658)	(0.396)
$Press^2$			-0.643**	0.010
			(0.269)	(0.121)

（续上表）

	（1）	（2）	（3）	（4）
	基础设施数量 公路里程增量（对数形式）		基础设施质量 一级公路占比	
	2012 年以前 （含 2012 年）	2012 年以后	2012 年以前 （含 2012 年）	2012 年以后
cons	− 20. 730 (39. 409)	− 4. 135 (10. 323)	− 9. 109＊＊ (3. 730)	− 7. 121 (6. 975)
其他控制变量	有	有	有	有
省份固定效应	控制	控制	控制	控制
年份固定效应	控制	控制	控制	控制
N	303	151	297	151
R^2	0. 420	0. 310	0. 318	0. 369

注：括号中为稳健标准误；＊＊＊、＊＊分别表示在 1%、5% 的统计水平上显著；N 为样本量，R^2 为拟合优度。

一方面，十八大之后，中央政府开始加大强调新发展理念的力度，淡化经济增长目标的考核。新发展理念强调"创新、协调、绿色、开放、共享"，对地方政府与官员的考核也添加了相应的标准，换言之，地方政府与官员的经济增长目标压力相对弱化。另一方面，十八大之后，经济发展方式明显得到转变，促进经济增长的手段更为多元，对短时间影响基础设施的"大水漫灌"粗放式增长手段倚重程度大为降低。因此，经济增长目标压力对基础设施数量和质量的效应仅在 2012 年之前成立。这与区域异质性的结果相互印证。

七、结论性评述

本章基于政府超前引领理论，采用 2002—2018 年全国 31 个省（区、市）的面板数据，以经济增长目标数据构造经济增长目标压力指标度量目标引领程度，以交通公路数据衡量基础设施状况，检验目标引领对基础设施数量和质量两个维度的影响。结果表明，经济增长目标压力线性促进基础设施数量提高，而使得基础设施质量产生先上升后下降的"倒 U 型"态势。具体而言，经济增长目标压力每增大 1%，公路里程数显著提高

0.969%；以经济增长目标压力 1.489 为拐点，在拐点左侧，经济增长目标压力有利于基础设施质量的提高，而当跃过拐点后，这种影响就转变为负向。本章论证了地方政府可以通过实施增长目标管理，引领和驱动基础设施改善。

究其原因，地方政府和官员的经济增长目标压力源于其需要在短期内促进经济增长，实现既定的经济增长目标。基础设施数量始终能显著促进经济增长；基础设施质量的促进作用却存在一定的门槛，当基础设施质量较低时，其提高能显著促进经济增长，但当其超过一定的门槛值时，其再增大并不能带来经济增长的显著提高。同时，相比于基础设施质量，基础设施数量更能促进经济增长。

本章发现意味着，政府引领并不总是超前的，在以 GDP 为核心的考核机制下，经济增长目标压力对基础设施数量和质量产生不同的作用。经济增长目标管理方式还应当进一步优化。首先，将经济增长目标从"硬约束"转变为"软约束"，设立在一个合理的区间，更好地匹配地方实际发展状况。其次，引入多维度考核目标，淡化增长速度考核，将工作重心转向"创新、协调、绿色、开放、共享"等新发展理念。

第五章　经济增长目标引领区域创新

一、引言

改革开放以来，中国经济增长创造了史无前例的奇迹，但由于整体自主创新能力不强，经济增长的持续性难以为继，增长质量堪忧（温军、冯根福，2012）。科技创新是引领高质量发展的核心驱动力，为高质量发展提供了新的成长空间和关键的着力点。近年来，我国在企业技术创新方面投入了大量的资源，也出台了不少鼓励和扶持企业自主创新的政策，但科技创新效率却仍然相对低下（肖文、林高榜，2014）。如何促进地区创新以驱动经济可持续发展，成为我国当前向高质量转型时期亟待研究解决的重大现实课题。由于中国实行政府主导型市场经济发展模式，政治权力的高度集中使得中国的地方政府和官员在推动经济体制改革、招商引资、设立工业园区、发展民营经济、改善地方基础设施建设等方面都扮演了重要角色。正是因为地方政府及官员在经济体制改革和资源配置调控方面具有很大的影响力，他们可以直接或者间接地对地区创新产生影响（顾元媛、沈坤荣，2012；李思慧，2014；黎文靖、郑曼妮，2016，等等）。

"官员晋升锦标赛"理论为中国地方官员的行为提供了经济学解释（Li and Zhou，2003；周黎安，2007）。在"官员晋升锦标赛"下，拥有人事任免权的上级官员可以根据政绩指标对下级官员进行考核，从而决定下级官员的政治晋升，下级官员的行为通常是对上级政治激励的理性反应（徐现祥等，2007；袁建国等，2015）。虽然目前政府绩效考核日趋多元化，但经济增速最易测度，仍然是最重要的考核指标，故下级官员可以通过努力来提升当地的经济发展水平，从而展现个人的执政能力。中央政府所依据的唯GDP至上的绩效考核制度，无疑会对地方官员形成重要的激励，从而决定他们的行为模式（冯芸、吴冲锋，2013）。在中国的经济治理模式当中，一个重要制度就是目标规划。在经济增长维度，每个层级政府都会制定本级未来一段时期的经济增长目标，本级政府经济增长目标往往成为政府及官员需要完成的任务。地方政府及官员的压力也主要来源于其所管辖区的经济增长目标。

在"经济分权"的体制下，地方政府和官员面临经济增长目标压力时，会运用自身的政策工具和资源手段，力争实现更高的经济增长绩效。在不同的经济增长目标压力情况下，地方政府和官员所采取的政策方向和节奏力度往往是不同的，适度的经济增长压力可能会激励整个政府组织以及经济主体更加积极地投入生产和创新活动中去，提高经济增长和经济效率表现。但是，过高的经济增长压力可能会扭曲地方政府及官员的经济政策取向，造成资源配置不当，可能给经济效率和科技创新带来不利影响，甚至不利于最终的经济增长表现。由此可见，地方的经济增长压力与创新之间的关系可能是较为复杂的，而不是简单的线性关系。可惜的是，在可见的范围内，并没有经济学文献深入考察经济增长压力与创新之间的关系。本章注意到，正如越来越多的政治经济学文献所强调的，在中国的政治权力架构体系当中，地级市地方政府是一个地位独特的权力层级，一方面其具有较为完整的政策制定和执行的自由裁量权，另一方面其能够经由政策及行动直接对辖区内的经济活动和微观主体产生影响。因此，从这个角度来看，从地级市层面切入，考察地方经济增长压力与创新之间的关系，具有可行性与合理性。

为了较好地度量地方政府及其官员的经济增长压力，本章结合了新近的经济增长目标管理研究。徐现祥和梁剑雄（2014）指出，由官员直接制定并对其负责的辖区经济增长目标，可能是官员影响经济增长的更为直接的证据。我们认为，经济增长目标既是上级对下级的考核标准，也是下级对上级的政绩承诺。当实际经济增长速度与增长目标偏离时，尤其是实际经济增长速度低于或者接近增长目标时，地方政府及其领导官员的压力显著增加。目前虽然出现了不少研究经济增长目标与官员激励的文献，但至少在我们的知识范围内，目前还没有文献将二者结合，研究经济增长压力影响创新的内在机制。

实际上，地方经济增长压力可能不仅仅通过地方政府及官员的决策行为影响地方经济发展，其可能通过一种信号作用渠道影响了微观经济主体的预期和行为。这是因为，地方经济增长目标是由政府制定和传递的重要经济数字，其往往出现在国民经济与社会发展规划和政府工作报告当中，体现了政府对辖区经济发展的判断或者意志。一方面，相对于分散的微观经济主体而言，政府某种程度上掌握了部分个体单独难以掌握的经济信息，从而能通过经济增长目标向公众传递；另一方面，经济增长目标是政府旨在实现的目标，其直接传递出政府的经济政策取向。因此，理性的经济主体，特别是企业会综合政府提出的经济增长目标信息和所可获得的其他经济运行信息，对未来经济运行以及经济政策进行预判和评估，进而制订自己的行动计划。由此可见，地方经济增长目标构成企业微观主体行动的重要依据。从某种角度来看，经济增长目标结合现有经济增长情况信息，可以成为微观经济主体判断政府政策科学性与合理性的重要指标。正如上面所指出的，在经济增长压力适度的情况下，即本章中的经济增长目标与潜在经济增长趋势相比较为合理得当的情况下，政府政策会适度稳健和积极，更加有利于促进资源配置和企业生产研发积极性；但是，当经济增长压力变得过大，即经济增长目标与潜在经济增长趋势相比明显过高的情况下，政府可能不会放弃对经济增长目标的追求而是倾向于采用各种政策，来刺激经济短期内大幅增长，甚至不惜损害资源配置效率和造成债务高企等一系列风险，这些政策行动可能不利于企业的稳健经营乃至生存，从而会压制企业的研发和创新积极性及效率。因此，在理论上，经济增长压力与创新之间存在着非线性的关系。

基于上述理论论断，本章在实证上采用政府工作报告中公布的经济增长速度目标与当年实际经济增长速度的比值度量经济增长压力，基于2002—2016 年全国 281 个地级市的面板数据发现，与理论预期一致，地区创新与经济增长压力之间存在着非线性的关系，当经济增长压力处于适度区间的情况下，经济增长压力的提高能够促进创新，但是当经济增长压力超过一定的临界值时，经济增长压力的提高就会不利于创新，甚至对创新产生抑制作用。这一发现是稳健的，采用不同的回归样本以及不同的估计方法等，这一基本结论都没有发生任何实质性变化。

本章从地区市场环境的角度进行了进一步的分析，发现经济增长压力与创新的关系在市场化程度较高和市场化程度较低的地区呈现出不同的规律。在市场化程度较低的地区，创新与经济增长压力之间不存在显著的关系；然而，创新与经济增长压力之间的非线性关系在市场化程度相对高的地区显著存在。这是因为，中国长期处于经济转型过程当中，市场化转型并未完成，在市场化程度较高的地区，地方政府对地区经济发展仍有很强的调控和干预能力，而微观企业对各类政策和信息做出更加灵敏的反应，且更加依赖于科技创新驱动企业发展，因此反而具有更加显著的关系。在此基础上，本章进一步采用微观层面的企业样本进行了更加细致的实证考察。微观层面的证据进一步支持了基本发现，并且在一定程度上说明了，地方经济增长压力对创新所产生的影响，是政府实施经济政策与微观企业理性反应的综合结果。

相对于已有文献，本章的创新和特色主要体现在以下几个方面。第一，已有文献关注到地方政府及官员行为对地区创新的影响，但主要是围绕政府换届、官员交流和官员更替等政治不确定性的研究（刘瑞明、金田林，2015；罗党论、佘国满，2015），本章则另辟蹊径，关注地方经济增长压力对创新的影响，这无疑扩展了该方向的研究范围。第二，尽管大量文献开始注意到唯 GDP 至上的考核机制，但如何合理度量经济增长压力显得差强人意。以往度量仅仅关注于官员晋升或是经济增长本身，本章采用了新的度量方法，以经济增长速度目标与实际经济增长速度的比值表征地方经济增长压力。第三，尽管最近兴起了经济目标管理文献研究，但研究大多关注于目标的制定法则（徐现祥、梁剑雄，2014；余泳泽、杨晓章，2017），或者是目标对经济增长的影响（徐现祥、刘毓芸，2017）。本章则基于该框架，有机结合增长目标管理与创新经济学视角，探讨经济增长压力与创新的关系，首先在理论上探讨经济增长压力与创新之间的内在关系规律，突破简单的线性逻辑关系判断，并从实证上进行理论验证，所得的理论发现增进了对这一话题的理解。第四，增加了对地区创新的政策性认识，已有文献发现了很多影响地区创新的因素，但如果地区的创新活动会受到地方经济增长压力的复杂性影响，政府就应更加谨慎地制定与调整经济增长目标以及其他相关的目标和政策，避免对微观经济主体的生产和研发决策行为产生扭曲和负面影响，鼓励企业提高自主创新意愿和能力。

本章以下部分的结构安排依次是：文献综述与理论假说；对数据及实证模型的介绍；实证分析；基于政府支出和地区市场环境的拓展性分析；来自企业层面的微观证据；结论性评述。

二、文献综述与理论假说

科技创新在促进经济增长、提升竞争优势上起着关键性作用，但创新具有高度的不确定性以及很强的正外部性，因此创新过程往往会面临市场失灵的困扰。为了弥补市场失灵以及鼓励创新，需要一套较为完善的经济制度和市场环境，并出台一系列科学合理的经济政策。企业是最为重要的科技创新主体，企业创新无论对其自身还是宏观经济都有显著的积极意义（Hirshleifer et al.，2013）。一般地，影响企业创新决策的因素主要分为宏观外部因素和微观内部因素（钟凯等，2017）。微观内部因素主要是公司内部治理的因素，包括股权结构、治理结构、薪酬契约等（冯根福、温军，2008；Aghion et al.，2013；孔东民等，2014）。而本章关注的地方经济增长压力对企业创新的影响，属于宏观外部因素。从宏观层面探讨企业创新的影响因素主要可以归纳为以下两个因素：

（1）市场环境因素。产权保护等经济制度是市场环境因素中最为基础性的因素。市场环境中的知识产权保护（Mitchell and Leiponen，2016）、投资者保护（Seifert and Gonenc，2012；鲁桐、党印，2015；姜军等，2017）等制度因素具有非常重要的作用。具体来说，知识产权保护能减少模仿和侵权行为，保护创新成果及收益等（Anton et al.，2006），私人产权的保护降低了资产被侵占的风险，提高了投资者供给资金的意愿（Djankov et al.，2008；Chen et al.，2013），激发企业创新活力。胡凯和吴清（2018）提出，知识产权保护调节了我国 R&D 税收激励政策对企业专利产出的促进作用。姜军等（2017）以我国《企业破产法》和《物权法》为准自然实验，发现债权人保护力度的提高促进了企业创新。

市场竞争程度是另一个影响创新的重要市场环境因素（Hashmi and Van Biesebroeck，2016）。张杰等（2014）基于中国情境研究发现市场竞争有利于促进企业创新活动。简泽等（2017）发现，市场竞争通过创造性和破坏性推动了研发投入的增加，从而促进企业创新及企业利润的增长。金融发展也是影响创新的重要市场因素。金融发展能够解决企业融资中信息不对称问题，引导资金配置到效率更高的创新活动中，提高创新投资效率（King and Levine，1993）。Ayyagari 等（2011）指出，外部融资途径的便利性能够有效地促进企业创新。近年来，风险投资在创新活动中扮演着越来越重要的角色（Kerr and Nanda，2015；温军、冯根福，2018）。当然，不同企业的效应是不一样的，何玉润等（2015）认为产品市场竞争有利于提高企业创新力，但国有企业的竞争效应小于非国有企业的竞争效应。

（2）政府行为因素。无可否认的是，政府在影响地区创新中扮演着非常重要的角色。各国政府，尤其是发展中国家，在实践中对本国的科技创新给予一定的政策干预。在"政治集权、经济分权"治理背景下，中国地方政府有较大的空间与手段影响企业的创新决策。中国各级政府广泛采用的政策涵盖调整政府管制力度（明秀南等，2018），制定重点产业政策（宋凌云、王贤彬，2013；张莉等，2017），给予税收优惠、创新补贴等

（冯宗宪等，2011；Aghion et al.，2015）。明秀南等（2018）基于中国工业企业数据研究发现，进入门槛较高的地区的企业创新水平较低。鲁桐和党印（2015）发现，良好的行政环境强化了投资者创新预期，降低了创新的不确定性和风险，引导企业增加研发投入，促进企业创新。由此可见，大量文献对具体创新政策的效果进行了研究，但政府政策、政府行为能否有效促进创新的议题，仍处于争论当中（邢斐、张建华，2009；李彦龙，2018）。事实上，政府行为对企业创新的影响，往往不是简单的线性关系，Shu 等（2015）的研究发现，政府机构支持在企业专利和企业创新中起到双刃剑的作用。例如，政府补贴是企业创新投资的重要资金来源（白俊红，2011；杨亭亭等，2018），但其对企业创新同时具有杠杆效应和挤出效应，杠杆效应表现为激励企业创新，提高其创新投入与绩效（顾群等；2016）；挤出效应表现为政府补贴挤出了私人 R&D 投入，反而不利于创新（肖丁丁等，2013；李万福等，2017）。于是，部分学者认为政府补贴与企业创新之间呈"倒 U 型"关系（白俊红、李瑞茜，2013；毛其淋、许家云，2015）。

从宏观层面探讨创新的影响因素的文献来看，纵使不少文献已经强调政府政策及行为对创新的重要作用，但并没有完整地深入到政府影响企业创新的内在动力与机制，以及由此导致的对企业创新的影响。已有部分文献提出"官员晋升锦标赛"机制导致的地方官员短期的政治需求对创新产生了抑制作用，我们认为这些研究可能未能全面评估这一影响。晋升或更替是对官员一段时期以来政绩的综合评价结果，经济绩效是政绩集合当中最为核心的维度（王汉生、王一鸽，2009；周黎安等，2015）。在定期考核机制的压力下，地方官员具有实施短期行为追求经济增长的强烈动机（周黎安，2007；黄亮雄等，2012；刘瑞明、金田林，2015），以良好的政绩向上级传递正面的能力信号和积极的忠诚态度。与官员晋升考核机制密切关联的政府经济管理机制是经济增长目标管理机制，中国各级政府均通过制定经济增长目标引导和管理本辖区经济增长。具体地，上级政府制定总体经济增长目标，对下级地方政府的经济增长进行引导；地方政府参考上级政府的经济增长目标，同时基于自身所面临的激励制定本级经济增长目标，以此作为未来一段时期宏观经济管理和经济政策取向的基本依据。不容忽视的是，由于各级政府均处于一种获取良好的经济增长绩效的环境，每一个地方政府均具有强烈的动机制定较高的经济增长目标。很多情况下，这种经济增长目标制定模式会导致地方政府及整个地方经济发展面临经济增长压力。

地方政府制定的经济增长目标以及相应形成的经济增长压力，会系统性地影响地方政府的经济政策取向及其力度，甚至也会影响微观经济主体对经济增长态势及经济政策去向的预期与判断。科技创新作为一种重要的经济活动，显然也会受到经济增长压力的影响。一般而言，地方官员面临着激烈的经济增长绩效竞争压力，而创新往往具有不确定性较高、外部性较强等特点，鼓励创新并非地方官员推动地方经济增长的优先政策选项。但是，中国已经经历了较长时期的工业化进程，许多地区已经进入了深度工业化阶段，无论是微观企业发展还是地区经济发展，很大程度上都开始需要依赖科技创新和效率提升，经济增长无法完全脱离创新。因此，地方经济增长压力，无论是在作为制定主体的地方政府角度，还是在作为受影响主体的企业角度，都会对创新产生一定的影响。

在地方经济增长目标设定提高时，地方政府会更加积极地设计和出台各种政策推动经济增长，同时配套各种资源和手段。这些政策和手段会给企业带来更加充足的资源，提升企业对经济增长潜力的预期。企业接收到地方经济增长目标的信息以及相应的经济政策的影响，会更加积极地开展企业的经营活动，而创新活动往往是其中一个重要方面。当然，需要指出的是，并非所有情况下企业都会因应经济增长目标而改变创新决策，对于一些处于市场化程度较低环境的企业而言，它们并未进入依靠创新推动发展的轨道，因此往往会在创新决策上对相关信息和政策较不敏感。但是，经济增长目标持续提高可能会带来负面效果，已有文献论证了经济增长目标过高或者约束过强会损害地方经济效率（徐现祥等，2018；余泳泽等，2019）。在创新方面，当经济增长目标设定较高，特别是相对经济增长正常趋势过高时，就会形成较大的经济增长压力，这种经济增长压力对于地方官员而言是直接存在的。地方政府和官员为了完成预设的经济增长目标，会出台更强的经济政策，甚至会直接干预经济运行和企业经营，这种经济管控模式往往会破坏市场力量，扭曲资源配置，损害经济效率。在这种强力的干预模式之下，尽管会有部分企业获得额外利益，但是更多的企业可能会处于较大的不确定性当中。而且，企业也会理性地评估地方经济增长目标所传递的信息，进而有可能将其理解为未来一段时期经济增长较为困难和不确定性较大的状态信息。这是因为，并非地方政府设定的经济增长目标越高，企业就会认为未来的经济增长态势越好，当地方经济增长目标超出一定范围时，这种指标传递的信号就会发生转变。在这种信息转变判断之下，理性的企业会更加谨慎地做出决策与行动，以求更加稳健地度过短期的经济不确定性时期，压缩创新活动，从而抑制创新绩效。因此，当经济增长压力过高，这种信息将会转化为不确定性与偏向负面的经济信息，令市场预期承压，反而不利于微观企业主体的创新。

基于上述论述，本章认为经济增长压力与创新之间并非简单的线性关系，而是呈现出非线性关系特征。具体地，当经济增长目标适度提高，经济增长压力适度的情况下，地区创新表现将会随之提升；而当经济增长压力过高时，地区创新绩效将会受到损害。我们将其提炼为如下假说：经济增长压力与地区创新之间存在"倒 U 型"关系规律。

三、实证模型

（一）实证策略

本章的实证策略是，首先实证检验经济增长压力与创新之间的关系，然后识别影响经济增长压力与创新之间关系的因素。具体而言，我们设定如下实证模型：

$$\ln (INNO_{it}) = \alpha + \beta_1 \ln (pressure_{it}) + \beta_2 [\ln (pressure_{it})]^2 + X\varphi + \gamma_i + \lambda_t + \varepsilon_{it} \tag{5-1}$$

其中，$INNO_{it}$ 和 $pressure_{it}$ 分别是城市 i 在时期 t 的创新和经济增长压力。γ_i 和 λ_t 分别是城市固定效应和时间固定效应，X 和 ε_{it} 分别是控制变量和随机扰动项。β 是本章最关心的系数。当经济增长压力与地区创新之间存在"倒 U 型"关系，即理论假说成立时，预计 $\beta_2 < 0$。

（二）数据说明

本章采用各地级市年初政府工作报告中公布的经济增长速度目标与上一年实际经济增长速度的比值度量经济增长压力。经济增长速度目标数据从各省（区、市）及地级市的人民政府门户网站、地级市年鉴手工收集得到。由于并非每年的经济增长速度目标都有明确的数值，本章对带有"约""左右""高于""以上""最低""不低于"等修饰词的目标表述，采用具体数字；对区间的目标表述，采用均值。本书样本中，经济增长目标的均值是 11.7%，最大值、最小值分别为 35% 和 1%。实际经济增长速度的均值是 12.1%，最大值、最小值分别为 109% 和 −19.4%。经济增长压力的均值则是 1.078，最大值、最小值分别为 60 和 −73.333。

本章所采用的创新指标来自寇宗来和刘学悦主编的《中国城市和产业创新力报告 2017》[1]，寇宗来和刘学悦基于国家知识产权局的微观发明授权专利信息，通过估计不同年龄专利的平均价值，并按照城市（或产业）维度加权得到创新指数。创新指数是一个经过专利价值调整存量的指数：首先，它区分了不同年龄专利的平均价值，通过加总不同年龄专利的价值得到；其次，类似物质资本存量，以专利价值来衡量无形资本存量。该报告提供了 2001—2016 年全国 338 个城市（所有直辖市、地级市、地级区域）的创新指数。本书样本中，各地级市城市创新指数的均值是 4.590，最大值、最小值分别为 694.047 和 0。其中，694.047 是深圳市 2016 年的数据，创新指数为 0 的包括池州市（2002 年）、来宾市（2002 年）、崇左市（2008 年）、丽江市（2002—2004 年）、武威市（2003—2004 年）和固原市（2002—2003 年）。可以看出，中国众多的城市当中，经济发展和创新能力存在着巨大的差异性，从城市角度来识别创新背后的驱动因素行之有效。

除了核心解释变量，本章在实证回归中考虑了一系列控制变量。王文春和荣昭（2014）、白俊红和蒋伏心（2015）均认为地区经济发展水平是影响地区创新活动并导致创新能力差异的重要因素，因此我们以上期人均实际 GDP（对数形式）度量经济发展水平。人力资本是影响创新活动的重要因素（孙文杰、沈坤荣，2009；Cohen，2010），受过高等教育的人力资本与一个地区的创新能力最为密切相关，故我们以每万人在校大学生数（对数形式）作为人力资本的度量指标。吴丰华和刘瑞明（2013）的研究表明，产业升级亦能有效带动自主创新能力提升，我们以第二、三产业占 GDP 的比重来度量产业升级。杨维等（2019）指出，城镇化水平对创新产出有显著影响，我们也在表格中添加城镇化率作为控制变量。此外，FDI 作为中国引进技术和管理经验的重要手段，对地区创新能力和技术进步有着重要影响（范承泽等，2008；余泳泽、刘大勇，2013），我们以 FDI 占 GDP 比重反映外商投资水平。

---

① 《中国城市和产业创新力报告 2017》中阐述了，创新指数计算方法如下：①使用国家知识产权局微观发明授权专利的法律状态更新信息，以及不同年龄发明专利的年费结构，通过 Pakes 和 Schankerman（1984）专利更新模型，估计不同年龄发明专利的平均价值，得到不同年龄发明专利的价值加权系数 V_1，V_2，…，V_{20}（发明专利最长保护期为 20 年）；②以每年年终（12 月 31 日）作为每年的观测时点，选择在观测时点还有效的发明专利（已被授权并且还处于存续期），按照城市（或产业）维度加权得到每年各城市（或产业）的专利价值总量：$TV = \sum N_i \cdot V_i$（N_i 表示年龄为 i 的有效发明专利数量）；③将 2001 年全国专利价值总量标准化为 100，计算得到 2001—2016 年的城市创新指数和产业创新指数。

本章数据涵盖了 2002—2016 年全国地级市的数据，因为部分数据缺失，所以是非平衡面板数据。没有特别说明的原始数据均来源于历年《中国城市统计年鉴》。在回归时为了避免异常值的影响，使结果更加稳健，对经济增长压力及创新指数做了 1% 和 99% 分位数上的缩尾处理。表 5 - 1 显示了主要变量的描述性统计。

表 5 - 1　主要变量描述性统计

变量名	样本数	均值	标准差	最小值	最大值
经济增长压力（对数形式）	3 095	- 0.029 9	0.204 4	- 0.475 2	0.998 5
经济增长压力的平方项	3 095	0.042 6	0.119 8	0	0.997 1
城市创新指数（对数形式）	4 195	- 0.503 0	1.825 7	- 4.372 0	4.359 6
上期人均实际 GDP（对数形式）	4 180	9.950 0	0.912 3	7.386 7	13.114 2
每万人在校大学生数（对数形式）	4 042	4.325 9	1.151 6	- 0.524 2	7.178 7
第二、三产业占 GDP 比重	4 185	85.010 4	9.170 5	50.110 0	99.970 0
城镇化率	4 185	34.108 8	31.064 8	3.395 9	100
FDI 占 GDP 比重	3 988	2.149 0	2.510 9	0	42.000 0

图 5 - 1 显示了 2002—2016 年期间控制了城市和时间固定效应的中国各地级市经济增长压力与创新指数之间关系的散点图。横轴是城市经济增长压力；纵轴是城市创新指数。从图形上看，二者呈现出"倒 U 型"关系，城市的创新指数随着地方政府面临的经济增长压力增大，呈现先上升后下降的趋势。本章接下来以计量实证的方式更加稳健地对此逻辑关系进行验证。

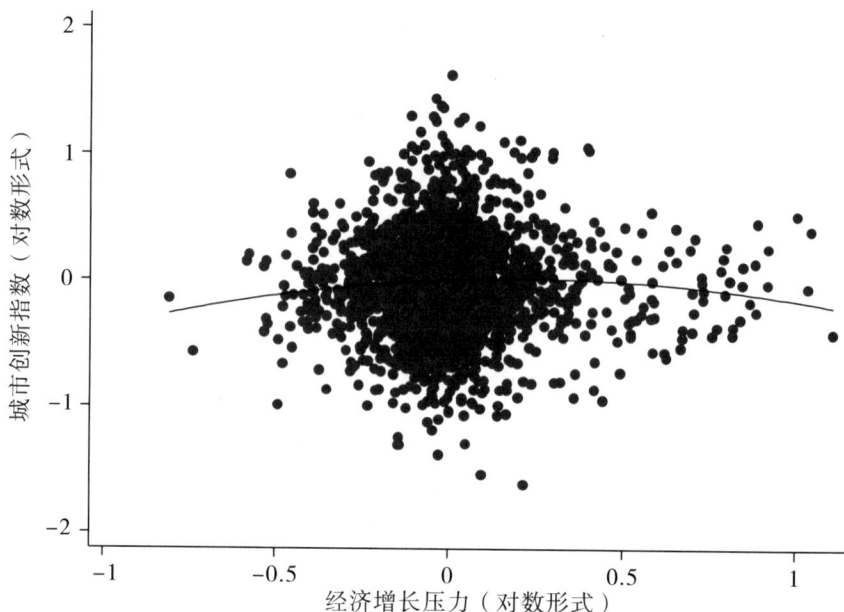

图 5 - 1　经济增长压力与地区创新

注：①采用 2002—2016 年全国 281 个地级市的面板数据；②以经济增长速度目标与上一年实际经济增长速度的比值度量经济增长压力（对数形式），城市创新指标作对数处理，二者均做 1% 和 99% 分位数上的缩尾处理。

四、实证分析

（一）基本结果

　　表 5 - 2 显示了基于式（5 - 1）进行的回归结果，我们采用"当年目标增长率/去年实际增长率"的对数作为当年经济增长压力的度量指标。表 5 - 2 第（1）列报告了仅控制城市固定效应和时间固定效应的回归结果，经济增长压力一次项的回归系数为 0.142，通过显著性水平为 1% 的统计检验，经济增长压力平方项的回归系数为 - 0.250，也通过显著性水平为 1% 的统计检验。这表明，与本章的理论假说一致，经济增长压力的上升将导致地区创新程度先升后降。第（2）至第（5）列在第（1）列的基础上陆续引入了上期人均实际 GDP（对数形式）等控制变量，与第（1）列的回归结果相比，没有发生本质变化。表 5 - 2 的全部回归结果一致显示，经济增长压力一次项的回归系数至少在 10% 统计水平显著为正，最为重要

的是，经济增长压力平方项的回归系数全部在1%统计水平显著为负。由此可见，地区创新与地区经济增长压力之间呈现"倒U型"关系。以第（5）列结果为例，经济增长压力的拐点（对数值）为0.096 6/（2×2.149）=0.22，将其进一步转化可得 exp（0.22）=1.246，其经济含义是，当经济增长目标向上偏离实际经济增长24.6%以上时，开始对地区创新程度产生负面影响，而当经济增长目标从下接近实际经济增长的1.246倍时，将能够对地区创新产生正向推动作用。

表 5-2　基本回归结果

	（1）	（2）	（3）	（4）	（5）
	被解释变量：城市创新指数（对数形式）				
经济增长压力	0.141 8***	0.083 6*	0.096 8**	0.097 5**	0.096 6**
	(0.044 5)	(0.044 9)	(0.045 8)	(0.045 8)	(0.046 5)
经济增长压力的平方项	-0.249 6***	-0.225 8***	-0.225 0***	-0.225 8***	-0.214 9***
	(0.071 9)	(0.071 2)	(0.071 5)	(0.071 6)	(0.072 9)
上期人均实际GDP（对数形式）		-0.445 2***	-0.453 0***	-0.451 6***	-0.407 2***
		(0.057 5)	(0.064 1)	(0.064 1)	(0.065 5)
每万人在校大学生数（对数形式）			-0.032 4	-0.032 9	-0.033 8
			(0.025 4)	(0.025 4)	(0.026 2)
第二、三产业占GDP比重			0.008 3**	0.008 3**	0.008 2**
			(0.003 5)	(0.003 5)	(0.003 5)
城镇化率				-0.000 2	-0.000 2
				(0.000 3)	(0.000 3)
FDI占GDP比重					-0.039 0***
					(0.004 9)
常数项	-1.945 5***	2.108 3***	1.644 0***	1.635 7***	1.447 6**
	(0.033 8)	(0.524 1)	(0.554 9)	(0.555 0)	(0.569 6)
城市固定效应	控制	控制	控制	控制	控制
时间固定效应	控制	控制	控制	控制	控制
N	3 093	3 088	3 000	3 000	2 909
R^2	0.899	0.901	0.903	0.903	0.905

注：括号内是稳健标准误；＊＊＊、＊＊、＊分别表示通过显著水平为1%、5%和10%的统计检验；N为样本量，R^2为拟合优度。

（二）稳健性检验

1. 考虑数据缺失问题

接下来我们通过各种策略对上面的基本发现进行稳健性检验。首先，我们利用地级市的经济增长目标数据（进而是经济增长压力）在样本区间内依据数据缺失的不同程度划分样本。表5-3第（1）列显示了剔除了2002—2016年经济增长压力数据缺失5年以上的城市样本，此时，经济增长压力平方项的回归系数为 -0.228 2，在1%的统计水平上显著；经济增长压力一次项的回归系数为0.124 8，在5%的统计水平上显著，城市创新指数与经济增长压力呈显著"倒U型"关系。第（2）、第（3）列分别剔除了经济增长压力数据缺失7年和10年以上的样本，经济增长压力平方项的回归系数在1%的统计水平上显著为负，经济增长压力一次项的回归系数在5%的水平上显著为正，"倒U型"关系依然成立。上述分析表明，考虑数据样本缺失问题，结果依然支持"城市创新与经济增长压力呈'倒U型'关系"这一理论推断，即佐证了本章的理论假说。

表5-3　稳健性检验Ⅰ：考虑数据样本缺失问题

	（1）	（2）	（3）
	被解释变量：城市创新指数（对数形式）		
	剔除缺失≥5年	剔除缺失≥7年	剔除缺失≥10年
经济增长压力	0.124 8**	0.101 9**	0.096 3**
	(0.051 6)	(0.048 1)	(0.046 6)
经济增长压力的平方项	-0.228 2***	-0.202 6***	-0.213 2***
	(0.085 3)	(0.076 6)	(0.073 6)
上期人均实际GDP（对数形式）	-0.353 8***	-0.390 0***	-0.408 5***
	(0.071 0)	(0.066 8)	(0.065 6)
每万人在校大学生数（对数形式）	-0.035 2	-0.041 7	-0.034 4
	(0.028 2)	(0.026 6)	(0.026 2)
第二、三产业占GDP比重	0.006 1	0.006 9*	0.008 0**
	(0.003 8)	(0.003 6)	(0.003 5)
城镇化率	-0.000 1	-0.000 2	-0.000 2
	(0.000 3)	(0.000 3)	(0.000 3)
FDI占GDP比重	-0.037 5***	-0.039 1***	-0.039 0***
	(0.005 4)	(0.005 0)	(0.004 9)

（续上表）

	（1）	（2）	（3）
	被解释变量：城市创新指数（对数形式）		
	剔除缺失≥5 年	剔除缺失≥7 年	剔除缺失≥10 年
常数项	1.253 8**	1.490 9**	1.486 9***
	(0.624 6)	(0.584 9)	(0.571 1)
城市固定效应	控制	控制	控制
时间固定效应	控制	控制	控制
N	2 416	2 764	2 896
R^2	0.906	0.905	0.905

注：括号内是稳健标准误；＊＊＊、＊＊、＊分别表示通过显著水平为1%、5%和10%的统计检验；N 为样本量，R^2 为拟合优度。

2. 变换解释变量设置

表 5 - 2 以"当年目标增长率/去年实际增长率"的对数作为当年经济增长压力的度量指标，这里我们先将经济增长压力设定为"当年目标增长率/前两年平均实际增长率"（对数形式），重新进行回归，结果见表 5 - 4 的第（1）列。结果显示，经济增长压力一次项的回归系数在1%统计水平显著为正，经济增长压力平方项的回归系数在1%统计水平显著为负。其次，我们将经济增长压力设定为"当年目标增长率/前三年平均实际增长率"（对数形式），重新进行回归，结果见表 5 - 4 的第（2）列。结果显示，经济增长压力一次项的回归系数在1%统计水平显著为正，经济增长压力平方项的回归系数在1%统计水平显著为负。再次，我们将经济增长压力直接设定为"当年目标增长率 - 去年实际增长率"，重新进行回归，结果见表 5 - 4 的第（3）列。结果显示，经济增长压力一次项的回归系数至少在10%统计水平显著为正，经济增长压力平方项的回归系数也至少在5%统计水平显著为负。最后，我们直接用当年目标增长率度量经济增长压力，重新进行回归，结果见表 5 - 4 的第（4）列。结果显示，经济增长压力一次项的回归系数至少在5%统计水平显著为正，经济增长压力平方项的回归系数也至少在5%统计水平显著为负。综上可以发现，无论我们采用何种指标度量经济增长压力，特别是经济增长目标导致的压力，其与创新之间的关系始终是"倒 U 型"关系。

表 5 - 4　稳健性检验 Ⅱ：采用不同的经济增长压力指标

	（1）	（2）	（3）	（4）
	被解释变量：城市创新指数（对数形式）			
	当年目标增长率/前两年平均实际增长率	当年目标增长率/前三年平均实际增长率	当年目标增长率 - 去年实际增长率	当年目标增长率
经济增长压力	0.148 2 ***	0.296 3 ***	0.006 9 *	1.120 4 **
	(0.051 2)	(0.055 5)	(0.003 7)	(0.545 3)
经济增长压力的平方项	- 0.597 2 ***	- 0.507 5 ***	- 0.002 0 **	- 0.231 2 **
	(0.155 9)	(0.155 3)	(0.000 8)	(0.110 4)
上期人均实际 GDP（对数形式）	- 0.370 0 ***	- 0.402 0 ***	- 0.397 2 ***	- 0.386 2 ***
	(0.069 9)	(0.073 6)	(0.065 4)	(0.065 7)
每万人在校大学生数（对数形式）	- 0.031 3	0.012 3	- 0.037 0	- 0.035 9
	(0.027 3)	(0.028 2)	(0.026 1)	(0.025 7)
第二、三产业占 GDP 比重	0.010 8 ***	0.020 7 ***	0.009 1 ***	0.006 8 **
	(0.003 7)	(0.004 0)	(0.003 5)	(0.003 4)
城镇化率	- 0.000 1	- 0.000 1	- 0.000 2	- 0.000 2
	(0.000 3)	(0.000 2)	(0.000 3)	(0.000 3)
FDI 占 GDP 比重	- 0.031 1 ***	0.068 4 ***	- 0.038 8 ***	- 0.045 5 ***
	(0.005 4)	(0.008 1)	(0.004 9)	(0.004 9)
常数项	1.191 9 *	- 0.019 4 ***	1.298 2 **	- 0.288 1
	(0.617 9)	(0.005 6)	(0.567 9)	(0.768 2)
城市固定效应	控制	控制	控制	控制
时间固定效应	控制	控制	控制	控制
N	2 797	2 649	2 909	2 990
R^2	0.901	0.903	0.905	0.905

注：括号内是稳健标准误；＊＊＊、＊＊、＊分别表示通过显著水平为 1%、5% 和 10% 的统计检验；N 为样本量，R^2 为拟合优度。

3. 采用不同的被解释变量

我们进一步通过更换被解释变量，以城市所辖企业申请专利数度量地区创新程度，检验本章基本结果的稳健性。企业申请专利数来源于龙信数据有限公司，数据区间为 2007—2016 年。表 5 - 5 第（1）、第（2）列的被解释变量为城市所辖企业申请专利数（对数形式），其中第（1）列为仅控制城市固定效应和时间固定效应的回归结果，而第（2）列在此基础上添加了其他控制变量的回归结果。第（3）、第（4）列的被解释变量为城市的人均企业申请专利数（对数形式），第（3）列也是仅控制城市固定效应和时间固定效应的回归结果，第（4）列是在此基础上添加其他控制变量的回归结果。以上四列的结果均显示，经济增长压力平方项的回归系数均至少在10%的统计水平上显著为负，表明更换被解释变量后，城市创新与经济增长压力之间依然呈现稳定的"倒U型"关系。

表5－5 稳健性检验Ⅲ：以专利数度量创新的回归结果

	（1）	（2）	（3）	（4）
	企业申请专利数（对数形式）		人均企业申请专利数（对数形式）	
经济增长压力	0.042 5	0.046 3	0.040 5	0.059 0
	(0.104 5)	(0.108 5)	(0.104 5)	(0.108 4)
经济增长压力的平方项	− 0.360 1**	− 0.292 7*	− 0.348 4**	− 0.289 8*
	(0.165 4)	(0.165 4)	(0.165 3)	(0.165 3)
上期人均实际GDP（对数形式）		− 0.107 2		0.065 8
		(0.198 9)		(0.198 7)
每万人在校大学生数（对数形式）		− 0.150 5**		− 0.122 6
		(0.074 6)		(0.074 6)
第二、三产业占GDP比重		0.014 7		0.012 1
		(0.011 7)		(0.011 7)
城镇化率		0.000 4		0.000 4
		(0.000 5)		(0.000 5)
FDI占GDP比重		− 0.010 7		− 0.009 3
		(0.014 6)		(0.014 6)
常数项	5.908 8***	6.478 6***	0.060 0	− 0.995 9
	(0.050 8)	(1.743 5)	(0.050 8)	(1.742 4)
城市固定效应	控制	控制	控制	控制
时间固定效应	控制	控制	控制	控制
N	2 487	2 351	2 485	2 351
R^2	0.313	0.334	0.327	0.348

注：括号内是稳健标准误；＊＊＊、＊＊、＊分别表示通过显著水平为1%、5%和10%的统计检验；N为样本量，R^2为拟合优度。

4. 考虑不同的目标表述

在实际中，不同表述方式代表的经济增长压力或者约束是不完全相同的（余泳泽等，2019）。因此，我们重新搜集与整理了经济增长目标的表达，并进行适当分类。结合实际情况以及样本容量，具体分为四类。一是"约""左右"为一类，这样的表达对应的压力相对较小；二是"等于"为一类，这样的表达对应的压力居中；三是"高于""以上""最低""不低于"为一类，这样的表达对应的压力相对较大；四是除上述三类的其他表达。依据上述分类，在经济增长目标表述较为明确和强硬的情况下，随着经济增长压力的提高，更有可能出现经济增长压力与创新之间的"倒 U 型"关系。在明确的目标驱动下，随着经济增长压力的适度提升，创新表现更加突出，但一旦目标过高造成压力过大，则其负面效应则更加明显。因此，我们根据以上四个类型，进行分样本检验，结果如表5-6所示，在后三类样本当中，都呈现出显著的"倒 U 型"规律，而在第一类样本中，则并未发现显著的"倒 U 型"规律。

表 5-6　稳健性检验Ⅳ：考虑不同的目标表述

| | (1) | (2) | (3) | (4) |
	"约""左右"	"等于"	"高于""以上""最低""不低于"	其他
经济增长压力	0.123 5	0.125 6**	-0.135 7	-0.060 6
	(0.149 5)	(0.063 4)	(0.145 2)	(0.243 9)
经济增长压力的平方项	-0.181 2	-0.282 3***	-0.411 3**	-1.206 0***
	(0.169 0)	(0.098 0)	(0.191 2)	(0.451 1)
上期人均实际 GDP（对数形式）	0.263 4	-0.554 9***	-0.330 1	-0.468 1
	(0.407 2)	(0.083 0)	(0.365 8)	(0.395 8)
每万人在校大学生数（对数形式）	0.184 1	-0.049 0	-0.098 5	-0.155 3
	(0.245 0)	(0.035 9)	(0.101 8)	(0.096 2)
第二、三产业占 GDP 比重	-0.001 9	0.011 9**	-0.005 8	-0.013 0
	(0.019 2)	(0.004 7)	(0.018 4)	(0.015 8)
城镇化率	0.002 4	0.003 1	-0.002 5	-0.010 6
	(0.005 9)	(0.002 4)	(0.004 4)	(0.012 4)
FDI 占 GDP 比重	0.005 5	-0.041 4***	-0.029 6	-0.023 9
	(0.023 0)	(0.006 3)	(0.029 7)	(0.033 5)

（续上表）

	(1)	(2)	(3)	(4)
	"约""左右"	"等于"	"高于""以上""最低""不低于"	其他
常数项	-4.549 1	2.451 5***	1.961 1	3.734 5
	(4.077 5)	(0.743 5)	(2.843 6)	(3.442 0)
城市固定效应	控制	控制	控制	控制
时间固定效应	控制	控制	控制	控制
N	495	1 655	587	172
R^2	0.903	0.896	0.908	0.914

注：括号内是稳健标准误；＊＊＊、＊＊分别表示通过显著水平为1%、5%的统计检验；N 为样本量，R^2 为拟合优度。

5. 考虑内生性

考虑到经济增长压力可能存在的内生性问题，本部分将采用系统 GMM 方法、工具变量方法对本章的基本结果进行重新检验。

表 5-7 是添加城市创新指数的滞后期作为解释变量，使用系统 GMM 方法的回归结果。在 5 列的回归中，在加入相关的控制变量之后，核心解释变量经济增长压力平方项的回归系数基本上显著为负。特别是第（5）列显示，经济增长压力一次项的回归系数在 1% 统计水平显著为正，经济增长压力平方项的回归系数在 1% 统计水平显著为负。此外，模型设定没有拒绝随机扰动项不存在二阶自相关的原假设，过度识别的 Sargan 检验亦没有拒绝原假设，说明系统 GMM 估计的工具变量有效，模型设定合理。

表 5-7　稳健性检验 V：GMM 方法

	(1)	(2)	(3)	(4)	(5)
	被解释变量：城市创新指数（对数形式）				
经济增长压力	-0.016 2***	-0.008 6***	0.008 5***	0.010 2***	0.021 3***
	(0.001 5)	(0.001 6)	(0.002 0)	(0.002 3)	(0.002 6)
经济增长压力的平方项	-0.001 6	-0.005 5*	-0.012 3***	-0.013 0***	-0.013 9***
	(0.002 4)	(0.002 9)	(0.002 8)	(0.003 6)	(0.003 2)

（续上表）

	(1)	(2)	(3)	(4)	(5)
	被解释变量：城市创新指数（对数形式）				
上期实际人均 GDP（对数形式）		0.090 2***	-0.097 7***	-0.091 1***	-0.105 1***
		(0.002 0)	(0.003 3)	(0.004 3)	(0.002 8)
每万人在校大学生数（对数形式）			-0.017 2***	-0.018 0***	-0.017 3***
			(0.001 6)	(0.001 8)	(0.001 7)
第二、三产业占 GDP 比重			0.024 0***	0.024 0***	0.019 1***
			(0.000 3)	(0.000 4)	(0.000 3)
城镇化率				-0.000 3***	-0.000 3***
				(0.000 0)	(0.000 0)
FDI 占 GDP 比重					0.025 7***
					(0.000 7)
L. 城市创新指数（对数形式）	1.039 9***	1.009 7***	0.984 1***	0.984 0***	0.992 0***
	(0.000 7)	(0.001 0)	(0.001 0)	(0.001 2)	(0.001 2)
常数项	0.338 8***	-0.540 4***	-0.802 2***	-0.786 2***	-0.393 2***
	(0.002 9)	(0.018 9)	(0.020 7)	(0.027 9)	(0.028 8)
城市固定效应	控制	控制	控制	控制	控制
时间固定效应	控制	控制	控制	控制	控制
N	3 091	3 086	2 998	2 998	2 907
AR（1）p	0.000	0.000	0.000	0.000	0.000
AR（2）p	0.627	0.628	0.726	0.699	0.584
Sargan p	0.834	0.945	0.970	0.975	0.976

注：括号内是稳健标准误；＊＊＊、＊分别表示通过显著水平为 1% 和 10% 的统计检验；N 为样本量；AR（1）p、AR（2）p 为自相关检验，Sargan p 为工具变量有效性 Sargan 检验，三者显示的是 p 值。

　　我们除了使用 GMM 方法来处理解释变量的内生性问题外，还直接采用工具变量法考察基本结果稳健性。我们主要是对核心解释变量，即经济增长压力及其平方项，寻找合适的工具变量。我们采取以下两种策略。

　　（1）采用城市所在省（区）的经济增长压力及其平方项，作为各地级市的经济增长压力及其平方项的工具变量。这一做法的逻辑基础在于，地方经济增长目标的设定一定程度上来自上级政府的指导，而且地方政府在制定本辖区经济增长目标时会以上级政府的目标为指引。相应的回归结果见表 5-8。

在以省级经济增长压力及其平方项作为工具变量的情况下，第（1）列的第二阶段回归结果中，经济增长压力平方项的回归系数为 -2.011 4，在1%的统计水平上显著为负，同时经济增长压力的回归系数为 1.297 0，在1%的统计水平上显著为正。这再次说明，城市创新与经济增长压力之间呈"倒 U 型"关系。

表 5-8　稳健性检验Ⅵ：以省级经济增长压力及其平方项作为工具变量

被解释变量	（1）城市创新指数（对数形式）第二阶段回归	（2）经济增长压力（对数形式）第一阶段回归	（3）经济增长压力的平方项（对数形式）第一阶段回归
经济增长压力	1.297 0***		
	(0.278 3)		
经济增长压力的平方项	-2.011 4***		
	(0.350 7)		
Ⅳ：省级经济增长压力（对数形式）		0.414 6***	0.273 1***
		(0.097 0)	(0.076 2)
Ⅳ：省级经济增长压力的平方项（对数形式）		0.238 0	0.688 1***
		(0.222 0)	(0.168 6)
上期人均实际GDP（对数形式）	-0.205 9*	-0.188 3***	-0.032 1*
	(0.116 9)	(0.034 8)	(0.017 9)
每万人在校大学生数（对数形式）	-0.024 6	0.009 3	0.006 2
	(0.033 5)	(0.015 5)	(0.010 6)
第二、三产业占GDP比重	0.014 3**	-0.011 6***	-0.003 0**
	(0.005 7)	(0.002 1)	(0.001 5)
城镇化率	0.000 3***	0.000 1	-0.000 0*
	(0.000 1)	(0.000 1)	(0.000 0)
FDI占GDP比重	-0.038 0***	0.001 4	0.000 6
	(0.006 5)	(0.002 2)	(0.001 2)
常数项	1.943 5	4.217 6***	1.172 9***
	(1.650 2)	(0.419 2)	(0.228 3)
城市固定效应	控制	控制	控制

（续上表）

被解释变量	(1) 城市创新指数 （对数形式） 第二阶段回归	(2) 经济增长压力 （对数形式） 第一阶段回归	(3) 经济增长压力 的平方项 （对数形式） 第一阶段回归
时间固定效应	控制	控制	控制
N	2 905	2 905	2 905
R^2	0.957	0.387	0.285

注：括号内是稳健标准误；＊＊＊、＊＊、＊分别表示通过显著水平为1%、5%和10%的统计检验；N 为样本量，R^2 为拟合优度。

（2）采用省（区）内其他城市经济增长压力均值及其平方项，作为各地级市的经济增长压力及其平方项的工具变量。这一做法的逻辑基础在于，地方政府之间存在着横向的经济绩效竞争，因此其在制定经济增长目标过程中很可能存在横向策略性互动。当省（区）内其他城市所制定的经济增长目标提高时，本市政府也倾向于制定相对高的经济增长目标。相应的回归结果见表5-9。

同样地，在以省内其他城市经济增长压力均值及其平方项作为工具变量的情况下，第（1）列的第二阶段回归结果中，经济增长压力平方项的回归系数为 -0.998 3，在5%的统计水平上显著为负，再次佐证理论假说，城市创新与经济增长压力呈"倒U型"关系。

表5-9　稳健性检验Ⅷ：以省内其他城市经济增长压力均值及其平方项作为工具变量

被解释变量	(1) 城市创新指数 （对数形式） 第二阶段回归	(2) 经济增长压力 （对数形式） 第一阶段回归	(3) 经济增长压 力的平方项 （对数形式） 第一阶段回归
经济增长压力	0.352 3 (0.326 4)		
经济增长压力的平方项	-0.998 3＊＊ (0.479 6)		

被解释变量	(1) 城市创新指数（对数形式） 第二阶段回归	(2) 经济增长压力（对数形式） 第一阶段回归	(3) 经济增长压力的平方项（对数形式） 第一阶段回归
IV：省内其他城市经济增长压力均值（对数形式）		0.378 7*** (0.049 4)	0.125 8*** (0.032 0)
IV：省内其他城市经济增长压力均值平方项（对数形式）		0.188 1** (0.093 0)	0.336 0*** (0.107 0)
上期人均实际 GDP（对数形式）	−0.229 6* (0.122 7)	−0.225 5*** (0.041 4)	−0.030 6 (0.021 3)
每万人在校大学生数（对数形式）	−0.011 8 (0.034 5)	0.015 2 (0.015 3)	0.006 4 (0.009 6)
第二、三产业占 GDP 比重	0.007 7 (0.006 0)	−0.010 5*** (0.002 5)	−0.002 8 (0.001 7)
城镇化率	−0.000 2*** (0.000 1)	−0.000 0 (0.000 1)	−0.000 1*** (0.000 0)
FDI 占 GDP 比重	−0.037 0*** (0.006 6)	−0.003 1 (0.002 4)	0.001 2 (0.001 5)
常数项	3.028 0 (1.570 2)	4.519 6*** (0.493 0)	1.126 4*** (0.272 0)
城市固定效应	控制	控制	控制
时间固定效应	控制	控制	控制
N	2 572	2 572	2 572
R^2	0.969	0.445	0.339

注：括号内是稳健标准误；***、**、*分别表示通过显著水平为 1%、5% 和 10% 的统计检验；N 为样本量，R^2 为拟合优度。

五、拓展性分析

（一）基于政府支出的拓展性分析

地方经济增长压力与地区创新之间的"倒 U 型"关系，一定程度上与地方政府的经济发展策略和行为有关。在地方政府可能直接影响创新的工具集合当中，财政支出是最为明显的一个方面。而且，从理论上看，地方政府在科技研发方面的财政支出应当有助于提升地区创新表现。为了验证上述逻辑，我们首先在表 5 - 2 回归的基础上，在城市创新指数作为被解释变量的回归当中，进一步加入"科教技术支出占财政支出比重"作为控制变量，考察基本发现的稳健性。

表 5 - 10 的第（1）列重现了表 5 - 2 的第（1）列的结果。第（2）列在第（1）列的基础上加入了"科教技术支出占财政支出比重"作为控制变量，科教技术支出比重的回归系数在 1% 统计水平上显著为正，政府在科技研发方面的财政支出能够有效提升地方创新表现，与预测判断一致。同时，经济增长压力的一次项在 1% 统计水平上显著为正，平方项在 1% 统计水平上显著为负。第（1）列所计算得到的经济增长压力拐点值为 1.328，换而言之，当经济增长目标不超过实际经济增长的 1.328 倍时，经济增长压力有助于创新，超过则不利于创新；第（2）列所计算得到的经济增长压力拐点值为 1.367。可以看出，考虑科教技术方面的财政支出后，经济增长压力的拐点发生了右移，经济增长目标更加有利于创新。第（3）列重现了表 5 - 2 的第（5）列的结果，经济增长压力的拐点值为 1.246。第（4）列是在第（3）列基础上加入了"科教技术支出占财政支出比重"作为控制变量，科教技术支出比重的回归系数在 1% 统计水平上显著为正。同时，经济增长压力的一次项在 10% 统计水平上显著为正，平方项在 5% 统计水平上显著为负。这一结果所对应的经济增长压力的拐点值为 1.290。考虑科教技术方面的财政支出后，经济增长压力的拐点也发生了某种程度的右移。

表 5 – 10　考虑科教技术财政支出的结果

	(1)	(2)	(3)	(4)
	被解释变量：城市创新指数（对数形式）			
经济增长压力	0.141 8***	0.117 9***	0.096 6**	0.085 8*
	(0.044 5)	(0.043 2)	(0.046 5)	(0.045 3)
经济增长压力的平方项	-0.249 6***	-0.188 5***	-0.214 9***	-0.168 4**
	(0.071 9)	(0.069 8)	(0.072 9)	(0.071 2)
上期人均实际GDP（对数形式）			-0.407 2***	-0.427 6***
			(0.065 5)	(0.064 0)
每万人在校大学生数（对数形式）			-0.033 8	-0.023 8
			(0.026 2)	(0.025 5)
第二、三产业占GDP比重			0.008 2**	0.012 1***
			(0.003 5)	(0.003 5)
城镇化率			-0.000 2	-0.000 2
			(0.000 3)	(0.000 3)
FDI占GDP比重			-0.039 0***	-0.030 1***
			(0.004 9)	(0.004 9)
科教技术支出占财政支出比重		0.104 6***		0.096 5***
		(0.007 8)		(0.008 0)
常数项	-1.945 5***	-1.955 9***	1.447 6**	1.233 8**
	(0.033 8)	(0.032 8)	(0.569 6)	(0.555 8)
城市固定效应	控制	控制	控制	控制
时间固定效应	控制	控制	控制	控制
N	3 093	3 090	2 909	2 907
R^2	0.899	0.905	0.905	0.910

　　注：括号内是稳健标准误；＊＊＊、＊＊、＊分别表示通过显著水平为1%、5%和10%的统计检验；N 为样本量，R^2 为拟合优度。

　　在验证了科教方面的财政支出在促进地区创新方面的作用之后，我们进一步考察科教方面的财政支出是否会受到地方经济增长压力的系统性影响。我们将科教方面的财政支出变量作为被解释变量，将经济增长压力的一次项和平方项作为解释变量，进行回归，结果见表5－11。第（1）列以科教技术支出的对数为被解释变量，第（2）列以人均科教技术支出的对数为被解释变量，第（3）列以科教技术支出占财政支出比重为被解释变量。结果显示，所有的回归当中，经济增长压力平方项的回归系数均显著为负，即科教技术财政支出与经济增长压力两者之间也存在"倒U型"关系。因此，可以认为，经济增长压力对科教方面的财政支出的影响，构成了经济增长压力最终影响城市创新的原因之一。从宏观上看，地方经济增长目标的适度提升，会激励地方政府积极且较为平衡地推进经济发展。具体地，其往往会在加快常见的基础设施建设投资的同时，将部分资源和财力投入科技研发领域以及教育领域，这些投入往往会有利于提高创新绩效。然而，当经济增长压力过高时，地方政府往往不得不将资源高度倾斜于立竿见影的经济刺激领域，而科技研发支出很可能会被挤压，相应的科技活动会受到抑制，从而降低城市创新绩效。

需要指出的是，即使控制了地方政府在科教方面的财政支出，创新与经济增长压力之间仍然呈"倒U型"关系，这表明还有其他重要机制存在。一种可能是，中国的经济发展既具有显著的政府引领与干预特征，也呈现出市场力量不断增强的特征，即正如周黎安所指出，中国的经济增长可以解读为一个"官场+市场"共同作用的结果。因此，地方经济增长压力很可能通过影响市场主体的预期与行为而最终影响了地方创新表现。

表5-11　经济增长压力对科教技术支出的影响

	（1） 科教技术支出 （对数形式）	（2） 人均科教技术支出 （对数形式）	（3） 科教技术支出占 财政支出比重
经济增长压力	0.089 9 （0.076 0）	− 0.008 2 （0.059 6）	0.006 6 （0.057 9）
经济增长压力的平方项	− 0.407 9 *** （0.119 2）	− 0.172 6 * （0.093 4）	− 0.179 8 ** （0.090 8）
上期人均实际 GDP （对数形式）	0.363 3 *** （0.107 2）	0.796 3 *** （0.084 1）	0.992 5 *** （0.081 7）
每万人在校大学生数 （对数形式）	− 0.073 2 * （0.042 7）	− 0.077 3 ** （0.033 5）	− 0.058 5 * （0.032 5）
第二、三产业 占 GDP 比重	− 0.043 5 *** （0.005 8）	− 0.000 2 （0.004 5）	− 0.003 8 （0.004 4）
城镇化率	− 0.000 1 （0.000 4）	− 0.000 2 （0.000 3）	− 0.000 2 （0.000 3）

（续上表）

	（1）科教技术支出（对数形式）	（2）人均科教技术支出（对数形式）	（3）科教技术支出占财政支出比重
FDI 占 GDP 比重	-0.0900^{***}	-0.0175^{***}	-0.0144^{**}
	(0.0081)	(0.0063)	(0.0061)
常数项	0.9805	-0.2128	-7.6388^{***}
	(0.9313)	(0.7303)	(0.7097)
城市固定效应	控制	控制	控制
时间固定效应	控制	控制	控制
N	2 909	2 909	2 909
R^2	0.524	0.903	0.905

注：括号内是稳健标准误；＊＊＊、＊＊、＊分别表示通过显著水平为1%、5%和10%的统计检验；N 为样本量，R^2 为拟合优度。

（二）基于地区市场环境的拓展性分析

至此，本章已发现，与理论假说预期一致，在2002—2016年间，地方经济增长压力与创新之间呈现"倒 U 型"关系。接下来，我们进一步考察这种"倒 U 型"关系与地方市场经济条件与环境存在何种关系。

在传统的经济学分析当中，市场体制的发达完善程度直接影响企业微观主体的决策与行动空间以及实际后果。中国是一个转型中的发展中国家，处于计划经济体制向市场经济体制转变的动态过程中。在这个动态过程当中，企业微观主体主要基于市场信息进行决策行动，同时需要对政府的政策进行评估和反应。由于中国各级政府对经济活动有很强的控制力和很高的干预程度，因此微观企业实际上不得不对政府发布的经济政策及信息进行消化以及应对。接下来我们分析创新与经济增长压力之间的关系是否会因市场化程度不同而具有差异性。

表 5 - 12　基于市场化程度的分样本回归

	(1) 低市场化	(2) 低市场化	(3) 高市场化	(4) 高市场化
经济增长压力	0.018 6 (0.073 2)	0.014 9 (0.072 5)	0.101 6 (0.104 9)	0.073 9 (0.106 4)
经济增长压力的平方项	-0.044 3 (0.104 8)	-0.046 5 (0.104 0)	-0.329 8** (0.160 8)	-0.305 3* (0.164 8)
市场化指数		0.074 2 (0.073 4)		0.106 0*** (0.025 1)
上期人均实际 GDP （对数形式）	-0.463 5** (0.200 9)	-0.431 9** (0.199 4)	0.064 4 (0.262 8)	0.034 9 (0.261 8)
每万人在校大学生数 （对数形式）	-0.101 4 (0.063 4)	-0.091 3 (0.063 3)	0.024 3 (0.091 9)	0.017 2 (0.094 3)
第二、三产业 占 GDP 比重	0.017 1 (0.013 5)	0.015 4 (0.013 7)	-0.008 7 (0.013 2)	-0.008 4 (0.013 1)
城镇化率	-0.000 2*** (0.000 1)	-0.000 2*** (0.000 1)	-0.000 6 (0.003 6)	-0.001 0 (0.003 7)
FDI 占 GDP 比重	0.008 6 (0.021 1)	0.007 2 (0.020 7)	-0.044 3*** (0.012 2)	-0.046 4*** (0.012 1)
常数项	1.106 0 (1.737 7)	1.184 5 (1.721 8)	-1.450 2 (2.025 0)	-1.710 9 (2.011 9)
城市固定效应	控制	控制	控制	控制
时间固定效应	控制	控制	控制	控制
N	1 397	1 397	1 512	1 512
R^2	0.896	0.896	0.918	0.921

注：括号内是稳健标准误；＊＊＊、＊＊、＊分别表示通过显著水平为1%、5%和10%的统计检验；N 为样本量，R^2 为拟合优度。

　　由于我们的基础回归当中，解释变量包括了地方经济增长压力一次项与平方项，如果继续将其与地区市场化程度变量交乘，则相应的交互变量的回归系数的经济含义将较为复杂和难以解释，因此我们采取更为简洁的处理方式，将样本按照地区市场化程度的高低进行分组，分别考察在不同的市场化程度样本当中，地区创新与地方经济增长压力存在怎样的关系。表 5 - 12 显示了按照王小鲁、樊纲的中国分省份市场化指数度量市场化程度的回归结果,① 第（1）、第（2）列是市场化程度低于中位数的样本的结果，第（3）、第（4）列是市场化程度高于中位数的样本的结果。② 在低市场化程度的样本中，地方经济增长压力一次项和平方项的回归系数在统计意义上均不显著。在高市场化程度的样本中，地方经济增长压力一次项的回归系数在统计意义上不显著，但其平方项的回归系数至少在10%的统计水平上显著为负。③ 此外，第（2）、第（4）列结果显示，地区市场化指数指标本身的回归系数在低市场化程度样本中不显著，而在高市场化程度样本中高度显著为正。上述结果表明，创新与经济增长压力的"倒U型"规律只在高市场化程度地区存在。

为了验证基于市场化程度分样本的回归结果的稳健性，我们接下来采取两种分样本策略重新进行回归。一是将样本分成东部城市样本和中西部城市样本，表5－13的第（1）、第（2）列报告了回归结果。可以看出，经济增长压力平方项的回归系数仅在东部城市样本中显著为负，在中西部城市样本中不显著，而经济增长压力一次项的回归系数在两类样本中均不显著。因此，创新与经济增长压力的"倒U型"关系仅在东部城市样本中存在。二是将样本分成低人均GDP城市样本和高人均GDP城市样本，④ 表5－13的第（3）、第（4）列报告了回归结果。可以看出，经济增长压力平方项的回归系数仅在高人均GDP城市样本中显著为负，在低人均GDP城市样本中不显著。因此，创新与经济增长压力的"倒U型"关系仅在高人均GDP城市样本中存在。

---

① 市场化指数（樊纲指数）存在两个版本，即1997—2009年以及2008—2014年的数据，两个版本的数据不尽相同。本章采用如下方法将两个版本合并：先是选取两个版本相同的年份，即2008年和2009年分别计算，发现1997—2009年版本的2008年和2009年数据是2008—2014年版本这两个年份的倍数。然后取两个倍数的均值。其后，在2008—2014年版本后添加2001—2007年的数据，具体为，该版本2001—2007年的数据是1997—2009年版本2001—2007年数据乘以上述两个倍数的均值。

② 具体为计算样本期内每个城市的市场化指数的均值，然后选定这些均值的中位数，大于中位数的城市为高市场化的城市，小于中位数的城市是低市场化的城市。

③ 鉴于市场化程度与外资企业比重存在正相关，外资比重高的地区，市场化程度也往往较高。事实上，我们更换市场化的度量指标，分别采用外资企业（包括港、澳、台商投资企业和外商投资企业）总产值占全部工业总产值的比重、外资企业数占总工业企业数的比重，对样本进行分组回归，结果都保持不变。为了节省篇幅，不在本文显示。

④ 具体分样本方法：先是计算出样本期每个城市的人均实际GDP均值，然后取这些城市均值的中位数，大于中位数的城市为人均实际GDP高的城市，小于中位数的城市是人均实际GDP低的城市。

表 5 – 13　基于经济发展水平的分样本检验

	（1）	（2）	（3）	（4）
	中西部	东部	人均实际 GDP 低的城市	人均实际 GDP 高的城市
经济增长压力	0.035 2	0.085 7	0.004 1	0.138 0**
	(0.052 2)	(0.084 8)	(0.063 9)	(0.065 6)
经济增长压力的平方项	− 0.070 7	− 0.287 9*	− 0.014 9	− 0.361 8***
	(0.079 8)	(0.159 9)	(0.100 0)	(0.101 3)
上期实际人均 GDP （对数形式）	− 0.476 7***	0.678 4***	− 0.655 2***	− 0.393 0***
	(0.078 2)	(0.115 9)	(0.113 2)	(0.080 4)
每万人在校大学生数 （对数形式）	− 0.073 9**	0.073 8	− 0.016 2	− 0.013 8
	(0.029 7)	(0.045 9)	(0.037 7)	(0.034 9)
第二、三产业 占 GDP 比重	0.022 2***	− 0.034 8***	0.030 5***	0.007 8
	(0.004 0)	(0.006 2)	(0.004 5)	(0.007 1)
城镇化率	− 0.000 2	− 0.000 9	− 0.000 2	0.002 3
	(0.000 3)	(0.002 1)	(0.000 3)	(0.002 2)
FDI 占 GDP 比重	0.005 8	− 0.010 8	0.025 5**	− 0.047 0***
	(0.007 5)	(0.006 9)	(0.010 9)	(0.005 4)
常数项	0.736 4	− 5.213 5***	0.874 9	1.972 2***
	(0.693 3)	(0.972 7)	(0.914 6)	(0.762 0)
城市固定效应	控制	控制	控制	控制
时间固定效应	控制	控制	控制	控制
N	1 898	1 011	1 314	1 595
R^2	0.894	0.943	0.894	0.922

注：括号内是稳健标准误；＊＊＊、＊＊、＊分别表示通过显著水平为 1%、5% 和 10% 的统计检验；N 为样本量，R^2 为拟合优度。

在市场机制较为成熟和完善的环境中，微观经济主体对市场当中的信息会做出迅速的反应。地方经济增长目标实际上是地方政府为主体向市场所发送的一种信息，其既包含了地方政府对接下来一段时期本地经济增长态势的看法与预测，也反映了地方政府所希望达到的经济增长速度。如果其所希望达到的速度较快，这个目标一定程度上反映了地方政府所可能使用的一些政策与手段，具有某种政策信息。在原始的市场经济环境下，价格是反映信息的最重要信号。但是，在庞大的经济系统当中，微观经济主体需要可靠的来源获取宏观经济信息。实际上，政府所公布的经济增长目标很大程度上就反映了辖区未来时期的经济增长可能性，具有引导性作用。如果微观经济主体认为这一信息合理可靠，其会充分利用这一信息进行资源配置的决策与行动。在这种情况下，政府所发布的经济增长目标适度提升时，微观经济主体将认为这是本地经济增长向好的积极信号，从而会积极跟进。但是，当政府所发布的经济增长目标过高时，市场环境下的微观经济主体将会理性地评估这一目标所代表的信号作用，它们可能不再将其作为本地经济增长潜力的客观信号，而更可能将其看成是辖区政府所主观要达成的目标，而较高的目标的实现往往会导致一些扭曲性政策的出台，这反而不利于市场机制的发挥，可能损害微观经济主体的利益。在这种情况下，理性的微观经济主体反而可能会更加谨慎地行动，在投资等方面为应对外来的经济不确定性留有一些余地。具体地，企业等微观经济主体在地方经济增长目标相对合理并且适度提高的情况下，将会更加积极地开展投资经营等活动，更加积极地进行创新研发投入以获取创新绩效。但是，过高的经济增长目标，很可能会被企业等微观经济主体认为是难以实现的目标，反而更加谨慎行事，第一步就是压缩研发投入等投资。这种策略就会导致地区创新表现反而下降。这种市场经济主体对经济增长目标的反应在市场机制比较充分的情况下更为迅速与灵敏。在市场化程度较低的情况下，市场经济主体对经济增长目标的反应相对迟钝。原因在于，市场化程度较低的情况下，地区经济增长往往较少直接依靠科技投入，各类企业可能较为缺乏进行研发投入的积极性和认知度。在这种情况下，即使辖区政府所公布的经济增长目标发生了变动，它们的研发行为也不会发生显著变化。同时，在市场化程度较低的情况下，微观经济主体对宏观信号的反应往往较为缓慢，它们往往更加关注政府所直接下达的指令与政策，但由于政府往往不将政策重点放在研发上，因此企业等微观经济主体的研发活动也就没有显著调整。

六、企业层面的微观证据

上面我们已经从多个角度论证了创新与经济增长压力的"倒 U 型"关系。在此，我们从微观层面，采用上市企业样本进行实证检验，以企业创新产出（专利授权量）以及创新投入（研发投入经费）作为被解释变量，① 经济增长压力一次项以及其平方项作为解释变量，进行回归，发现都呈"倒 U 型"关系。

企业研发的专利授权量与经济增长压力之间存在"倒 U 型"关系。在经济增长压力适度提高的情况下，企业对未来的经济发展预期更加积极，认为企业将有更大的市场空间和更好的外部发展环境，从而有动机做出更多的研发努力，为企业长远发展提供更加基础性的支撑；但是，当经济增长压力进一步加大，企业开始判断外部经济环境趋紧，企业必须首先用有限的资源度过严峻的经济时期，而不是纯粹致力于创新，因为创新往往很难直接帮助企业渡过难关。

表 5 - 14　企业层面的微观考察

	（1）	（2）	（3）	（4）
	专利授权量（对数形式）		研发投入经费（对数形式）	
经济增长压力	0.106 4**	0.107 2**	1.497 5***	1.528 4***
	(0.048 2)	(0.052 1)	(0.350 5)	(0.367 9)
经济增长压力的平方项	-0.590 3***	-0.580 7***	-1.640 4***	-1.639 3***
	(0.215 6)	(0.225 2)	(0.583 4)	(0.590 6)
总资产（对数形式）	0.057 3***	0.063 1***	0.110 8	0.239 5
	(0.012 1)	(0.012 4)	(0.151 4)	(0.154 0)
企业年龄	0.033 3***	0.039 7***	0.685 0***	-0.293 3***
	(0.006 4)	(0.013 1)	(0.072 9)	(0.106 9)
企业年龄的平方	-0.000 4	-0.000 5**	0.025 6***	0.027 6***
	(0.000 3)	(0.000 3)	(0.002 8)	(0.002 9)
利润率	0.000 0	0.000 0	-0.000 0	-0.000 0
	(0.000 0)	(0.000 0)	(0.000 0)	(0.000 0)
常数项	-0.676 7***	-1.013 6	-2.520 2	-40.037 7***
	(0.249 9)	(0.926 7)	(3.074 1)	(13.262 6)

---

① 由于数据获得性，收集的专利授权量的年限为 2002—2016 年；研发投入经费的年限为 2008—2016 年。回归时，两变量均取对数处理，以及在 1% 和 99% 分位数上做缩尾处理。同样地，经济增长压力变量也在 1% 和 99% 分位数上做缩尾处理。

	（1）	（2）	（3）	（4）
	专利授权量（对数形式）		研发投入经费（对数形式）	
城市控制变量	无	有	无	有
企业固定效应	控制	控制	控制	控制
时间固定效应	无	控制	无	控制
N	17 386	17 214	13 930	13 812
R^2	0.029	0.034	0.303	0.374

注：括号内是稳健标准误；＊＊＊、＊＊分别表示通过显著水平为1%、5%的统计检验；N 为样本量，R^2 为拟合优度。

在微观意义上，企业研发投入经费规模与经济增长压力之间存在"倒U型"关系。在经济增长压力适度提高的情况下，企业对未来的经济发展预期更加积极，预期企业经营环境更加良好，政府提供的政策环境和宏观环境更加有利于企业发展，从而使得企业预期能够获得相对好的发展环境，因此也会增加研发投入；但是，当经济增长压力进一步加大，企业可能认为目标设定过高，反而会认为这是宏观经济环境紧张的表现，企业外部发展经济条件将会更加严峻，为了能够度过未来的生存考验，企业首先必须将有限的资源投入非研发类的活动当中，从而不再增加研发投入，以保证企业的短期稳健经营。

上文我们发现创新与经济增长压力之间存在"倒U型"关系，并且主要存在于市场化程度较高的地区样本当中。为了验证在企业微观层面，是否仍然主要是在市场化程度相对较高的地区存在这种规律，我们在表5－14的基础上，进一步将样本分为市场化程度低和市场化程度高两类，分别进行回归，结果见表5－15。第（1）、第（2）列的被解释变量是企业专利授权量（对数形式），结果显示，只有在市场化程度较高的地区，企业专利授权量与经济增长压力之间才呈现"倒U型"关系。第（3）、第（4）列的被解释变量是企业研发投入经费（对数形式），结果显示，无论是在市场化程度低的地区样本还是市场化程度高的地区样本中，经济增长压力一次项和平方项回归系数均显著。需要特别指出的是，在市场化程度高的样本中，经济增长压力平方项回归系数的显著性水平达到1%，而在市场化程度低的样本中，经济增长压力平方项回归系数的显著性水平则为10%，这表明了"倒U型"规律仍然主要存在于市场化程度较高的地区当中。

表 5-15　基于市场化程度的分样本回归：企业的微观考察

	（1）	（2）	（3）	（4）
	专利授权量（对数形式）		研发投入经费（对数形式）	
	低市场化	高市场化	低市场化	高市场化
经济增长压力	0.055 8	0.135 6**	2.438 5***	2.352 2***
	(0.068 1)	(0.065 3)	(0.617 6)	(0.464 7)
经济增长压力的平方项	-0.056 6	-0.368 5**	-1.545 8*	-3.360 5***
	(0.105 1)	(0.181 9)	(0.823 6)	(1.129 1)
总资产（对数形式）	0.065 2***	0.053 8***	0.265 1	0.175 7
	(0.022 3)	(0.015 4)	(0.256 7)	(0.196 1)
企业年龄	0.027 0	0.005 0	-0.031 5	-0.486 1***
	(0.021 1)	(0.010 5)	(0.209 0)	(0.122 0)
企业年龄的平方	-0.000 3	-0.000 4*	0.024 6***	0.025 8***
	(0.000 4)	(0.000 2)	(0.005 6)	(0.003 5)
利润率	0.000 0	0.000 0	-0.000 0	0.000 0
	(0.000 0)	(0.000 0)	(0.000 0)	(0.000 0)
常数项	-1.921 1	-2.705 8***	7.931 8***	14.389 4***
	(1.529 8)	(0.945 6)	(1.498 0)	(1.551 1)
城市控制变量	有	有	无	有
企业固定效应	控制	控制	控制	控制
时间固定效应	控制	控制	不控制	控制
N	5 396	11 852	4 630	9 199
R^2	0.053	0.025	0.373	0.308

注：括号内是稳健标准误；***、**、*分别表示通过显著水平为1%、5%和10%的统计检验；N为样本量，R^2为拟合优度。

为了进一步验证创新与经济增长目标的"倒 U 型"的规律在一定程度上是理性的微观经济主体对地方经济增长目标信号的理性反应的结果，我们进一步从企业类型异质性的角度进行考察与分析。在理论上，如果经济增长目标是一种关于地方经济增长目标潜力的信号，而过高的经济增长目标是一种地方政府要达到的主观目标，那么充分的市场化主体比如民营企业会做出更加直接灵敏的反应，之前所发现的"倒 U 型"关系会在民营企业样本中显著存在。相对而言，国有企业在研发方面对于经济增长目标的信号反应要相对迟钝，除非地方政府直接通过政策干预国有企业的研发行为。但是，在过去很长时期当中，地方政府并未将科技研发摆到如此重要的位置，尽管会在财政方面予以一定程度的投入，但是在为数众多的国有企业的实际管理与运营当中，创新研发绩效可能仅仅是它们众多表现当中的一小部分，而且也往往不被认为是驱动国企绩效的关键因素。因此，国有企业对于经济增长压力的反应会相对迟钝。表 5－16 显示了相关的回归结果。在专利授权量（对数形式）为被解释变量的结果中，无论是国有企业还是民营企业样本，经济增长压力平方项的回归系数都显著为负，但民营企业样本中，显著性水平达到 5%，而国有企业样本中，显著性水平为 10%。在研发投入经费（对数形式）为被解释变量的结果中，只有在民营企业样本当中，经济增长压力一次项和平方项的回归系数具有统计意义上的显著性，特别是平方项的回归系数在 5% 统计水平上显著为负。这些结果再次印证了理论上的推测。

表 5－16　企业类型异质性考察

	(1)	(2)	(3)	(4)
	专利授权量（对数形式）		研发投入经费（对数形式）	
	国有企业	民营企业	国有企业	民营企业
经济增长压力	0.005 0	0.055 6	0.803 2	0.846 7**
	(0.081 8)	(0.098 4)	(0.611 8)	(0.419 9)
经济增长压力的平方项	−0.509 6*	−0.827 4**	−0.844 5	−1.762 7**
	(0.299 6)	(0.358 5)	(0.864 2)	(0.804 5)
总资产（对数形式）	0.044 9**	0.088 5***	−0.147 3	0.548 9***
	(0.018 8)	(0.019 5)	(0.262 1)	(0.204 1)
企业年龄	0.065 7***	0.034 4*	−0.235 6	−0.222 8
	(0.021 0)	(0.020 0)	(0.228 9)	(0.135 8)
企业年龄的平方	−0.000 5	−0.000 8*	0.019 6***	0.024 7***
	(0.000 4)	(0.000 4)	(0.005 7)	(0.004 0)
利润率	0.000 0	0.000 0***	−0.000 0	0.000 0***
	(0.000 0)	(0.000 0)	(0.000 0)	(0.000 0)
常数项	0.189 3	−1.628 5	−15.566 9	−50.297 7***
	(1.316 2)	(1.469 8)	(21.353 7)	(17.678 5)
城市控制变量	有	有	有	有
企业固定效应	控制	控制	控制	控制

（续上表）

	（1）	（2）	（3）	（4）
	专利授权量（对数形式）		研发投入经费（对数形式）	
	国有企业	民营企业	国有企业	民营企业
时间固定效应	控制	控制	控制	控制
N	7 155	8 319	5 279	7 166
R^2	0.060	0.026	0.442	0.317

注：括号内是稳健标准误；＊＊＊、＊＊、＊分别表示通过显著水平为1%、5%和10%的统计检验；N 为样本量，R^2 为拟合优度。

在分别从市场化程度高低的地区层面和从企业所有制层面进行了实证分析后，我们接下来将两个视角结合起来考察理论推断的一致性。表5－17显示了以专利授权量（对数形式）为被解释变量的结果，我们先将企业样本分为国有企业样本和民营企业样本，然后再将两类企业样本分为地区市场化程度低的样本和地区市场化程度高的样本。结果显示，在国有企业样本当中，无论是在市场化程度高还是市场化程度低的样本中，经济增长压力一次项和平方项的回归系数均不具有统计意义上的显著性。在民营企业样本当中，无论是在市场化程度高还是市场化程度低的样本中，经济增长压力一次项和平方项的回归系数均在统计意义上显著。特别需要指出的是，在市场化程度高的民营企业样本中，平方项的回归系数在5%统计水平显著为负；而在市场化程度低的民营企业样本中，平方项的回归系数在10%统计水平显著为负。换言之，民营企业创新产出较为一致地对地方经济增长压力做出了"倒U型"的反应，但这种反应的强度在不同市场化程度下不同，随市场化程度提升而提升。

表5－17　企业异质性与市场化的分样本回归 I

	（1）	（2）	（3）	（4）
	专利授权量（对数形式）			
	国有企业		民营企业	
	低市场化	高市场化	低市场化	高市场化
经济增长压力	0.093 6	0.020 5	0.116 0＊＊	0.093 5＊＊
	(0.078 5)	(0.079 0)	(0.055 7)	(0.041 4)
经济增长压力的平方项	−0.183 0	−0.149 8	−0.077 9＊	−0.123 2＊＊
	(0.127 2)	(0.196 8)	(0.043 5)	(0.061 3)

（续上表）

	（1）	（2）	（3）	（4）
	专利授权量（对数形式）			
	国有企业		民营企业	
	低市场化	高市场化	低市场化	高市场化
总资产（对数形式）	0.040 0	0.051 2*	0.033 6*	0.083 2***
	(0.026 7)	(0.027 8)	(0.018 0)	(0.020 1)
企业年龄	0.083 7***	0.072 9**	0.027 0	−0.011 4
	(0.030 1)	(0.029 4)	(0.016 7)	(0.015 8)
企业年龄的平方	−0.000 2	0.000 0	−0.000 2	−0.000 8**
	(0.000 6)	(0.000 5)	(0.000 4)	(0.000 4)
利润率	0.000 0	0.000 0	0.000 0	0.000 0***
	(0.000 0)	(0.000 0)	(0.000 0)	(0.000 0)
常数项	2.482 8	0.375 7	−1.349 1	−4.614 6***
	(1.883 1)	(1.814 2)	(1.204 7)	(1.418 0)
城市控制变量	有	有	有	有
企业固定效应	控制	控制	控制	控制
时间固定效应	控制	控制	控制	控制
N	4 117	5 212	8 914	8 334
R^2	0.078	0.071	0.048	0.020

注：括号内是稳健标准误；＊＊＊、＊＊、＊分别表示通过显著水平为1%、5%和10%的统计检验；N 为样本量，R^2 为拟合优度。

表5-18 显示了企业研发投入经费（对数形式）为被解释变量的结果。结果显示，在国有企业样本当中，无论是在市场化程度高还是市场化程度低的样本中，经济增长压力平方项的回归系数均不具有统计意义上的显著性，但是，经济增长压力一次项的回归系数却全部在1%的统计水平上显著为正。这表明了从研发投入的角度来看，国有企业的确对地方经济增长目标做出了反应，但是这种压力是线性的。这个结果符合我们的理论推断，国有企业的目标往往并非利润最大化，它们更加密切地在政策意志上跟随政府，地方政府经济增长压力的提高往往会导致国有企业更积极地有所作为，包括在研发投入上面也会更加积极。在民营企业样本当中，在市场化程度低的样本中，经济增长压力一次项和平方项的回归系数在统计意义上均不显著；而在市场化程度高的样本中，经济增长压力一次项的回

归系数在 1% 统计水平上显著为正，平方项的回归系数在 5% 统计水平上显著为负。这表明，那些处于市场机制发育比较充分和完善环境下的民营企业，对经济增长目标这一信号做出了灵敏而具有策略性的反应，这种反应不是线性的，而是一种理性决策下的"倒 U 型"反应。本章的理论推断得到严谨的验证。

表 5 - 18　企业异质性与市场化的分样本回归 Ⅱ

	（1）	（2）	（3）	（4）
	研发投入经费（对数形式）			
	国有企业		民营企业	
	低市场化	高市场化	低市场化	高市场化
经济增长压力	2.699 3***	2.909 9***	1.099 3	1.693 2***
	(0.694 6)	(0.736 4)	(1.024 8)	(0.537 2)
经济增长压力的平方项	-1.025 6	-1.624 6	-0.808 1	-3.025 1**
	(0.991 0)	(1.217 5)	(1.314 6)	(1.273 8)
总资产（对数形式）	-0.248 4	0.012 7	0.867 5**	0.227 0
	(0.321 3)	(0.337 5)	(0.373 9)	(0.243 6)
企业年龄	0.316 3	-0.294 5	-0.105 1	-0.581 8***
	(0.277 0)	(0.262 4)	(0.309 0)	(0.148 5)
企业年龄的平方	0.020 9***	0.024 0***	0.019 6**	0.023 9***
	(0.007 7)	(0.006 8)	(0.008 0)	(0.004 9)
利润率	-0.000 0	-0.000 0	0.000 0	0.000 0***
	(0.000 0)	(0.000 0)	(0.000 1)	(0.000 0)
常数项	-63.177 9***	-105.631 7***	-89.823 5***	-114.977 2***
	(21.331 8)	(22.904 3)	(27.744 0)	(22.275 5)
城市控制变量	有	有	有	有
企业固定效应	控制	控制	控制	控制
时间固定效应	控制	控制	控制	控制
N	3 228	3 650	1 731	5 442
R^2	0.403	0.384	0.314	0.277

注：括号内是稳健标准误；＊＊＊、＊＊分别表示通过显著水平为 1%、5% 的统计检验；N 为样本量，R^2 为拟合优度。

七、结论性评述

创新是引领发展的第一动力，是实现高质量发展的关键手段。政府所出台的经济政策及所传递的经济信息是影响创新的重要因素。本章结合增长目标管理与地方政府激励视角，重点考察地方经济增长压力对地区创新的影响效应及其特征。我们在理论上论述了经济增长压力对创新的影响并非线性，而是存在着先促进随后转为遏制的非线性效应。本章在实证上采用政府工作报告中公布的经济增长速度目标与当年实际经济增长速度的比值度量经济增长压力，基于2002—2016年全国281个地级市的面板数据发现，与理论预期一致，地区创新与经济增长压力之间存在着非线性的"倒U型"关系，当经济增长目标处于适度区间的情况下，经济增长目标的提高能够促进创新，但是当经济增长目标超过一定的临界值时，经济增长目标的提高会开始不利于创新，甚至对创新产生遏制作用。我们还发现，这种"倒U型"的关系，在市场化程度较高的情况下更为突出，这反映了地方经济增长目标所传递的压力信息对创新造成的影响，是企业微观主体对相关信息和政策进行理性反应的综合结果。

经济增长压力非线性地影响创新的假说的验证，不但有利于我们更好地认识经济发展过程中的政府策略与行为，而且有利于我们更好地认识建设创新型国家的机制体制。一方面，在"官员晋升锦标赛"下，经济增长目标成为对地方政府官员的关键考核指标，基于经济增长压力，地方政府的决策者会积极地推动本地经济发展，包括为企业创新提供制度便利乃至资源扶持。但是当过于强调GDP政绩考核，地方经济增长目标导致经济增长压力过高时，地方政府就很可能无视经济规律从而最终损害创新的积极性，这种遏制创新的情况可能会演变成一种粗放型经济增长模式。另一方面，企业是参与经济活动各方中最具活力的角色，也应成为创新的主体，地方政府所传递的信息和所制定的各类政策，都应当更加关注企业如何对这些信息和政策做出反应。我们希冀构建以企业为主体、以市场为导向，能充分发挥政府功能的有效促进全社会科技创新的体制结构。

第六章　经济增长目标
与制造业全要素生产率

一、引言

自党的十九大报告提出质量第一、效益优先的新发展理念以来，转型与创新成为我国经济社会发展的方向与主题。制造业作为国家战略性重点产业，是现代工业结构的核心支柱，也是国家繁荣富强的坚实基础。我国制造业参与全球竞争，逐渐发展成为世界第一制造大国。但是近年来，国际贸易环境趋于恶化，发达国家又纷纷调整制造业发展战略，致力引导制造业回流与复兴，以争夺全球制造业发展的制高点。我国制造业大而不强，既凭借低成本优势承接发达国家转移的低端生产环节，又采取要素资源投入驱动经济增长的发展模式，因而高新技术实力薄弱、自主创新能力不强等问题未能伴随产业成长而得到有效改进。由此可知，当前我国制造业部门将同时面临自身能力不足与发达国家产业振兴的双重夹击，以及低成本优势逐渐削弱和新增长动力优势尚未形成的两难局面。

根据钱纳里工业化阶段理论，工业持续深化常伴随着制造业部门技术进步和结构优化，进而推动经济转向以技术密集型产业为主导的发展方式。我国经济已进入工业化后期阶段（黄群慧，2014），与趋于成熟的工业化进程相矛盾的是，我国制造业全要素生产率水平普遍不高，且增长缓慢，增速又呈下降态势（杨汝岱，2015）。那么是什么原因造成我国制造业长期规模扩张但效率不增反减的矛盾现状？全要素生产率增长水平的决定因素除了技术水平、人力资本等经济性因素，还包括政府机构、体制制度等非经济性因素。我国特殊的经济体制国情决定了政府在经济领域中发挥至关重要的作用，其中政治集权、财政分权的政府治理模式就是我国经济增长奇迹的制度基础。制造业作为我国核心工业部门，承担着促进产业升级和提升国家竞争实力的艰巨任务，因而政府普遍且全面管控指导制造业的生产发展。那么地方政府的干预行为是否是制造业产业规模不断扩张但生产效率提升缓慢的原因之一呢？

张杰（2016）的研究表明，地方政府干预要素市场是降低制造业要素配置效率的主要动因，为保障制造业生产效率持续增长需减少政府干预。孔令池等（2017）发现地方政府投资会扭曲资源配置效率，进而阻碍制造业结构差异化发展，甚至削弱市场开放程度对结构差异化的促进效力。产能过剩的形成与周期化也是政府干预下的结果，马轶群（2017）指出，政府干预弱化了技术进步对提高产能利用率的作用效果。此外，政府干预会放大过度金融化对技术创新的消极影响（谢家智等，2014），甚至抑制企业独立创新意愿，促使其选择技术模仿（张峰，2016）。由此可知，地方政府干预确实通过扭曲资源配置、削减技术效率、抑制自主创新进而降低了制造业全要素生产率。政府主导的、投资驱动的经济增长模式是工业效率恶化的根源（江飞涛等，2014）。稀缺的政治升迁机会刺激地方政府展开激烈的 GDP 竞赛，相伴而来的是短期内快速提升经济增长速度的巨大压力，尤其当同位竞争者表现出色，或前任在位者绩效出彩时，现任政府发展经济面临的压力也就愈大，因而愈偏好采取激进的干预策略，甚至可能不惜牺牲经济发展质量换取经济发展速度。因而，地方政府所面临的高强度的经济增长压力可能就是制造业全要素生产率长期提升缓慢的体制根源。

基于上述理论逻辑，本章运用全国各省制造业 1997—2016 年的面板数据，实证研究地方政府经济增长目标压力与制造业全要素生产率的作用关系。实证结果表明，经济增长目标压力与制造业全要素生产率呈"倒 U型"关系，且政府经济增长目标压力效应是通过减少研发投入、缩减科教支出、增加投资规模的方式作用于制造业，进而降低了生产效率。分行业异质性检验支持基准回归结论表明，经济增长目标压力的效应对技术型制造业的影响显著，资本型制造业对经济增长目标压力的反应最为敏感。

与已有文献相比，本章的创新体现在以下几个方面。第一，制造业生产率变动的内在动因是经济学界的重要研究话题，本章创新性地从经济增长目标的视角度量地方政府面临的压力，揭示其对制造业生产率变动的影响，拓宽了我们对制造业生产率动因的理解范畴。而且，我们提出了两者的理论关系并非简单线性，而是存在着非线性的内在关系，进一步丰富了相关逻辑关系。第二，本章不仅分析了地方政府经济增长目标压力与制造业生产率的关系，而且分析了经济增长目标压力影响制造业生产率的背后渠道机制，深化了学界对此问题的理解。第三，本章并未独立地从制造业角度考察制造业生产率变动，而是试图从生产性服务业与制造业相关联的角度来做进一步考察，证实了生产性服务业能调节拓宽政府经济增长目标压力正向作用于制造业生产率的边界范围。

本章以下部分的结构安排依次是：文献综述与理论假说；制造业全要素生产率测算；实证策略；实证分析；机制分析；异质性分析；结论性评述。

二、文献综述与理论假说

我国实施"权责下放，财源上提"的财政分权制度，地方政府拥有发展本地经济的权力，但只能调控支配少量财政收入。财政收支权责划分削减了地方财政资金的丰裕程度。政治上的高度集权是中国分权治理的核心，中央政府通过掌控地方官员的升迁通道来调动官员积极承担经济建设职能的热情。因此，地方政府不仅面临紧缺的财政收支压力，还需完成来自上级的绩效考核任务，其中经济增长表现是最显性且最具影响力的评价指标。因此，地方政府干预地区经济发展，甚至干涉经济增长目标的设定也许是官员的"理性"选择。周黎安等（2015）研究指出，经济增长目标"层层加码"与地方官员的晋升激励密切相关。余泳泽和潘妍（2019）也表示，地方官员偏好采用"层层加码"的如"之上"和"确保"等硬约束词汇作为经济增长目标设定的修饰词。马亮（2013）也发现，晋升激励下的政绩冲动是影响地方政府制定经济增长目标的重要因素。因而，财政分权和政治集权体制下的"官员晋升锦标赛"机制极大地激励了地方政府开展激烈的 GDP 竞赛，进而促成了"为增长而竞争"的治理格局。

在晋升竞争驱动下，高效达成经济增长目标成为各地官员的首要任务。各级政府面临"非进即退"的零和博弈，因此官员不仅要为当年预定的经济增长目标而努力，还需参考比较毗邻地区或者经济发展水平相当地区的经济表现，而后者往往才是决定胜负的关键。因此，千方百计提增速既是地方政府必须完成的工作要求，也是政府干预经济的压力根源。徐现祥和刘毓芸（2017）研究发现，经济增长目标变动一个百分点，实际经济增速也将变动一个百分点。本章统计发现，各省经济增长目标每年基本以低速增长，也就是说各地政府总体能保障经济每年向上增长，即经济增长目标很大程度决定了当年的经济表现，这也说明了地方政府的经济表现普遍出色，基本能如期且高效地达成预设目标。那么，这种经济增长目标管理方式对制造业生产率增长究竟产生了怎样的影响？

（一）经济增长目标压力对制造业全要素生产率增长的正向影响

衡量产业发展质量的因素是全要素生产率，而提高全要素生产率的关键是提高研发能力、优化资源配置和改善规模效应。我国市场化进程还处于初级发展阶段，政府调控和市场机制协作配合仍是当前推动经济建设的核心体制。经济增长目标压力驱动政府大搞生产以如期完成经济增长目标，进而间接作用于制造业部门，从而对制造业效率提升产生积极影响。Chang 和 Cheema（2002）也认为科技基础薄弱的发展中国家需要政府在技术创新中发挥作用。在此将通过以下三个方面的分析来说明适度的经济增长目标压力可提高制造业生产效率的内在机制。

一是改善基础设施条件。政府官员晋升动机越强，就越偏好提供更多公共基础设施，以实现更高的经济产出（王贤彬等，2014）。地方政府致力于辖区基础设施建设来达成经济增长目标的同时也能提升公共服务水平、构建良好的营商环境。基础设施的改善可以通过以下的积极外部效应来提高制造业全要素生产率：一方面，基础设施完善有助于减少企业物流成本，缩短企业间的地理距离，促进产业集聚，为技术交流和技术外溢提供便利；另一方面，公共服务水平的提升能吸引资本和劳动流入，减少要素自由流动摩擦，推动要素资源在空间聚集，实现要素配置合理。企业聚集竞争能推动本地形成规模经济效应，刘秉镰等（2010）就证实了基础设施存量增加促进我国经济全要素生产率的发展。

二是增大资本投资规模。以经济增长为标尺的地方政府有过度投资冲动，而财政分权又是地方政府扩张性和偏向性支出行为的体制基础（陈志勇、陈思霞，2014）。资本投资具有强劲的经济增长效应，因而能驱使地方政府在资金投资上进行规模竞争，以获得政治上和财政上的政绩收益。政府资金支持将通过以下机制促使制造业提高生产效率：一方面，融资约束是企业经营发展的重要瓶颈，资金短缺抑制企业扩大生产规模和拓宽市场容量，进而限制企业做出最优的资本配置决策。政府资金扶持能缓解企业资金压力，弥补投资缺口，促进企业拓展业务以争夺市场，进而形成规模经济效应（Benito and Hernando，2007）。另一方面，政府资助企业最大的动机是促进经济增长。因此，政府也会对发展前景良好且发展潜力大的企业给予补助。优势企业获得充足资金能使资源配置有效，并发挥最大效用，减少无效损失，进而提高企业全要素生产率。

三是提高研发投入水平。政府直接补贴的研发支出能促进经济增长，且有益于改善社会福利（胡志国等，2013）。经济增长与财政科研投入存在长期均衡关系，且政府研发支持对经济增长有积极影响（赵立雨、师萍，2010）。已有研究证得政府研发补贴与制造业生产率之间存在显著关系。一方面，创新活动具有公共物品属性，企业研发往往无法独享创新收益，进而抑制了企业自发创新意愿。政府资助能降低企业研发成果外部性溢出风险，降低创新不确定性，提高创新收益，激发企业创新热情。另一方面，政府补助作为一种经济信号，具有政策导向功能。政府扶持行为传递了企业创新水平高、经营绩效好和发展潜能大的投资信息，进而吸引外部资金流入，扩大了企业的研发资本，保障了研发活动的顺利进行（Kleer，2010）。

综上，适度的经济增长目标压力驱使政府改善基础设施条件、增大资本投资规模、提高研发投入水平，也可能间接推动提升制造业全要素生产率。

（二）经济增长目标压力对制造业全要素生产率增长的负向影响

为政治晋升而开展的 GDP 竞赛虽驱使地方政府为所辖地区的经济表现而努力，但稀缺的晋升机会相伴而来的经济增长目标压力容易导致官员行为异化，刺激官员采取低效或无效方式干预经济来快速完成经济增长目标。尽管短期内经济表现出彩，但"揠苗助长"换来的经济成果却不易长久，甚至带来负面影响。付强和乔岳（2011）研究指出，在现行政府竞争格局作用下，我国经济增长模式难以持续，因为政府竞争造成的市场分割阻碍了全要素生产率的进步，进而抑制了当期的经济增长。高琳和高伟华（2018）也认为分权体制下的地方竞争带来的经济增长效应会经历先强后弱直至消失的过程。因此，地方政府过度竞争不仅制约了经济持续增长，而且会妨碍全要素生产率进一步提升。因而地方政府间的晋升竞争在推动经济增长过程中可能通过以下机制降低制造业全要素生产率。

在高强度经济增长目标压力作用下，催生了地方官员强烈的投资冲动。政府投资资源可能不是为弥补市场缺陷而流入关键领域，而是为满足政绩意图而流向税收明星企业或者高投入高产出行业。为保障财政收入和产量规模，政府不仅重复建设大量同质产业（周黎安，2004），甚至扶持落后产能，导致产能过剩现象普遍且持久（王文甫等，2014）。政府干预资本要素配置方向妨碍了资本自由流动，使得资本在不同产业间误置严重。资源误置会阻碍资本从生产效率低企业向生产效率高企业自发转移，致使一些低效企业在政府扶持下继续存活。低效企业挤占市场容量，压缩高效企业的利润空间，高效企业甚至被迫退出市场。政府干预资本配置，也会扰乱资本市场的融资价格，加重高效企业的融资约束，进而制约高效企业进行战略性规模扩张。因此，政府盲目扩大投资、保护落后产能引致资源错配可能会抑制全要素生产率水平的提升。

地方政府在零和晋升博弈中也倾向于采取以邻为壑的恶性竞争策略。为了巩固自身利益且压制竞争对手，地方保护成为地方政府常用的竞争手段。要素流动、企业投资等正常市场行为可能被政府强制管制，如重点企业被限制在外设址扩张，核心产业被着重关注保护。因而地方保护主义严重妨碍我国市场整合，造成市场分割（白重恩等，2004），进而降低市场化程度，导致全要素生产率增长缓慢。余东华（2008）研究证实了产业受保护程度与产业效率之间的负相关关系。这是因为市场分割严重限制商品和要素资源正常流动，增加要素供求摩擦，提高要素成本价格，容易造成资源在全局错配，从而降低了生产效率。地方政府设置贸易壁垒、增加地区间贸易成本的同时，还会促使产业结构走向趋同，不利于产业结构差异化发展。产业同构阻碍产业结构优化升级，可能负向作用于产业效率。

财政分权刺激地方政府采取扩张性财政政策，且显著影响政府的财政支出偏好（丁菊红、邓可斌，2008），致使财政支出大量集中于生产性领域。基础设施建设吸收大额财政资金，会削减政府对科教文卫的支持力度。大规模基建支出虽在短期内能推动经济快速增长，却可能通过挤出效应抑制研发水平的提升和教育事业的发展，进而制约技术进步。此外，"重投资，轻民生"的公共支出结构也容易导致政府大搞政绩工程。财政资金聚集于投资驱动的生产建设，容易使得资源运用低效甚至浪费，造成财政支出无效率。财政补贴也大多流向国有企业，一方面，营业利润和技术创新不是国有企业紧要目标，国有企业在技术改进和研发创新方面动力不足；另一方面，部分国有企业不具备市场竞争力，只靠政府扶持维持日常经营，导致"僵尸企业"持续存在，拖累市场良性运转。大量财政资源沉淀于国有企业，将削弱产业技术更新换代速度，拖低我国经济整体效率。

增加研发投入可以提高全要素生产率已得到广泛证实（Bloch，2013），而政府研发资助对全要素生产率的影响尤其重要。政府能降低企业研发成本、减轻负外部效应、缓解融资约束，进而激发企业的创新积极性。但在高强度经济增长目标压力影响下，地方政府积极的补贴效应可能会削减甚至消失。一方面，地方政府可能通过研发补贴名义来指示企业扩大产出规模，以达到短期推动 GDP 快速增长的目的。政企合作能提供给企业许多政策优惠和隐形担保，一般情况下，企业愿意配合支持政府的指令。政企合谋大搞生产，而不是专注于长期技术积累，致使政府补贴在改进企业生产效率方面效果不显著，甚至阻碍全要素生产率的增长。庞瑞芝等（2014）研究发现，尽管政企关联在获取政府资助方面具有优势，但这种优势未能有效转化为创新强势，政企关联降低了创新绩效表现。另一方面，政府挑选研发补贴对象也可能具有主观性和随意性，特别在有限任期内，着重提升经济速度更加紧急必要，而非提高经济发展质量。因而，政府官员可能选择跳过严格科学的审查评估环节，或凭借固有印象和惯性经验，或依据企业提供的表面化信息，直接把补贴资金流入政治关联企业或者游说能力强的企业，而不是真正有研发需求的企业。政府补贴过程的信息不对称也会抑制补贴效率。因为企业在申请补贴过程中一般会隐藏有效信息，并提供加工后的虚假信息，导致补贴资金错配（李政等，2018）。此外，企业也偏好为争取补贴而寻租，但关系维护会增加非生产性负担，不利于资金有效利用。因此，高强度经济增长目标压力可能驱使政府忽视或者懈怠于市场甄别机制的构建和维护，进而削弱研发补贴效应。

综合上述分析，适度的经济增长目标压力能驱动政府修正市场失灵、改善营商环境、完善基础设施以保障经济建设顺利开展，进而可能有益于制造业生产率改进提升。但当经济增长目标设定不是根据本地实际情况而做的合理规划，而是为迎合上级而做的层层加码调整，或是为在晋升竞争中表现出彩而做的"高调"选择，必会使得经济增长目标的设定偏离本地经济自发增长的合理区域。为完成"细致"敲定下的经济增长目标，地方政府很可能采用各种手段来刺激经济增长。经济增长目标设置越高，则地方政府面临的政绩压力越大，也就越可能偏好政绩工程或政治明星产业。制造业不仅是本地的经济命脉，也是经济提速、税基扩大的核心行业，同时也是政府集中干涉且全面控制的领域。适度的经济增长目标压力能够鼓励政府合理发展制造业，而过度的经济增长目标压力将会带来投资过度、产能过剩、市场分割等无效率问题，进而扭曲资源配置效率、挤出研发投入、抑制有效竞争，最终可能阻碍全要素生产率增长。余泳泽和潘妍（2019）发现，以"层层加码"和"硬约束"方式制定的经济增长目标通过影响要素资源在服务业内部的配置来抑制服务业转型升级。徐现祥等（2018）也发现，经济增长目标提高1个百分点，发展质量将下降约1个百分点。因此，经济增长目标压力虽然能驱动政府创造"增长奇迹"，但也可能留下效率不足、质量低下的发展困局。

因此，经济增长目标压力与制造业全要素生产率之间可能并不是单纯的"非负即正"关系，而是存在非线性作用关系。当经济增长目标压力较小时，地方政府通过改善基础设施条件、增大资本投资规模、提高研发投入水平来改善生产环境、缓解资金约束、弥补市场失灵，进而提高制造业全要素生产率；而当经济增长目标压力较大时，地方政府很可能会采取激进的经济发展策略。大规模投资、地方保护主义、生产性支出偏好、研发补贴扭曲可能是地方政府主导的经济增长模式下相伴而来的负面现象，容易造成要素资源配置无效、研发创新能力不足等问题，进而可能抑制制造业全要素生产率提高。因此，本章提出理论假说：经济增长目标压力与制造业全要素生产率之间存在"倒 U 型"非线性关系。

三、制造业全要素生产率测算

目前测算制造业全要素生产率（TFP）的方法主要是参数法和非参数法两大类。非参数法以数据包络分析法（DEA）为代表，参数法以随机前沿生产函数法（SFA）为主。DEA 没有严格的假设条件，且不需要设定具体的生产函数形式，直接采用线性规划技术求解，同时在测算多投入多产出效率方面具有优势。但 DEA 对数据准确性要求很高，容易受到异常值干扰。此外，DEA 设定了确定前沿边界，因而忽略了测量误差和其他统计噪声。SFA 有较为坚实的经济理论基础，且 SFA 克服了 DEA 确定性前沿面的缺点，考虑了测量误差和统计误差等随机因素的影响。由于本章各省（区、市）制造业数据是根据不同省份不同行业的细分数据统计汇总得出，且在样本期间有小部分数据缺失，使得统计数据与实际情况存在偏差，因而对数据准确度较为敏感的 DEA 不太适合本章对制造业 TFP 的测算。由于 SFA 选择不同生产函数形式有不同的测算结果，为避免因生产函数形式设定错误导致测算结果失信等问题，本章同时采用柯布—道格拉斯生产函数和超越对数函数作为测算基础来计算各省份制造业的全要素生产率。

本章参考杨青青等（2009）的研究思路，构建如下以柯布—道格拉斯生产函数作为生产函数形式的 SFA 模型：

$$\ln Y_{it} = \alpha_0 + \alpha_1 t + \alpha_2 \ln K_{it} + \alpha_3 \ln L_{it} + \nu_{it} - \mu_{it} \tag{6-1}$$

其中，全要素生产率分解成技术效率和前沿技术进步：

$$TE_{it} = \exp(-\mu_{it}) \tag{6-2}$$

$$TFP_{it} = TE_{it}\exp(\alpha_0 + \alpha_1 t) \tag{6-3}$$

本章参考王志刚等（2006）的研究方法，对超越对数函数形式的 SFA 模型设定如下：

$$\ln Y_{it} = \beta_0 + \beta_1 t + 0.5\beta_2 t^2 + \beta_3 \ln K_{it} + \beta_4 \ln L_{it} + 0.5\beta_5 \ln K_{it}\ln K_{it} +$$
$$0.5\beta_6 \ln L_{it}\ln L_{it} + 0.5\beta_7 \ln K_{it}\ln L_{it} + \beta_8 t\ln K_{it} + \beta_9 t\ln L_{it} + \nu_{it} - \mu_{it} \tag{6-4}$$

制造业全要素生产率增长率分解公式设为：

$$TFP_{it} = TE_{it} + TP_{it} + (E - 1) \sum_{j} \frac{E_j}{E} \dot{x}_j (j = L, K) \tag{6-5}$$

其中，TE 为生产效率，TP 为技术进步率，$\dot{x}_j$ 为第 j 种投入要素的增长率。E_j 是资本和劳动的产出弹性，$E = \sum_{j=1}^{2} E_j$ 表示规模弹性。劳动和资本的产出弹性分别由（6-4）式中的总产出 $\ln Y$ 对劳动 $\ln L$ 求导、总产出 $\ln Y$ 对资本 $\ln K$ 求导得到，规模弹性是劳动产出弹性和资本产出弹性相加之和，其计算公式如下：

$$E_L = \frac{\partial \ln Y}{\partial \ln L} = \beta_L + \beta_{LL} \ln L + \beta_{Lt} t + \beta_{LK} \ln K \tag{6-6}$$

$$E_K = \frac{\partial \ln Y}{\partial \ln K} = \beta_K + \beta_{KK} \ln K + \beta_{Kt} t + \beta_{KL} \ln L \tag{6-7}$$

$$E = E_L + E_K \tag{6-8}$$

其中，式（6-6）中的 β_L、β_{LL}、β_{Lt}、β_{LK} 对应式（6-4）中的 β_4、β_6、β_9、β_7，式（6-7）中的 β_K、β_{KK}、β_{Kt}、β_{KL} 对应式（6-4）中的 β_3、β_5、β_8、β_7。

按照王志刚等（2006）的研究方法，将技术进步率 TP 定义为式（6-4）的总产值 $\ln Y$ 对时间 t 的求导，如下式所示：

$$TP_{it} = \frac{\partial \ln Y}{\partial t} = \beta_t + \beta_{tt} t + \beta_{tL} \ln L + \beta_{tK} \ln K \tag{6-9}$$

其中，式（6-9）中的 β_t、β_{tt}、β_{tL}、β_{tK} 对应式（6-4）中 β_1、β_2、β_9 和 β_8。

$\nu_{it} - \mu_{it}$ 是模型的随机扰动项，ν_{it} 是不可控因素造成的随机误差，且服从标准正态分布。$\mu_{it} = \mu_i \exp [\eta(t - T)]$ 是无效项，服从非负断尾正态分布。判断随机前沿生产函数和技术无效函数设定是否合理的指标为 γ：

$$\gamma = \frac{\sigma_\mu^2}{\sigma_\mu^2 + \sigma_\nu^2} \tag{6-10}$$

γ 越接近 1，表明前沿生产函数扰动项中的随机误差比例越小，技术无效项占比越高，越说明实际产出偏离前沿水平基本由生产的无效率引起。

Y 是各省制造业工业总产值，并用工业生产者出厂价格指数进行平减得到实际总产值；K 是资本存量，本章参考杨青青等（2009）学者做法，利用永续盘存法进行估算，其中资本折旧率取值为 6%（顾乃华、李江帆，2006）。L 是劳动力，用制造业从业人员年均人数表示。i 表示省份，t 表示年份。本章运用 Frontier 4.1 软件对模型（6-1）和模型（6-4）进行估计，结果显示模型（6-1）和模型（6-4）的 γ 值分别为 0.99 和 0.97，且在1%水平通过显著性检验，此外，单侧似然比（LR）检验均拒绝不存在技术无效项假设，表明两种函数形式设定的SFA模型合理有效。

四、实证策略

（一）模型设定

根据前面假说，本章设定包含了经济增长目标压力平方项的面板数据模型，以验证经济增长目标压力与制造业全要素生产率之间是否存在非线性关系，模型设定如下：

$$MTFP_{it} = \gamma_0 + \gamma_1 Gpressure_{it} + \gamma_2 Gpressures_{it} + \Gamma Control_{it} + \mu_i + \nu_t + \varepsilon_{it}$$

$$(6-11)$$

其中，i表示省份，t表示年份。$MTFP$是上部分内容测算得出的各省制造业全要素生产率，$Gpressure$是经济增长目标压力，用当年经济增长目标值 – 过去5年实际经济增长速度均值来衡量，经济增长目标值取自《政府工作报告》。$Gpressures$是经济增长目标压力$Gpressure$的平方项。过去5年实际经济增长速度均值能较好地反映该地区实际经济增长趋势和经济发展总体状况。该均值不仅刻画了各省过去较好的经济增长潜力，也能预示未来短期内的经济表现，也就是说近期内各地区的经济增速大体围绕该均值上下波动，正常情况下不会有明显的偏离。若当年的经济增长目标设定显著正向偏离过去5年整体增长趋势，则说明政府在当期采取激进的经济发展行动。经济增长目标相对过去经济增长趋势设置得越高，则政府在这一年完成增长目标的压力就越大，因此本章用两者差值度量经济增长目标压力。μ和ν分别表示不可观测的省份固定效应和年份固定效应，ε是随机误差项。$Control$是其他影响制造业全要素生产率的一组变量。

（二）控制变量设定

为了缓解因遗漏相关变量而引起的内生性问题，并借鉴已有文献的研究成果，本章选择如下变量作为控制变量：①外商直接投资（FDI），采用外商直接投资与制造业总产值的比值衡量。FDI能通过技术外溢、产业关联等方式影响地区制造业全要素生产率。②政府规模（Gov_size），用政府消费支出占总消费的比例表示。政府规模越大，其对地区经济管控力度就越强。③经济发展水平（Lnpergdp），用各省人均GDP（对数形式）度量。经济发达程度一般对产业效率提高有积极影响。④资本密度（Cap_den），采用制造业资本存量除以制造业就业人数并取对数表示。资本密集程度合理有利于形成规模经济，但资本过度集中，将抑制资本配置效率。⑤工业化程度（Industrialize），用第二产业增加值占 GDP 比重度量。工业化水平提高有益于产业集聚。⑥经济开放程度（Open），用进出口总额与制造业总产值的比值表示。经济对外开放在引进新技术的同时也增加本地产业的竞争强度。⑦市场化水平（Market），用（工业总产值－国有工业总产值）/工业总产值衡量。市场化水平高有助于实现资源合理配置。⑧行业规模（Scale），用制造业总产值与企业个数的比值衡量。行业规模越大越有利于形成规模经济。⑨研发强度（R&D）等于大中型工业研发支出除以制造业主营业务收入。研发投入直接作用于技术改造开发。⑩人力资本（Education）用平均受教育年限表示，将文盲、小学、初中、高中、大专、本科和研究生的受教育年限分别设定为 0 年、6 年、9 年、12 年、15 年、16 年和 19 年。人力资本协作配合能提高管理水平和创新效率。

（三）数据来源及说明

考虑到数据缺失和可得性问题，本章计量分析样本只包含除西藏和港澳台之外 30 个省（区、市）的 1997—2016 年间的制造业数据。为保证行业数据口径一致，本章将橡胶制造业和塑料制造业合并为橡胶和塑料制造业；又因数据不完整问题，本章剔除废弃资源综合利用业、金属制品机械和设备修理业及其他制造业，并将剩余的 27 个两位数制造业统计加总成地区层面制造业数据。由于一些省份在一些年份只公布"工业总产值"或"工业销售产值"中的一种数据，且这两个指标的数值相差很小，因此，本章将"工业销售产值"直接当作"工业总产值"来统计。"固定资产总值"和"固定资产原价"做一样的处理。相对于产值、资本等数据，就业人口数据缺失相对较多，为保障数据统一，本章只保留产值、资本、就业人口都不缺失的数据（占全部样本的99%）作为计算基础。研究数据来自历年《中国工业经济统计年鉴》《中国经济普查年鉴》《中国统计年鉴》《中国科技统计年鉴》以及各省统计年鉴和国家统计局。

五、实证分析

（一）基准回归结果分析

本章采用固定效应模型对分省份制造业 1997—2016 年的面板数据进行回

归。回归结果如表6-1所示，不论模型中是否加入控制变量，经济增长目标压力的平方项均为负，且至少在10%水平上显著。结果说明经济增长目标压力与制造业全要素生产率之间呈现出"倒U型"关系，也就是说，当经济增长目标压力较低时，政府经济增长目标压力效应有利于本地区制造业生产效率的改进提升，而当经济增长目标压力程度超过某个临界值之后，其对制造业生产效率的作用效应转为消极，验证了前面的理论假说。将以柯布—道格拉斯为生产函数形式的SFA方法测算出的TFP作为被解释变量时，这个转折点出现在经济增长目标压力值为−1.77处，说明经济增长目标从低于经济增长趋势1.77%处就开始对制造业全要素生产率产生由积极促进转向抑制阻碍的影响效应，这可能是因为各省经济长期保持高速增长，进而促使该地区的整体经济增长趋势展现出偏高水平，经济增长目标可能是地方政府当年经济绩效的最低要求，或者说，经济增长目标是地方政府发展经济的最低参考标准，超过经济目标设定值是政府的普遍追求。本章统计也发现，各省当年的实际经济增速基本超过预设的经济增长目标，占全部样本的80%以上。当用基于超越对数函数形式的SFA方法测算得出的TFP作为被解释变量时，经济增长目标压力的平方项显著为负，再一次证实了经济增长目标压力与制造业全要素生产率之间存在"倒U型"关系。

实证结果也反映了以下重要事实：地方政府为达到晋升目的而过度干预经济将会导致负面后果。税源充足且产量庞大的制造业天然地成为地方政府管控的首选对象，政府管制虽有助于制造业短期内快速成长，却未能促使制造业形成长期自发增长的内生动力，因为政府经济增长目标压力效应增大会抑制制造业全要素生产率改进。控制变量中的研发投入强度和人力资本水平与预期相符，正向作用于制造业全要素生产率。资本密集程度与制造业全要素生产率呈负相关关系，说明我国制造部门的资本投入过度，且资本利用效率水平偏低。

表6-1　经济增长目标压力与制造业全要素生产率的基准回归结果

	(1)	(2)	(3)	(4)
	柯布—道格拉斯 TFP	柯布—道格拉斯 TFP	超越对数 TFP	超越对数 TFP
Gpressure	0.207 (0.706)	−0.440 (0.144)	0.001 (0.789)	−0.005* (0.079)
Gpressures	−0.106* (0.051)	−0.124*** (0.001)	−0.001* (0.059)	−0.001** (0.012)

（续上表）

	（1） 柯布—道格拉斯 TFP	（2） 柯布—道格拉斯 TFP	（3） 超越对数 TFP	（4） 超越对数 TFP
FDI		0.468** (0.037)		0.001 (0.601)
Cap_den		-6.910*** (0.002)		-0.010 (0.433)
Industrialize		7.838 (0.658)		-0.051 (0.586)
R&D		0.020* (0.078)		0.000*** (0.006)
Market		-15.883** (0.023)		-0.122*** (0.008)
Lnpergdp		-0.716 (0.895)		-0.036 (0.248)
Education		0.040 (0.980)		0.010 (0.196)
Scale		3.702*** (0.006)		0.004 (0.546)
cons	8.770*** (0.000)	24.729 (0.552)	0.910*** (0.000)	1.218*** (0.000)
省份固定效应	控制	控制	控制	控制
年份固定效应	控制	控制	控制	控制
N	600	600	600	600
R^2	0.873	0.932	0.780	0.791

注：括号内为回归系数的 p 值；*、**、***分别表示在10%、5%、1%的水平上显著；N 为样本量，R^2 为拟合优度。

（二）稳健性检验回归结果分析

为保障实证结果稳健可靠，本章进行如下稳健性检验：

一是更换被解释变量测度方法。参考已有文献，有较多学者用劳动生产率和基于 DEA – Malmquist 法测算出的 TFP 作为度量制造业全要素生产率的指标。因此，本章也尝试使用这两种方法做进一步分析，以检验实证结果是否可靠。其中，劳动生产率等于制造业总产值与劳动人数的比值。由于 DEA – Malmquist 法具有数据敏感特性，为了避免数据缺失较多而影响测算结果的准确度，本章剔除纺织服装、家具制造、木材加工、皮革制鞋、文教工美、橡胶塑料和印刷复印这 7 类行业数据，并将剩下的 20 个行业加总成地区层面制造业数据，再运用 DEA – Malmquist 法进行测算。表 6 – 2 第（1）、第（2）列结果显示，不管用哪种度量方法，经济增长目标压力与制造业全要素生产率均呈 "倒 U 型" 关系。二是更换测算 TFP 的资本投入指标。永续盘存法估算资本存量需要假设折旧率，主观性比较强，折旧率不同也使得测算出的全要素生产率有所差异。为保障实证结果稳健可靠，本章采用其他学者比较普遍的做法，用固定资产净值作为资本存量的替代变量，然后运用 SFA 法做再一次测算。根据计算出的结果进行回归检验，结果如第（3）、第（4）列所示。以柯布—道格拉斯为函数形式的 SFA 方法的实证结果支持本章假说，而以超越对数作为生产函数形式的 SFA 方法的实证结果与预期不符。三是更换核心解释变量度量方法。为检验经济增长趋势设定的稳健性，本章拟将过去 5 年的实际经济增速均值替换为过去 4 年的实际经济增速均值，用来表示经济增长趋势，以缓解因年份期间选择过长而导致趋势波动较大的问题。因此，本章将 i 省在 t 期的经济增长目标压力变量（$Gpressure2$）设定为（i 省 t 期的经济增长目标 – i 省过去 4 年的实际经济增长速度均值）。第（5）、第（6）列是更换经济增长目标压力变量设定方式后的回归结果，可以看出，经济增长目标压力平方项仍然显著为负，再一次证实了本章的基准回归结果具有较强的稳健性。

表 6 – 2　稳健性检验的回归结果

	（1）劳动生产率	（2）DEA TFP	（3）柯布—道格拉斯 TFP 新	（4）超越对数 TFP 新	（5）柯布—道格拉斯 TFP	（6）超越对数 TFP
$Gpressure$	−1.510**	−0.002	−0.052	−0.000		
	(0.021)	(0.551)	(0.128)	(0.916)		
$Gpressures$	−0.227***	−0.001	−0.011**	0.000		
	(0.001)	(0.253)	(0.021)	(0.855)		
$Gpressure2$					−0.428	−0.004
					(0.163)	(0.153)

（续上表）

	（1）劳动生产率	（2）DEA TFP	（3）柯布—道格拉斯 TFP 新	（4）超越对数 TFP 新	（5）柯布—道格拉斯 TFP	（6）超越对数 TFP
Gpressures2					-0.118^{***}	-0.001^{*}
					（0.002）	（0.077）
控制变量	有	有	有	有	有	有
省份固定效应	控制	控制	控制	控制	控制	控制
年份固定效应	控制	控制	控制	控制	控制	控制
N	600	570	600	600	600	600
R^2	0.949	0.359	0.951	0.662	0.931	0.790

注：括号内为回归系数的 p 值；*、＊＊、＊＊＊分别表示在10%、5%、1%的水平上显著；N 为样本量，R^2 为拟合优度。

六、机制分析

新经济增长理论认为技术进步和创新是经济发展的推动力，而自主研发是实现技术进步的源泉。自主研发活动能够创造新工艺、开发新技术，且在知识不断积累的基础上推动新一轮技术创造，形成正向反馈的循环加强型研发系统。人力资本储备决定了一国或地区的产业效率水平，是现代经济增长（Lucas，1998）和技术创新升级的动力之源。人力资本在研发过程中不仅创造积累了新知识，而且通过技术模仿、吸收改造方式促进了产业效率提升。充足的资本投入是企业效率改进的物质基础，资本效应带来的先进设备、高新技术、尖端人才是企业开展研发活动的前提保障。根据前面实证分析已知，研发强度和人力资本提高了各省制造业效率水平，而资本密集程度却降低了制造业生产率。那么经济增长目标压力与研发投入、人力资本投入、资本投入作用关系又如何？

本章实证发现，高强度经济增长目标压力负作用于制造业生产效率。出于晋升目的，地方政府是否通过影响制造部门的研发投入进而制约了效率增长；是否指导企业过度投资于规模扩张的生产活动，而忽视自主研发活动，导致生产资源挤占研发支出；是否偏好生产性财政支出而压缩科教文卫投入，致使人力资本积累进程缓慢。基于上述的机理分析，本章尝试做进一步验证，并选取研发投入、政府科教支出、资本投资规模作为机制变量，通过探究这些变量与政府经济增长目标压力的作用关系，进而检验地方政府是否通过该渠道抑制了制造业生产效率提升。其中，研发投入包括研发支出和研发人员，研发人员用大中型工业企业技术开发人员衡量，研发支出用大中型工业企业研发经费内部支出表示。政府科教支出用地方政府一般预算公共支出中的教育支出和科学技术支出来度量。制造业资本投资规模选取两个指标：一是制造业新增固定资产投资与企业数量的比值；二是制造业新增固定资产投资与劳动人数的比值。为更进一步检验经济增长目标压力效应是否影响制造部门偏好固定资产投入而相对减少研发投入、是否影响政府部门偏好财政生产性支出而相对缩减科教支出，本章采用研发支出与制造业新增固定资产投资的比值、科教支出与财政总支出的比值来度量经济增长目标压力效应影响制造部门的程度和政府部门对研发相关投资相对非研发相关投资的偏好程度。

本章借鉴范子英等（2016）的研究思路，在基准回归证实了经济增长目标压力与制造业全要素生产率存在相关关系的基础上，进一步证明经济增长目标压力是否影响研发投入、政府科教支出和资本投资规模。若实证结果符合预期设想，则说明地方政府确实是通过这些中间渠道作用于制造业全要素生产率。回归结果如表6-3所示，经济增长目标压力由弱变强对研发活动和科教支出产生"先积极后消极"的影响，符合"倒U型"关系。在拐点之前，经济增长目标压力激励增加了与研发相关的投入水平，而在拐点之后，该正向促进效应逐渐减弱甚至转向制约研发活动的开展。经济增长目标压力与投资规模呈"正U型"关系，经济增长目标压力强度过高会刺激政府引导企业扩大投资量，以快速提高整体经济增速。因而，高强度经济增长目标压力削减了研发投入，减少了科教支出，反而促进增加了制造业固定资本投资规模。第（7）、第（8）列结果显示，经济增长目标压力变量与研发投资比呈负向作用关系，即经济增长目标压力效应驱使制造部门偏好固定资产投资而相对削减研发投入；经济增长目标压力效应激励政府降低科教支出占比，说明经济增长目标压力效应确实加深了财政支出结构的不合理程度，使得生产性支出显著挤压科教支出。上述研究结果表明，地方政府在经济增长目标压力影响下，干涉制造部门的投资生产活动容易降低资源配置效率，挤占研发投入容易抑制研发积极性，缩减科教支出容易阻碍人才资源积累，致使生产资源运用低效、技术创新能力培养不足、人力资本无法充分匹配市场需要，进而抑制制造业生产效率的改进提升。

表6-3 中间机制检验的回归结果

	(1) 研发支出	(2) 研发人员	(3) 科技支出	(4) 教育支出	(5) 投资规模1	(6) 投资规模2	(7) 研发投资比	(8) 科教支出比
Gpressure	-1.486	-2.8e+03	1.009	14.567	0.007	-0.064	-0.102	-0.002*
	(0.889)	(0.423)	(0.752)	(0.247)	(0.270)	(0.796)	(0.308)	(0.059)
Gpressures	-3.829**	-1.6e+03***	-0.671*	-1.945	0.002***	0.054**	-0.004	-0.000*
	(0.034)	(0.007)	(0.085)	(0.218)	(0.008)	(0.047)	(0.697)	(0.079)
控制变量	有	有	有	有	有	有	有	有
省份固定效应	控制	控制	控制	控制	控制	控制	控制	控制
年份固定效应	控制	控制	控制	控制	控制	控制	控制	控制
N	600	600	600	600	600	600	599	600
R^2	0.521	0.451	0.576	0.817	0.813	0.821	0.243	0.682

注：括号内为回归系数的 p 值；*、**、***分别表示在10%、5%、1%的水平上显著；N 为样本量，R^2 为拟合优度。

七、异质性分析

为探究经济增长目标压力与制造业全要素生产率的逻辑关系是否存在行业异质性，本章根据技术含量水平高低将制造业划分为高端制造业、中端制造业和低端制造业；按照要素投入密集程度将制造业划分为劳动密集型、资本密集型和技术密集型三个类别；依据提供生产资料的消费性和生产性区别划分制造业为制造轻工业和制造重工业两类。[①]

本章分别对这三大类型制造业进行实证分析，回归结果如表6-4所示。从结果中可知，经济增长目标压力平方项系数基本显著为负，即不管按照何种方式划分制造业，经济增长目标压力与制造业全要素生产率之间均存在"倒U型"关系。其中，对于制造轻工业，其经济增长目标压力平方项的显著性和系数值都低于制造重工业，说明经济增长目标压力对轻、

---

① 低端制造业、中端制造业、高端制造业参考李贤珠（2010）分类方法；劳动密集型制造业、资本密集型制造业和技术密集型制造业参考张其仔和李蕾（2017）分类方法；制造轻工业、制造重工业参考韩国高等（2011）分类方法。

重制造业全要素生产率的影响程度存在差异。相较而言,经济增长目标压力效应对制造重工业生产效率的影响力度更大,因为经济增长目标压力对制造重工业作用效应发生变化的转折点在 -0.4 处,而制造轻工业拐点值为 0.65。也就是说,制造重工业对经济增长目标压力作用效应更为敏感,政府经济增长目标压力程度较低时可能会降低制造重工业效率水平,但会促进提高制造轻工业生产效率。经济增长目标压力效应对劳动密集型、资本密集型和技术密集型细分制造业的作用效果同样存在差异性,从系数大小和显著性水平可以看出,技术密集型制造业受经济增长目标压力效应的影响最大,但经济增长目标压力对劳动密集型、资本密集型和技术密集型制造业全要素生产率促进效用最高点分别是 -0.27、-1.98、-0.88,即经济增长目标压力稍微增长可能抑制资本密集型制造业的效率增长,却对劳动密集型和技术密集型制造业的效率改进有积极影响。经济增长目标压力对高中低端制造业的作用效果类似于劳动、资本和技术密集型制造业。经济增长目标压力对高端制造业、中端制造业和低端制造业的转变作用效果的临界值分别为 0.55、-4.92、-0.48,其中高端制造业系数最显著,中端制造业的拐点值最小,低端制造业对经济增长目标压力效应的反应最不敏感。

表 6 – 4 分行业异质性分析的回归结果

	(1)	(2)	(3)	(4)	(5)	(6)	(7)	(8)
	轻工业 TFP	重工业 TFP	劳动密集型 TFP	资本密集型 TFP	技术密集型 TFP	低端制造业 TFP	中端制造业 TFP	高端制造业 TFP
$Gpressure$	0.427	-0.672	-0.132	-0.862	-1.581	0.340	-0.876	-0.813
	(0.691)	(0.758)	(0.856)	(0.356)	(0.499)	(0.741)	(0.121)	(0.697)
$Gpressures$	-0.329^{**}	-0.831^{***}	-0.246^{***}	-0.218^{*}	-0.900^{***}	-0.308^{**}	-0.089	-0.842^{***}
	(0.016)	(0.007)	(0.005)	(0.098)	(0.007)	(0.017)	(0.277)	(0.006)
控制变量	有	有	有	有	有	有	有	有
省份固定效应	控制	控制	控制	控制	控制	控制	控制	控制
年份固定效应	控制	控制	控制	控制	控制	控制	控制	控制
N	600	600	600	600	600	600	600	600
R^2	0.858	0.849	0.877	0.848	0.848	0.862	0.820	0.820

注: 括号内为回归系数的 p 值; $*$、$**$、$***$ 分别表示在 10%、5%、1% 的水平上显著; N 为样本量, R^2 为拟合优度。

制造轻工业、劳动密集型制造业和低端制造业一般经营生活资料或消费产品等轻资产低技术型业务，其产出水平和投资规模相对较小，因而受政府管制力度和影响程度较弱，除非地方政府面临较大的经济增长目标压力，政府一般情况更多进行政策扶持和资金补贴。资本密集型制造业、中端制造业和制造重工业一般是各地区核心支柱产业和重点发展对象，具有高投入高产出特点。该类型产业的资源规模庞大且集聚程度高，因而即使政府在该领域有稍许干预，都可能迅速作用于市场并发挥相应效果。该类产业对政府作用效应传导放大效果明显，虽能满足地方政府快速提高经济速度的目的，但也会很快带来相应的负面影响，进而抑制产业效率提高。技术密集型制造业和高端制造业决定国家生产力水平和竞争实力，是国家经济持续长期发展的动力源泉，因而颇受地方政府青睐。政府对该类产业总体以补贴扶持为主，但该类产业同时具备资本和技术密集特性，当政府面临较大经济增长目标压力时，也不能避免政府干预下的低效率规模扩张。

八、结论性评述

针对我国制造业大而不强且其全要素生产率不高的状况（黄群慧，2014；杨汝岱，2015），探寻抑制我国制造业效率水平提升的深层次因素对助推我国经济高质量发展至关重要。地方政府在经济领域中发挥了不容忽视的作用，尤其对地方制造业的成长壮大影响深远。本章专门从政府经济增长目标规划的角度，考察经济增长目标规划所形成的压力对制造业全要素生产率的影响效应，以期更好地理解经济增长目标管理的资源配置效应。

本章利用各省份1997—2016年制造业面板数据实证检验地方政府经济增长目标压力与制造业全要素生产率的作用关系。实证结果表明：经济增长目标压力与制造业全要素生产率之间存在"倒U型"关系，即经济增长目标压力效应对制造业效率提升的积极影响有限定的作用范围，当经济增长目标压力程度超过最高临界点，其对制造业生产效率的作用效应转为消极，且经济增长目标压力效应越增大对抑制制造业效率提升的效果越显著。本章还发现，高强度经济增长目标压力驱使地方政府通过减少研发投入、缩减科教支出、增加投资规模中间渠道作用于制造业全要素生产率。因为固定资产投资规模挤出了研发投资规模，生产性财政支出挤占了科教支出，致使制造部门开展研发活动受限、市场环境积累人力资本受阻。本章通过分行业异质性分析可知，不管制造业被划分为何种类型细分行业，经济增长目标压力与制造业全要素生产率的作用关系都没有发生改变，且经济增长目标压力效应对技术密集型或高端制造业影响显著，但资本密集型制造业、中端制造业和制造重工业对经济增长目标压力的作用效应最为敏感。

　　本章再次说明，中国政府所主导的经济增长目标规划和管理，具有广泛的资源配置影响效应。此处，经济增长目标意味着相应层级政府的不可忽视的经济增长目标压力，这种实现经济增长目标的压力会改变政府的政策和行为，对制造业及企业主体产生多方面的影响，最终影响制造业的全要素生产率。科学的经济增长目标设置能够有效动员辖区各部门和经济主体的经济发展积极性，推动各个产业全要素生产率提升，但是脱离实际的过高经济增长目标设置会扭曲辖区政府乃至微观经济主体的决策行为，从而不利于整个产业全要素生产率提升。从这个角度来说，科学实施经济增长目标规划和管理，是引领辖区制造业全要素生产率提升的重要路径。

第七章 经济增长目标与企业风险承担

一、引言

企业风险承担（Corporate risk-taking）反映了企业追逐高额利润并愿意为之承担风险的倾向。从微观角度来说，承担一定的风险是企业在决策时为了追求利润必然产生的结果，以风险承担来获利是企业经营的基本逻辑。因此，风险承担是提升企业价值、推动企业可持续发展的关键因素（Boubakri et al.，2013）。从宏观层面来看，经济增长的根本在于实体产业，因此企业有较高的风险承担水平有助于加快整个社会的资本积累、促进技术进步，并将社会生产率维持在较高的水平（De Long and Summers，1991；Litov et al.，2008）。当前，我国经济从高速增长转向高质量发展阶段，亟须以企业为关键主体提升经济发展内生动能。因此，研究企业风险承担水平问题具有重要的理论意义和现实价值。

现有文献大多从企业维度理解企业风险承担，例如，关注企业的所有权属性、管理层特征等方面（Anderson et al.，2002；Litov et al.，2008；Chintrakarn et al.，2015）。近年来，越来越多的文献开始从企业外部环境因素考察企业风险承担，特别是一些宏观经济层面的因素开始得到重视。但是，这个视角刚刚兴起，并未有较多的文献较好地从宏观经济层面因素探讨企业风险承担（Mclean and Zhao，2014；邱洋冬、陶锋，2020）。本章正是从宏观经济环境角度切入理解企业风险承担，试图在宏观与微观之间搭起更加紧密的桥梁。要对中国的经济增长与企业发展有更为深入的理解，一个不能绕开的视角就是有为的发展型政府下的经济增长驱动激励。在以经济建设为中心的工作指引下，各级政府均将经济发展置于工作任务列表的重中之重，想方设法推动本地经济增长，这可以看成是一种有为政府的经济发展模式。中国建立了一套有效引导经济增长的管理体制机制，经济增长目标管理就是其中的重要举措（马亮，2013；周黎安等，2015）。党和政府在正式文件当中会对未来的经济增长做出规划，并设定相应的经济增长目标。这些经济增长目标成为相应时期当中，各级政府的经济政策制定和实施的重要指引，影响着众多资源的分配和利用。由于地方政府特别是领导官员处于激烈的职业晋升竞争环境当中，职业晋升激励往往刺激他们制定较高的经济增长目标，然后利用各种政策和资源力争实现既定目标。实际上，各级政府制定经济增长目标，并将此对外公布，这自然而然地形成了一个信号。这个信号既是官方对未来经济增长形势的判断，也反映了政府关于未来经济增长应当达到的速度的意志（余泳泽、杨晓章，2017；王贤彬、黄亮雄，2019）。从这个角度来看，经济增长目标是一种具有宏观意义的经济信号，其必然会对微观经济主体的决策与行为产生影响。企业作为最重要的微观经济主体，必然会因政府制定的经济增长目标而理性地进行自身决策与行动。

由于经济增长目标事关未来宏观经济走势及政策走向，因此其对企业关于未来的经营决策有更大的影响。正如前面所指出，企业风险承担反映了企业追逐高额利润且愿意为其承担风险的倾向，其必然会受到企业对未来经济及政策预期的影响。经济增长目标的提高，一方面传递出未来本地经济增长向好的信号；另一方面传递出地方政府为了实现既定目标，可能实施的政策取向及力度会更加积极主动。第一个方面的影响反映了基于市场经济的信号机制，而第二个方面的影响反映了基于政府资源配置的资源分配机制。良好的经济发展环境或者更加充足的生产资源支撑，意味着企业未来的预期利润增加，可能面临的风险也往往可控，从而能够刺激企业提高风险承担水平。

基于有为政府以经济增长目标超前引领发展的理论逻辑，本章采用中国上市公司样本，将之与地级市政府的年度经济增长目标数据相匹配，实证考察了经济增长目标对企业风险承担水平的影响效应。结果表明，地方经济增长目标的提高，显著增加了企业风险承担水平。本章还通过调节效应模型发现，获得高政府补助、融资约束程度低以及能获得高贷款的企业，该提升作用更大。分样本的异质性检验，也发现该刺激效应主要体现在具有一定规模的企业当中，而且主要是国有企业以及具有政企关系的企业；以及体现在发展水平较低、城镇化率较低和对外开放程度较低的城市当中。因此，在当前的政治经济体制之下，地方经济增长目标对企业风险承担水平的影响，某种程度上还是地方政府主导资源分配的结果，而并不一定是市场信号机制的结果。

本章的创新和特色之处体现在以下三个方面：第一，已有研究大多从企业内部结构和外部市场因素考察企业风险承担水平的调整，较少从经济体制因素对此进行深入考察。本章结合中国发展型政府视角，从经济增长目标管理的角度切入，考察这一宏观经济政策因素的影响效应，拓展了企业风险承担领域的研究边界。第二，已有的经济增长目标研究文献，主要集中于讨论其宏观经济效应，尽管近期学界开始关注其微观效应，但对其如何影响企业的微观决策，仍有很大的研究空缺，本章在宏观和微观之间搭建起逻辑桥梁，有助于更好地理解中国政府经济增长目标管理体制的作用机制。第三，本章从经济增长目标角度切入考察企业风险承担问题，有助于更好地理解宏观经济管理政策的资源配置效应。合理的风险承担水平能够提高资源配置效率，促进经济发展。本章通过一系列异质性考察，剖析了经济增长目标如何促进企业风险承担水平的合理化，能够为政府经济政策制定以及企业经营决策提供良好的政策启示。

　　本章以下部分的结构安排依次是：文献综述与理论假说；实证策略与数据说明；实证的基本发现；机制分析；异质性分析；结论性评述。

二、文献综述与理论假说

　　高利润往往意味着高风险，追逐利润必定要承担一定的风险。风险承担捕捉了企业追逐高额利润且愿意为其承担风险的倾向。Litov 等（2008）实证了风险承担与企业资产增长率、销售收入增长之间显著正相关。他们进一步指出，高风险承担的国家表现出高水平的全要素生产率。一般地，影响企业风险承担水平的因素主要分为内部因素和外部因素（Arif and Lee，2014；Faccio et al.，2016；Paligorova，2010）。内部因素既包括规模、经营表现、行业类别、内部治理结构等，也包括企业管理层诸如年龄、性别、经历等个体差异（李文贵、余明桂，2012；张敏等，2015；Habib and Hanson，2017）。外部因素主要包括宏观经济、政府政策、制度等以及环境变化带来的不确定性等（Dominika and Rebecca，2013；张娆等，2019；邱洋冬、陶锋，2020）。本章强调的地方政府经济增长目标则属于外部因素。

　　影响企业风险承担水平的外部因素方面，相关文献强调宏观经济环境与经济制度安排的重要性。Mclean 和 Zhao（2014）指出，当宏观经济处于繁荣增长周期时，容易获得外部资本，伴随着较高的增长预期，企业的投资处于较高水平；当处于经济衰退周期时，信贷政策收缩，企业面临严峻的融资约束，投资行为更加保守，对应较低的风险承担水平。La Porta（1998）研究发现，投资者保护和债权人权利保护制度的发展为投资行为提供了法律保障。良好的投资者保护可以缓解委托代理制的问题，影响企业投资行为，意味着完善的投资者保护有助于促进企业风险承担（Litov et al. ，2008；Paligorova，2010）。

在外部因素中，政府政策是重要因素，已有相关研究关注财政政策和产业政策等。Mamuneas 和 Nadiri（1996）发现，财政政策可通过利益机制影响企业研发经费投入并降低研发活动风险。但同时，财政政策的"挤出效应"和税收增长导致的企业支付能力下降将会提高企业的风险承担水平。Dominika 和 Rebecca（2013）发现，政府可以通过弥补税费亏损和调整税率来影响企业风险承担水平。邱洋冬和陶锋（2020）研究发现，高新技术企业资质认定显著提升了企业的风险承担水平。张娆等（2019）指出，受产业政策支持的行业中的企业其风险承担水平相对较高，且政策主要通过政府补贴和贷款支持两种机制对企业风险承担水平发挥作用。这些文献都较为一致地发现财政政策和产业政策通过资源分配机制影响企业风险承担水平。

从外部层面探讨企业风险承担水平的影响因素文献来看，纵使不少文献已经强调政府政策及行为对风险承担的重要作用，但并没有完整地深入讨论政府影响企业风险承担水平的内在动力与机制，以及由此导致的对企业风险承担水平的影响。解释中国地方政府及官员的行为，最具代表性的理论视角当是财政分权体制（Qian and Weingast，1997）和"官员晋升锦标赛"理论（Li and Zhou，2005；周黎安，2007）。这些文献强调了中国的政府组织体系出于对各级政府及官员的激励，激励他们为经济增长而竞争，进而在推动企业发展和市场建设等方面做出了巨大的努力，从而成就了整个国家的经济快速发展。实际上，中国政府不仅在干部治理与激励方面形成和具备了推动经济社会发展的组织基础，同时也在经济社会管理方面形成和具备了有力的管理工具。在这些管理方式与工具体系当中，非常重要的一个维度就是目标管理。中国通过经济社会发展的目标管理引领和推动整个国家的经济社会发展。中国政府的经济社会发展目标管理意志集中体现在国民经济和社会发展五年规划纲要、政府年度工作报告等当中。在这些重量级的政府文件当中，政府主动对经济社会发展进行规划设计，设定相应的发展目标。这些目标最核心的是经济增长目标，且经济增长目标的设定与管理呈现出持续性和系统性（徐现祥、梁剑雄，2014；徐现祥等，2018）。我国各级政府持续系统地制定经济增长目标，这些目标除了作为当年辖区经济建设的重要指引外，更是上级政府考核地方官员政绩的关键指标（王汉生、王一鸽，2009；周黎安等，2015）。在中国政治集权与经济分权相结合的治理模式下，上级政府掌握地方官员的政治前途，各级地方政府具有追求经济增长以实现党和上级政府所交代的任务和目标的强烈动机（Xu，2011；黎文靖、郑曼妮，2016）。

已有部分文献提出"官员晋升锦标赛"机制导致的地方官员短期的政治需求对企业行为产生显著影响。晋升或更替是对官员一段时期以来政绩的综合评价结果，经济绩效是政绩集合当中最为核心的维度（王汉生、王一鸽，2009；周黎安等，2015）。在定期考核机制的压力下，地方官员具有实施短期行为追求经济增长的强烈动机（周黎安，2007；黄亮雄等，2012；刘瑞明、金田林，2015），以良好的业绩向上级传递正面的能力信号和积极的忠诚态度。与官员晋升考核机制密切关联的政府经济管理机制是经济增长目标管理机制，中国各级政府均通过制定经济增长目标引导和管理本辖区经济增长。现有文献指出，经济增长目标确实有效地促进了经济增长（孙文凯、刘元春，2016；徐现祥、刘毓芸，2017）。目标之所以能促进经济增长，很大程度上是由于政府掌握财政资金、土地、地方国企等各种资源的自由配置权，有条件最大限度地利用各种手段和工具实现既定的经济增长目标。

余泳泽和杨晓章（2017）、王贤彬和黄亮雄（2019）等指出，各级政府制定并公布经济增长目标，形成了一个信号，其既是官方对未来经济增长形势的判断，也反映了政府关于未来经济增长应当达到的速度的意志。由此，作为一种具有宏观意义的经济信号，经济增长目标必然会对微观经济主体的决策与行为产生影响。企业作为最重要的微观经济主体，必然会因应政府制定的经济增长目标而理性地进行自身决策与行动。

正如前面所指出，企业风险承担反映了企业追逐高额利润且愿意为其承担风险的倾向，其必然会受到企业对未来经济及政策预期的影响，而经济增长目标正是事关未来宏观经济走势及政策走向。经济增长目标的提高，一方面传递出未来本地经济增长向好的信息；另一方面传递出地方政府为了实现既定目标，可能实施的政策取向及力度会更加积极主动，在中国的经济管理体制之下，地方政府往往会为了实现既定目标而直接动用特定的政策和工具来参与经济活动，影响市场主体的生产经营活动。前者的影响反映了基于市场经济的信号机制，而后者的影响反映了基于政府政策资源配置的干预机制。无论是哪一种机制发挥作用，企业都很可能会提高风险承担水平。

特别地，在地方经济增长目标提高时，地方政府会更加积极地设计和出台各种政策推动经济增长，同时配套各种资源和手段。这些政策和手段会给企业带来更加充足的资源，提升企业对经济增长潜力的预期。一方面，企业接收到地方经济增长目标的信息以及相应的经济政策的影响，会更加积极地开展企业的经营活动，而追寻高利润同时高风险的投资。因为高利润且高风险的投资往往有高产出，并带来高经济增长率。刘淑琳等（2019）已经指出，地方经济增长目标能促进投资。这是一种市场信号机制。另一方面，地方政府和官员为了完成预设的经济增长目标，会出台更强的经济政策，给予部分企业更多的资源与政策支持，甚至会直接干预经济运行和企业经营，这种经济发展方式可能会破坏市场力量，扭曲资源配置。这种扭曲往往是偏向国有企业、规模较大的企业，以及跟政府关系较好的企业，往往出现在市场发展程度较低的地区，让这些企业更有可能实施短期内促进经济增长的活动。这是一种政府主导的经济资源分配机制。

综上所述，我们提出本章有待检验的理论假说：地方经济增长目标的提高显著提升企业的风险承担水平。

经济增长目标是政府管理和调控经济运行的重要方式，已经成为经济管理体制机制的重要组成部分。经济增长目标发挥着指挥棒的作用，其设定是否科学合理，能够影响众多要素资源配置合理程度。这一理论假说正是从企业风险承担的角度指出了在中国特定的制度背景下，经济增长目标管理具有怎样的市场信号机制效应和资源分配机制效应。

三、实证策略

（一）实证策略

为检验地方经济增长目标对当地企业风险承担水平的影响，参考宋建波等（2017）、刘淑琳等（2019）、余泳泽等（2019），构建以下实证模型：

$$Risktaking_{ict} = \alpha + \beta target_{ct} + X\psi + \gamma_i + \lambda_t + \varepsilon_{ict} \qquad (7-1)$$

其中，下标 i 代表企业，c 代表城市、t 代表年份。$Risktaking_{ict}$ 是 c 城市（注册地）i 企业在 t 年的风险承担水平；$target_{ct}$ 为城市 c 在 t 年的经济增长目标；X 是控制变量；γ_i 和 λ_t 分别表示企业固定效应和年份固定效应；[①] ε_{ict} 为随机扰动项。β 是本章最关心的系数，当 β 显著大于 0，表明经济增长目标的提高会提升企业风险承担水平；当 β 显著小于 0，表明经济增长目标的提高反而降低企业风险承担水平；当 β 等于 0，表明经济增长

①　由于已经控制了企业固定效应，城市固定效应也会被企业固定效应所吸收。

目标与企业风险承担水平没有直接关系。因此，当本章的理论假说成立时，$\beta > 0$。

（二）数据说明

本章采用 2009—2015 年沪深 A 股上市公司匹配地级市以上城市数据作为研究样本，共计 233 个城市数据和 2 381 家企业的 12 474 条数据。[①] 根据研究需要，企业样本进行了以下剔除：剔除 ST 企业、金融保险业上市公司以及公司层面变量存在缺失的样本；参考刘行等（2016）的做法，剔除了 ROA 水平超出（-4，4）区间的异常样本。为缓解异常值对实证准确性的影响，对所有连续型变量进行了上下 1% 的缩尾（winsorize）处理。在此基础上，根据企业的注册地与年份，匹配到相应的地级市以上城市。

被解释变量是企业风险承担水平（*Risktaking*）。根据以往的文献，衡量企业风险承担水平的常用指标有：①盈利的波动性（Litov et al.，2008；Boubakri et al.，2013）；②股票回报的波动性（Coles et al.，2006；张敏等，2015）；③负债比率（Faccio et al.，2011，2016）。考虑到中国股票市场波动性较大，且更高的风险承担意味着企业现金流入的不确定性更高，本章采用企业盈利的波动性作为衡量风险承担的指标，即 $\sigma(ROA_i)$，ROA_i 为企业 i 在相应年度的息税前利润（*EBIT*）除以年末总资产。计算波动性时，先对企业每一年 ROA 减去年度行业平均值得到 *Adj_ROA*，以缓解行业和周期的影响（Litov et al.，2008；余明桂等，2013）。具体采用式（7-2）的计算方法，以每三年（t 年至 $t+2$ 年）作为一个观测时段，分别滚动计算经行业调整后的 *Adj_ROA* 的标准差和极差，并将结果乘以 100 得到 *risk*1 和 *risk*2 两个指标，分别衡量企业风险承担水平（Faccio et al.，2011；宋建波等，2017），并取对数。

$$risk1_{it} = \sqrt{\frac{1}{T-1} \sum_{i=1}^{T} \left(Adj\_ROA_{it} - \frac{1}{T} \sum_{i=1}^{T} Adj\_ROA_{it} \right)^2} \mid T = 3$$

$$(7-2)$$

$$其中，Adj\_ROA_{it} = \frac{EBIT_{it}}{ASSET_{i1}} - \frac{1}{X} \sum_{k=1}^{X} \frac{EBIT_{i1}}{ASSET_{it}}$$

$$risk2_{it} = \text{Max}(Adj\_ROA_{it}) - \text{Min}(Adj\_ROA_{it})$$

$$(7-3)$$

[①] 在我们的数据中，首先剔除公司层面变量存在数据缺失的样本后，我们得到初始样本总量 13 405。第一步，剔除了样本不足 3 年的数据（因为滚动计算需要至少 3 年数据）；第二步，剔除金融行业样本共 104 个。第三步，剔除 ST 企业共 589 个样本，剩下 2 381 家企业，共 12 474 个样本。

无论是 *Adj_ROA* 的标准差指标（*risk*1）和极差指标（*risk*2），指标越大，企业的风险承担水平就越高，企业承担风险的倾向就越大。

核心解释变量是城市经济增长目标（*target*）。本章参考刘淑琳等（2019）、徐现祥等（2018）的方法，经济增长目标变量采用每年年初地级市政府工作报告公布的经本级人大批准的经济增长目标，数据主要通过以下途径手工收集：一是各省及地级市的人民政府门户网站，这是政府工作报告的主要来源；二是通过地级市年鉴获取，地级市政府工作报告通常会在该地级市当年的统计年鉴上以"特载"形式出版。对收集得到的经济增长目标数据，本章进一步作如下整理：明确报告的增长目标，直接使用；带有"约""左右""高于""不低于"等修饰词的目标表述，以具体数字为准；区间目标取均值。

控制变量包括企业和城市两个层面。在企业层面，参考其他学者对企业风险承担影响因素的研究（Arif and Lee，2014；张敏等，2015），选取的变量有：①公司年龄（*firmage*），为观测年份减去企业成立的年份，企业的经营年限越长，风险承担水平越高，预计其回归系数显著为正（李文贵、余明桂，2012；余明桂等，2013）；②企业规模（*size*），以期末总资产取对数衡量，与大企业相比，小企业具有更强的风险偏好，我们预计其回归系数显著为负（Low，2009；余明桂等，2013）；③企业资产负债率（*debt*），为期末总负债与期末总资产的比值，企业的风险承担水平越高，其负债程度也越高，因此，预计其回归系数显著为正（Armstrong and Vashishtha，2012；Boubakri et al.，2013）；④企业盈利能力（*roe*），为期末净利润除以期末所有者权益；⑤股权集中度（*top*1），为第一大股东持股比例；⑥资本性支出水平（*cap*），为资本支出占期末总资产比值；⑦企业成长性（*growth*），为企业销售收入增长率，企业销售收入增长越快，则盈利能力越强，通过风险投资获取收益的动机越弱，预计估计系数显著为负（Armstrong and Vashishtha，2012；Boubakri et al.，2013）。

在城市层面，选取的变量有：①人均实际 GDP（对数形式，*lpgdp*），用以度量地方经济发展水平；②第二产业占 GDP 比重（*secgdp*），用以度量产业结构；③城镇化率（*urban*），当年该城市辖区人口占总人口比重。[①]

上述数据，企业层面数据来源于国泰安的上市企业数据库，城市层面数据来源于历年《中国城市统计年鉴》。表 7-1 列出了所有主要变量的描述性统计。

---

① 以市辖区人口除以全市人口表征城市层面的城镇化率是一种可供选择的替代指标，也得到了不少学者的采用（王雨飞、倪鹏飞，2016；刘金凤、赵勇，2018）。

表 7 - 1　主要变量的描述性统计

符号	变量名	样本量	均值	标准差	最小值	最大值
risk1	风险承担指数 1 (7 - 2)	12 474	3. 228 0	4. 773 9	0. 195 5	42. 527 8
risk2	风险承担指数 2 (7 - 3)	12 474	6. 105 3	8. 900 4	0. 369 1	78. 959 9
target	城市经济增长目标	12 314	10. 276 2	2. 326 1	1. 500 0	26. 000 0
firmage	企业年龄	12 474	14. 592 2	5. 184 4	2. 000 0	26. 000 0
size	企业规模	12 474	21. 911 6	1. 259 8	19. 016 1	25. 383 7
debt	企业资产负债率	12 474	0. 448 7	0. 225 2	0. 051 1	1. 200 8
roe	企业盈利能力	12 474	0. 065 1	0. 132 8	− 0. 882 2	0. 452 3
top1	股权集中度	12 474	0. 357 4	0. 153 5	0. 090 9	0. 757 8
cap	资本性支出水平	12 474	0. 055 5	0. 052 2	0. 000 1	0. 263 2
growth	企业成长性	12 474	0. 193 6	0. 521 4	− 0. 653 5	3. 700 9
lpgdp	人均实际 GDP	12 472	10. 864 8	0. 450 3	9. 240 8	11. 575 9
secgdp	第二产业占 GDP 比重	12 474	0. 455 4	0. 107 1	0. 186 7	0. 897 5
urban	城镇化率	12 463	0. 614 6	0. 303 0	0. 043 7	1. 000 0

四、实证分析

(一) 基本结果

表 7 - 2 报告了基于实证方程 (7 - 1) 的基本回归结果。[①] 表 7 - 2 中采用的是 2009—2015 年中国上市企业匹配中国地级市以上城市数据, 被解释变量为风险承担指数的对数值; 核心解释变量是城市经济增长目标 (对数形式)。第 (1) 至第 (3) 列中, 城市经济增长目标 (target) 的回归系数均显著为正, 即城市经济增长目标提高, 上市企业的风险承担水平随之提升。这与理论假说的预期一致。

---

①　由于篇幅所限, 回归表格没有显示控制变量的结果。

表 7 - 2　基准回归结果

	(1)	(2)	(3)
target	0.219 4***	0.229 2***	0.236 7***
	(0.083 5)	(0.080 7)	(0.082 3)
cons	0.147 1	5.721 8***	6.194 8***
	(0.193 0)	(0.789 9)	(0.941 8)
企业控制变量	无	有	有
城市控制变量	无	无	有
企业固定效应	控制	控制	控制
年份固定效应	控制	控制	控制
N	12 193	12 193	12 180
R^2	0.541 8	0.557 8	0.558 3

注：括号内是稳健标准误；＊＊＊、＊＊、＊分别表示通过显著水平为 1%、5% 和 10% 的统计检验；N 为样本量，R^2 为拟合优度。

具体而言，表 7 - 2 第（1）列只控制了企业固定效应和年份固定效应，没有添加控制变量，地方经济增长目标的回归系数为 0.219 4，通过了 1% 统计水平的显著性检验。第（2）列添加了企业层面控制变量，经济增长目标的回归系数为 0.229 2，通过了 1% 统计水平的显著性检验。第（3）列继续加入城市层面控制变量，经济增长目标的回归系数依然在 1% 的水平上显著为正。从数值上看，第（3）列说明，地方经济增长目标提高 1%，企业的风险承担水平增加 0.237%。三列结果均显示，地方经济增长目标设定的提高，显著提升了企业的风险承担水平。由此，地方经济增长目标设定的提高，显著增加了企业为追逐高额利润而愿意承担风险的倾向[1]。

（二）稳健性检验

表 7 - 2 的基本回归验证了地方经济增长目标的提高，会提升上市企业的风险承担水平。接下来进行稳健性检验，具体包括：更换被解释变量，采用其他衡量企业风险承担水平的指标；更换核心解释变量，采用其他变

---

① 我们还采用聚类标准误（聚类到城市层面），实证结果并没有发生实质性的改变。

量替代经济增长目标以及考虑内生性问题。①

1. 更换被解释变量

根据式（7-3），选择 *Adj_ROA* 的极差（*risk*2）作为衡量企业风险承担水平的指标，回归结果如表7-3的第（1）、第（2）列所示。另外，根据 Faccio 等（2011）的研究，将企业资产负债率（*debt*）作为度量企业风险承担的又一个指标，结果如表7-3的第（3）、第（4）列。

第（1）、第（2）列的被解释变量是 *Adj_ROA* 的极差（*risk*2），无论是否添加控制变量，经济增长目标的回归系数均在1%的水平上显著为正。第（3）、第（4）列的被解释变量为企业资产负债率，也无论添加控制变量与否，经济增长目标的回归系数也均在1%的水平上显著为正。那么，无论采用 *Adj_ROA* 的极差，还是企业资产负债率度量风险承担，即更换被解释变量后，地方经济增长目标的提高会提升企业的风险承担水平的结论依然成立。

表7-3　稳健性检验Ⅰ：更换被解释变量

	(1)	(2)	(3)	(4)
	风险承担水平指数2		企业资产负债率	
target	0.221 1***	0.238 0***	0.044 5***	0.041 4***
	(0.083 3)	(0.082 1)	(0.012 1)	(0.012 2)
cons	0.786 1***	6.773 8***	0.346 3***	-0.465 8**
	(0.192 4)	(0.941 4)	(0.028 0)	(0.184 7)
其他控制变量	无	有	无	有
企业固定效应	控制	控制	控制	控制
年份固定效应	控制	控制	控制	控制
N	12 193	12 180	12 193	12 180
R^2	0.542 6	0.558 7	0.847 0	0.854 9

注：括号内是稳健标准误；＊＊＊、＊＊分别表示通过显著水平为1%、5%的统计检验；*N* 为样本量，R^2 为拟合优度。

2. 更换核心解释变量

更换核心解释变量，采用刘淑琳等（2019）的方法，以"当年的经济

① 我们还做了调整固定效应方式、考虑样本缺失的问题、剔除京沪深三大城市样本以及考虑政府换届问题的稳健性检验。

增长目标/上年的实际经济增长速度（*target/l. ggdp*）"衡量经济增长压力，结果如表7-4所示。无论是否添加控制变量，经济增长目标的回归系数仍然为正，均至少通过10%的显著性水平检验。也就是说，更换核心解释变量后，经济增长目标的提高会提升企业风险承担水平的结论依然成立。

表7-4　稳健性检验Ⅱ：更换核心解释变量

	(1)	(2)
target/l. ggdp	0.007 8*	0.009 4**
	(0.004 4)	(0.004 6)
cons	0.626 6***	6.560 3***
	(0.008 4)	(1.066 9)
其他控制变量	无	有
企业固定效应	控制	控制
年份固定效应	控制	控制
N	9 676	9 669
R^2	0.588 2	0.600 8

注：括号内是稳健标准误；＊＊＊、＊＊分别表示通过显著水平为1%、5%的统计检验；*N*为样本量，R^2为拟合优度。

3. 考虑内生性问题

经济增长目标的制定往往先于企业的风险承担行为。一般的逻辑是，地方政府为了实现既定的增长目标，刺激并影响企业的决策与行为。但是，也不能完全排除这样的可能，即经济增长目标的制定是基于对潜在企业风险承担行为及潜力的评估。一旦存在这种情况，本章的基本回归就会面临内生性问题。

表7-5　稳健性检验Ⅲ：工具变量回归

	(1)	(2)
	工具变量：省级经济增长目标	
	企业风险承担水平	地级市经济增长目标
	第二阶段	第一阶段
地级市经济增长目标（对数形式）	0.351 0**	
	(0.140 1)	

（续上表）

	（1）	（2）
	工具变量：省级经济增长目标	
	企业风险承担水平	地级市经济增长目标
	第二阶段	第一阶段
Ⅳ：省级经济增长目标（对数形式）		0.789 6 * * *
		(0.015 8)
其他控制变量	有	有
企业固定效应	控制	控制
年份固定效应	控制	控制
N	12 019	12 019
R^2	0.909 5	0.035 3

注：括号内是稳健标准误；＊＊＊、＊＊分别表示通过显著水平为1%、5%的统计检验；N为样本量，R^2为拟合优度。

表7-5参考余泳泽等（2019）、刘淑琳等（2019），以省级经济增长目标作为城市经济增长目标的工具变量。其思路是，中国"官员晋升锦标赛"体制下，下级政府倾向于在上级政府提出的经济增长目标的基础上，制定一个比其上级政府更高的经济增长目标（周黎安等，2015；Li et al.，2019），而上级政府的目标受到下级政府城市建设预期的影响则相对较小。第（2）列的第一阶段回归中，工具变量省级经济增长目标的系数在1%水平上显著为正，工具变量的相关性得到满足。第（1）列的第二阶段回归中，城市经济增长目标的系数在5%的统计水平上显著为正，经济增长目标的提高会提升企业的风险承担水平的结论依然存在。

五、机制分析

前文的分析表明，城市地方经济增长目标的提高会显著提升企业的风险承担水平。在理论假说中，本章指出经济增长目标影响企业风险承担水平，主要有两种逻辑机制，一种是通过信息渠道以市场走势信息的方式，影响企业行为决策；一种是通过政府直接或者间接干预方式，影响企业行为决策。本部分引入政府补助、融资约束变量（洪俊杰、张宸妍，2020），进行外部资源的调节效应检验，以判定哪种机制起主导作用。

从逻辑上说，在不同的机制主导之下，经济增长目标影响企业风险承担水平的特征和模式应当具有差异性。在基于市场环境下的宏观经济发展趋势信号驱动之下，应当是非国有企业等与政府关系并不密切的企业主体会对经济增长目标做出更大的反应，进而提升其风险承担水平。在此前提下，又应当是规模较大且实力较强的企业会更显著地提升其风险承担水平。这种效应应当是在市场化程度较高的地区更为突出。而在政府政策乃至政企关系主导的非市场机制之下，应当是与政府关系更为密切的企业主体会对经济增长目标做出更大的反应，从而提升其风险承担水平。这种效应应当是在市场化程度相对较低的地区更为突出。在所有企业当中，那些实力较强、规模较大和资源较多的企业，会更加主动地抓住政府实现经济增长目标的政策环境，提升其风险承担水平。

首先是政府补助的调节效应。本章用企业当年所获得的政府补助金额与营业收入之比来表示政府补助率（subsidy），并将之与经济增长目标的交乘项（target × subsidy）添加到回归方程中。表 7 - 6 指出，两列的经济增长目标系数依然至少在 5% 统计水平上显著为正。同时，经济增长目标和政府补助率的交乘项系数也均在 1% 的统计水平上显著为正。这表明，获得高补贴的企业，经济增长目标对其风险承受水平的提升作用更大。

表 7 - 6　外部资源的调节效应 I：政府补助

	（1）	（2）
target	0.218 0***	0.233 6***
	（0.083 6）	（0.082 4）
target × subsidy	0.531 1***	0.481 3***
	（0.163 9）	（0.174 0）
subsidy	− 1.157 4***	− 1.033 5**
	（0.355 9）	（0.401 5）
cons	0.146 5	5.996 4***
	（0.193 1）	（0.938 8）
其他控制变量	无	有
企业固定效应	控制	控制
年份固定效应	控制	控制
N	12 176	12 163
R^2	0.540 9	0.556 6

注：括号内是稳健标准误；＊＊＊、＊＊分别表示通过显著水平为 1%、5% 的统计检验；N 为样本量，R^2 为拟合优度。

其次是降低融资约束的调节效应。Hadlock 和 Pierce（2010）依据企业财务报告划分企业融资约束类型，然后仅使用企业规模和企业年龄两个具有较强外生性的变量构建了 SA 指数：$-0.737 \times size + 0.043 \times size^2 - 0.04 \times firmage$。在我们的计算中，SA 指数计算结果恒为负数，且其绝对值越大，表明受到的融资约束越少。这里用 SA 指数绝对值（ASA），将之与经济增长目标的交乘项（target × ASA）加入回归方程中。第（1）、第（2）列无论是否添加控制变量，交乘项回归系数均在 5% 的统计水平上显著为正。考虑到 SA 指数仍是由企业内部财务数据计算所得，本章另外考虑用地级市当年的年末金融机构人民币各项贷款余额与地区生产总值之比（lnloans）作为衡量地区贷款的宽松程度指标，取对数与经济增长目标的交乘项作为解释变量，表 7-7 的第（3）、第（4）列回归结果中，经济增长目标与贷款比率交乘项（target × lnloans）系数均为正，至少通过 10% 水平的显著性检验。四列的结果一致表明，经济增长目标的提高对企业风险承受水平的提升效应，在融资约束较少的企业更显著。

表 7 - 7　外部资源的调节效应 Ⅱ：融资约束

	（1）	（2）	（3）	（4）
target	-0.441 2	-0.488 0	0.029 5	0.037 3
	(0.328 5)	(0.330 1)	(0.126 4)	(0.127 1)
target × ASA	0.102 9**	0.111 6**		
	(0.048 9)	(0.049 3)		
ASA	1.899 8***	1.873 2***		
	(0.309 3)	(0.313 3)		
target × lnloans			0.011 2*	0.011 3**
			(0.005 8)	(0.005 8)
lnloans			-0.023 8*	-0.023 9*
			(0.013 3)	(0.013 2)
cons	28.973 2***	29.648 4***	6.323 4***	6.830 9***
	(3.225 0)	(3.319 0)	(0.828 0)	(0.974 4)
其他控制变量	无	有	无	有
企业固定效应	控制	控制	控制	控制
年份固定效应	控制	控制	控制	控制
N	12 193	12 180	12 161	12 148
R^2	0.558 4	0.558 8	0.558 3	0.558 7

注：括号内是稳健标准误；＊＊＊、＊＊、＊分别表示通过显著水平为 1%、5% 和 10% 的统计检验；N 为样本量，R^2 为拟合优度。

表 7-6 和表 7-7 一致表明，获得高政府补助的企业，融资约束较少以及能获得高贷款的企业，经济增长目标的提高对其风险承受水平的提升作用更大，而这些企业往往是经济实力较强，且与政府关系较为密切的企业。这意味着，尽管在我们的识别样本中，我们并没有获得经济增长目标直接影响企业获取外部资源的直接证据，但我们的发现，显示出政府政策资源配置的干预机制起着更强的作用。

六、异质性分析

至此，我们的发现，与理论假说预期一致，在 2009—2015 年间，地级市政府制定的经济增长目标提高显著提升了企业风险承担水平。而该效应在实力较强、与政府关系较为密切且得到政府资助的企业更显著。接下来将进行异质性分析，展现经济增长目标导致企业风险承担水平提升的效应在不同条件下的差异，进一步揭示本章基本发现的内在逻辑。

（一）企业异质性

1. 企业规模

表 7-8 显示企业规模的异质性。第（1）、第（2）列分别为总资产大于中位数和小于等于中位数样本的回归结果。第（1）列规模较大的企业样本的经济增长目标系数在 1% 的水平上显著为正，但在第（2）列，规模较小的企业样本的经济增长目标系数不显著。也就是说，地方经济增长目标提高引致企业风险承担水平提升的效应，主要存在于规模较大的企业。

表 7-8　企业异质性：企业规模

	(1)	(2)
	总资产 > 中位数	总资产 ≤ 中位数
target	0.348 6***	0.124 3
	(0.117 4)	(0.124 8)
cons	4.580 7***	4.180 1**
	(1.606 9)	(1.769 9)
其他控制变量	有	有
企业固定效应	控制	控制

（续上表）

	（1）	（2）
	总资产＞中位数	总资产≤中位数
年份固定效应	控制	控制
N	5 945	5 881
R^2	0.543 2	0.618 3

注：括号内是稳健标准误；＊＊＊、＊＊分别表示通过显著水平为1%、5%的统计检验；N 为样本量，R^2 为拟合优度。

2. 企业实际控制人

表7-9按企业实际控制人进行分样本回归。实际控制人性质判断依据的是国泰安《中国上市公司股东研究数据库》股权控制链。第（1）列显示了实际控制人性质为地方机构和行政机关（例如地方国有资产监督管理局、人民政府等）、事业单位（大学、研究院等），即地方国企的回归结果，其经济增长目标的系数在1%的水平上显著为正。第（2）列显示了实际控制人性质为中央（国务院国有资产监督管理委员会），即中央国企的回归结果。其经济增长目标系数在5%水平上显著为正。第（3）列显示了实际控制人为境外企业或境外法人，即外资企业的回归结果。第（4）列显示了民营企业的回归结果。后两列的经济增长目标系数均不显著。也就是说，地方经济增长目标的提高提升企业风险承担水平的效应，主要体现在地方国企和中央国企上。

表7-9　企业异质性：企业实际控制人

	（1）	（2）	（3）	（4）
	地方国企	中央国企	外资企业	民营企业
target	0.485 9＊＊＊	0.443 2＊＊	−0.563 0	0.120 3
	（0.149 7）	（0.223 1）	（0.427 2）	（0.113 4）
cons	4.886 0＊＊	8.647 9＊＊＊	14.601 1＊＊	4.066 1＊＊＊
	（1.908 1）	（2.484 1）	（6.776 3）	（1.309 9）
其他控制变量	有	有	有	有
企业固定效应	控制	控制	控制	控制
年份固定效应	控制	控制	控制	控制

（续上表）

	（1） 地方国企	（2） 中央国企	（3） 外资企业	（4） 民营企业
N	3 498	1 827	418	6 762
R^2	0.547 5	0.614 1	0.598 7	0.569 8

注：括号内是稳健标准误；＊＊＊、＊＊分别表示通过显著水平为1%、5%的统计检验；N为样本量，R^2为拟合优度。

3. 企业政治关联

根据现有文献的研究，本章借鉴于蔚等（2012）的做法，将政治关联定义为企业核心高管（董事长或CEO）曾任或现任党政官员（包括在人大和政协常设机构任职经历）、人大代表或政协委员。[①] 表7-10区分是否有政治关联的企业，分样本回归。第（1）、第（2）列显示了董事长政治关联与否的回归结果。在董事长有政治关联的企业，经济增长目标的系数在1%水平上显著为正，但在董事长没有政治关联的企业中，经济增长目标的系数不显著。第（3）列是董事长或CEO至少一人有政治关联的样本，经济增长目标的系数在1%水平上显著为正，第（4）列是董事长和CEO均没有政治关联的样本，经济增长目标的系数不显著。也就是说，地方经济增长目标的提高显著提升企业风险承担水平的效应，主要体现在有政治关联的企业上。

表7-10　企业异质性：政治关联

	（1） 董事长有	（2） 董事长没有	（3） 董事长或 CEO 有	（4） 董事长和 CEO 均没有
target	0.625 0＊＊＊ （0.156 7）	0.099 9 （0.104 8）	0.518 9＊＊＊ （0.148 8）	0.042 3 （0.109 2）

① 选择董事长或CEO作为政治关联判定主体是因为，与非核心高管相比，此二者对企业经营负有更多权利和责任，其行为对企业的投融资等活动产生重大影响。结合本章的研究内容，可以合理推断核心高管的政治关联能够对企业投资决策中的风险选择行为产生显著的影响。进一步地，本章将核心高管的政治关联定位为曾任或现任党政官员（包括人大和政协常设机构任职经历）、人大代表或政协委员，主要是因为这三类政治关系在我国比较普遍且具有代表性。

（续上表）

	（1）	（2）	（3）	（4）
	董事长有	董事长没有	董事长或 CEO 有	董事长和 CEO 均没有
cons	4.688 9**	6.286 0***	4.408 2**	6.540 5***
	（2.055 9）	（1.179 5）	（1.902 1）	（1.217 8）
其他控制变量	有	有	有	有
企业固定效应	控制	控制	控制	控制
年份固定效应	控制	控制	控制	控制
N	3 805	7 964	4 145	7 470
R^2	0.527 9	0.594 4	0.537 5	0.595 9

注：括号内是稳健标准误；***、**分别表示通过显著水平为1%、5%的统计检验；N为样本量，R^2为拟合优度。

综上，从企业层面的异质性看，经济增长目标的提高主要是提升了规模较大、与政府关系较为紧密的企业的风险承担水平。这反映出，经济增长目标之所以能够改变企业的风险承担行为及决策，主要是因为地方政府往往出于巨大的政绩压力，倾向于制定较高的经济增长目标。而为了实现既定目标，地方政府不得不动用各种政策工具与资源，甚至直接干预企业经营决策，而规模较大的企业以及国有企业往往是政府干预的重点。如果政府倾向于通过非市场手段实现目标，那么那些与政府关系较为密切的企业会对政府的经济增长目标做出更为显著的反应。该结果与外部资源的调节效应分析是一致的，得到政府补贴较多、融资约束较少、能获得高贷款的企业，往往就是规模较大、与政府关系较为密切的企业。从这点分析，经济增长目标影响企业风险承担水平，更多的是通过政府直接或者间接干预的方式，影响企业行为决策。

（二）区域异质性

1. 城市发展程度

将人均实际GDP按中位数划分，① 表7-11第（1）、第（2）列分别

---

① 由于上市企业大部分聚集在东部城市。这里的样本划分作如下处理：按企业对应的人均实际GDP排序，平分企业样本，前一半即人均实际GDP大于中位数，为发达城市样本；后一半即人均实际GDP小于等于中位数，为欠发达城市样本。下文的市场化指数也是如此处理。

显示了人均实际 GDP 水平大于和小于等于城市中位数的回归结果。在人均实际 GDP 大于中位数的样本中，经济增长目标的系数不显著；在人均实际 GDP 小于等于中位数的样本中，经济增长目标的系数在 5% 水平上显著为正。因此，地方经济增长目标的提高显著提升企业风险承担水平的效应，主要体现在欠发达城市。

表 7 - 11　区域异质性

	(1)	(2)	(3)	(4)
	人均实际 GDP > 中位数	人均实际 GDP ≤ 中位数	市场化指数 > 中位数	市场化指数 ≤ 中位数
target	0.098 0	0.275 9 * *	0.109 3	0.207 9 * *
	(0.140 3)	(0.109 1)	(0.152 1)	(0.103 6)
cons	9.424 5 * * *	− 0.178 5	6.383 1 * * *	1.259 6
	(2.114 0)	(1.946 6)	(2.206 9)	(1.555 7)
其他控制变量	有	有	有	有
企业固定效应	控制	控制	控制	控制
年份固定效应	控制	控制	控制	控制
N	6 014	5 940	6 075	5 966
R^2	0.580 6	0.591 0	0.576 7	0.580 2

注：括号内是稳健标准误；* * *、* * 分别表示通过显著水平为 1%、5% 的统计检验；N 为样本量，R^2 为拟合优度。

2. 市场化程度

以樊纲指数（市场化）度量市场化程度，表 7 - 11 第（3）列是市场化指数大于中位数样本，即高市场化样本，其经济增长目标的系数不显著；第（4）列是市场指数小于等于中位数样本，即低市场化样本，其经济增长目标的系数在 5% 水平上显著为正。地方经济增长目标的提高显著提升企业风险承担水平的效应，存在于在市场化程度较低的地区。

综上，基于地区异质性分析，本章发现经济增长目标的提高显著提升企业风险承担水平的现象主要出现在经济发展水平相对较低、市场化程度较低的城市和地区。这一发现与企业异质性分析的发现是内在一致的。二者均表明，经济增长目标对企业风险承担的影响，并不是完全市场化情形下企业对宏观经济信息的反应，而是企业在一种市场发育程度仍不成熟、政府具有较为广泛的干预空间的大环境下，对政府信息的一种反应。这种关系显示出，那些规模较大、与政府关系较为密切的企业，预期在政府宏观经济政策目标更高的情况下，能够有更多的扩张资源和机会，并且认为在未来仍然能够保持这种状态，因此提高风险承担水平。

七、结论性评述

经济增长目标是各级政府制定的重要经济目标，具有重要的微观主体影响效应。本章从信号机制和资源机制的角度考察经济增长目标如何影响企业风险承担水平。本章采用 2009—2015 年 233 个地级市以上城市和2 381家沪深 A 股上市企业数据，具体考察地方经济增长目标对企业风险承担水平的作用后发现，经济增长目标对当地上市企业的风险承担水平产生了显著的推动作用，这一结论在变换度量变量、回归样本、调整固定效应方法和考虑内生性后依然成立。本章还发现获得高政府补助的企业，融资约束较少以及能获得高贷款的企业，经济增长目标对其风险承受水平的提升作用更大。同时，地方经济增长目标对企业风险承担水平的刺激效应主要体现在规模较大、国有性质以及具有政治关联的企业当中，以及主要体现在经济发展水平较低、市场化程度较低的城市和地区当中。这些发现一致表明，地方经济增长目标对企业风险承担水平的正面影响，主要还是地方政府主导资源分配的结果，而并非市场信号机制的结果。由此，我们需进一步优化地方经济增长目标的设定与管理，增强对企业高质量发展的推动效应。

第一，推动政府工作重心转移，构建强调高质量发展的目标管理体制。改革开放以来，党和国家的工作重心转移到经济建设上，GDP 增长成为政府和官员考核的核心指标，但过分强调 GDP 增长的指标体系，往往迫使地方官员为了晋升而扭曲资源配置，忽视了经济发展质量。在新时代新征程中，我们有必要推动政府工作重心由原来的追求经济增长速度转向创新、协调、绿色、开放、共享等新发展取向，进而"推动经济发展质量变革、效率变革、动力变革，提高全要素生产率"，实现高质量发展，满足人民日益增长的美好生活需要。

第二，政府目标体系要因地制宜。长期以来，地方政绩考核机制唯GDP 至上，而不充分、不平衡发展的区域差异，仍然是当前中国发展的典型特征，由此，目标考核趋向多元化后，也应该承认这种区域差异。本章分析就是较好的明证，同样是经济增长目标提高，但提升企业风险承担水平的现象却主要出现在经济发展水平较低、市场化程度较低的城市和地区。在全国一盘棋的格局下，不同区域应有不同的发展侧重点，目标体系也有不同的侧重点，从而消除欠发达地区的政府过度干预、资源配置过度扭曲的现象。

第三，建立"有为政府"中秉持"竞争中性"原则。在我国的政治经济体制下，"有为政府"是推动我国发展的重要保证，但"有为政府"并不能成为政府扭曲市场的借口。本章的实证指出，为了满足高经济增长目标，地方政府偏向性地作用于规模较大、国有性质以及具有政治关联的企业。"竞争中性"原则强调国有企业和民营企业间的平等市场竞争地位，应通过公平的市场竞争机制消除资源配置的扭曲状态，增强所有市场参与者的竞争力。为此，才能打造公平便捷的营商环境，进一步激发中小企业活力和发展动力。

第八章　经济增长目标与产能过剩

一、引言

历经 40 余年改革开放，中国经济发展进入新常态，增速换挡回落，从高速增长转换为中高速增长。从供给端和需求端看，中国经济过去的高速增长主要得益于人口红利和全球化红利，然而这两大红利目前正在衰退。与此同时，中国长期以来的粗放型经济增长模式伴随着难以消除的产能过剩。自 20 世纪 90 年代以来，中国经济深受产能过剩的困扰，国际货币基金组织 2012 年公布的国别报告显示，中国的平均产能利用率已从 1990 年的 80% 下降到 2011 年的 60%。为化解产能严重过剩矛盾，国家发改委等部门相继发布《关于抑制部分行业产能过剩和重复建设引导产业健康发展的若干意见》（2009 年 9 月）、《国务院关于进一步加强淘汰落后产能工作的通知》（2010 年 4 月）、《国务院关于化解产能严重过剩矛盾的指导意见》（2013 年 10 月）等多个文件，并在 2015 年的中央经济工作会议上，将去产能列为供给侧结构性改革五大任务之首。尽管如此，2019 年中国工业产能利用率仍只达到 76.6%。产能过剩作为一种资源配置低效的现象，不仅降低了当前的经济利润，而且削弱了未来的经济增长动力，降低了潜在经济增长率。因此，要实现经济高质量地中高速增长，必须有效治理产能过剩，提高资源配置效率。本章关心的是，中国经济高速增长与高质量发展是否可以兼得。如果能够在实现产能过剩有效治理的同时保持经济中高速增长，就意味着两者可以兼得。本章将从中国产能过剩的深层次动因视角对此做出理论探索与经验回答。

关于产能过剩的成因，目前已经存在较丰富的文献。市场经济主流理论着眼于市场内部的微观企业策略机制（Long and Plosser，1983；Pindyck，1988），但这一理论体系对中国式产能过剩所呈现的频率高、持续时间长的特征很难给予充分合理的解释。林毅夫等（2010）基于发展中国家的特点所提出的"潮涌"现象虽然可以在一定程度上解释中国产能过剩的问题，但近年来由于一些已经被明确列为产能过剩、失去良好前景共识和预期利润的行业仍在持续扩大产能而受到质疑（杨其静、吴海军，2016；席鹏辉等，2017）。目前更多的研究认为产能过剩的出现与地方政府行为关系密切（王文甫等，2014），但对地方政府行为背后激励机制的相关研究主要集中在理论层面，实证文献则分别从财政激励、晋升激励等各种角度展开，并未找到一个较为统一的解释性实证策略和方式。

实际上，地方官员的行为主要受到晋升激励驱动（周黎安，2007；徐现祥等，2007）。在晋升激励驱动之下，地方官员之间存在激烈的竞争。地方官员之间的竞争，最终直接体现为经济增长的竞争。在地方政府激烈的经济增长竞争格局之下，各个地方政府和官员均以经济增长目标为重要手段，以此引导辖区政府、干部乃至企业为实现良好的增长绩效而努力。因此，经济增长目标作为各级政府引导乃至干预辖区资源配置进而实现辖区经济发展的策略和工具，是理解经济高速增长和高质量发展是否可以兼得的不可多得的视角。地方政府以经济增长目标驱动辖区经济发展的做法，既直接关系到经济发展方式的选择，也关系到产能过剩是否能够得到治理，从而关系到经济发展质量。

已有文献大多直接关注财政激励与晋升激励对产能过剩的影响，或者关注经济增长目标对经济增长的影响，但是并没有意识到和完整地论证地方政府所主导的经济增长目标管理在产能利用方面所产生的影响，从而未能完整地理解地方政府经济发展动机所带来的丰富的经济发展质量效应。本章从现有的经济理论和相关研究出发，将上述文献有机融合，进一步发展出待论证的基本假说：经济增长目标与产能利用率之间存在"倒U型"关系。在以经济建设为中心的背景下，从中央到各级地方政府均提出和追求实现经济增长目标。当上级提出总体的经济增长目标，完成总体目标的任务就被隐含地分配到下级各个地方政府当中。正因如此，在"官员晋升锦标赛"下，经济增长绩效成为上级考核地方官员政绩表现的关键指标。在目标管理体制和晋升考核机制之下，地方官员倾向于制定较高的经济增长目标，千方百计地利用各种手段和资源刺激和推动本地经济增长。在经济增长目标制定之后，地方政府就开始最大限度地利用各种手段和工具实现既定的经济增长目标。财政支出是地方政府刺激产能扩张的传统手段。虽然扩大财政支出可以直接并通过乘数效应在一定程度上增加产品市场需求，但是，在不确定任期的考核升迁机制的压力之下，推动当地经济增长最快速、最有效和最常用的手段是扩张辖区投资。因此，地方政府除了通过基础设施投资改善投资环境招商引资外，更可通过低价提供用地、介入企业融资过程、降低企业生产环保标准等方式，人为地压低企业投资关键投入要素的价格，推动企业大幅度增加投资，扩大产能，以达到短期内提高经济产出的目标。由于投资本身既形成了产能又在一定程度上刺激了需求，因此经济增长目标所导致的地方政府干预一开始带动了产能利用率的提升。但是，政府干预下的投资形成的产能扩张往往难以较好地引导需求增加，产能和需求无法匹配，导致过度形成的产能无法获得市场认可。换言之，需求的相对稳定性使得地方政府面临巨大的经济增长压力，从而大力推动企业产能扩张到一定程度时，必然出现产能利用率下降的局面，并最终导致产能过剩。因此，经济增长目标与产能利用率之间存在"倒 U型"的非线性关系。

在实证上，本章首先基于2001—2007 年的工业企业数据库，采用数据包络分析法（DEA）测算各城市四位数行业的产能利用率。测算结果显示，2001—2007 年中国制造业平均产能利用率为 0.750 8，整体呈上升趋势。紧接着，本章采用地级市政府工作报告中公布的经济增长速度目标，考察经济增长速度目标与产能利用率的关系。研究发现，不管采用普通最小二乘法（Ordinary Least Square，OLS）还是工具变量法（Instrumental Variable，IV），经济增长目标与产能利用率都存在与理论假说预期一致的"倒 U 型"关系。进一步，本章分别从资本密集度、是否受到政府重点支持、国企比重高低的角度考察产业异质性。我们发现，经济增长目标对产能利用率的影响主要体现在受地方政府干预更多的资本密集型产业以及政府重点支持的产业，对国企比重高和国企比重低产业的影响不存在异质性。最后，本章分别考察经济增长目标对实际产出和产能的影响，发现经济增长目标之所以与产能利用率呈现"倒 U 型"关系，是因为经济增长目标在同时提高实际产出和产能的情况下，对前者的促进作用日益变小，致使最终产能利用率下降。而对政策手段的识别表明，经济增长目标对产能的影响主要通过降低工业用地价格和环保标准实现。

相对于已有文献，本章的创新和特色主要体现在以下几个方面：第一，近期经济目标管理文献逐渐将研究视角从目标的制定规律（马亮，2013；余泳泽、杨晓章，2017）以及目标对经济增长的影响（徐现祥、刘毓芸，2017；徐现祥等，2018）转向目标影响经济增长的内在机制（刘淑琳等，2019；王贤彬等，2021），但是专门研究经济增长目标的资源配置效率的文献不多，本章从产能的角度切入探讨经济增长目标与产能利用率的关系，丰富了经济增长目标管理经济效应内在机制的研究。第二，化解产能过剩，提高资源配置效率，是提升经济发展动能，实现经济高质量发展的重要途径，本章首次从政府设定的经济增长目标的视角切入，挖掘政府经济目标管理如何影响产能利用率，所验证的增长目标与产能利用率的非线性关系，能够为合理化解产能过剩，实现经济中高速增长与高质量发展提供政府经济管理政策方面的启示。

本章以下部分的结构安排依次是：文献综述与理论假说；对数据及实证模型的介绍；基本实证分析；对经济增长目标影响产能利用率的机制进行分析；结论性评述。

二、文献综述与理论假说

自党的十九大报告提出"我国经济已经由高速增长阶段转向高质量发展阶段"以来，学术界出现不少文献阐释高质量发展的内涵或进行相关理论探讨。金碚（2018）认为，高质量发展是能够更好满足人民不断增长的真实需要的经济发展方式、结构和动力状态。高培勇等（2019）强调，现代化经济体系建设是中国经济走向高质量发展的必由之路。而刘伟（2017）的分析表明，由于我国发展中的主要矛盾在供给侧、我国经济失衡的深层原因集中于供给侧结构性失衡，建设现代化经济体系需要以供给侧结构性改革为主线。金碚（2018）同样指出，高速增长转向高质量发展的实现，必须基于新发展理念进行新的制度安排，特别是要进行供给侧结构性改革。

供给侧结构性改革战略的提出源于严重的产能过剩，而决策层也将"促进过剩产能化解"作为供给侧结构性改革的重中之重。事实上，中国经济自 20 世纪 90 年代起已深受产能过剩问题的困扰，尽管一直是宏观调控的重点所在，但是治理效果总是差强人意，与西方国家相比，中国的产能过剩呈现频率相对较高、持续时间较长的特点（董敏杰等，2015；张少华、蒋伟杰，2017）。为了寻找中国式产能过剩的治理之道，大量研究展开了对产能过剩成因的探讨。

市场经济主流理论认为产能过剩或许是市场自动调节产能供需的自然结果（Long and Plosser，1983），或许是企业面对潜在竞争对手的进入威胁时的一种占优策略结果（Kamien and Schwartz，1972），或许是企业应对市场需求的不确定性的一种策略性选择（Pindyck，1988）。然而，这些基于市场内部的微观企业策略机制理论在解释中国的产能过剩问题时难免有点水土不服。因此，更多的研究尝试从中国的实际出发，目前形成两种较有代表性的观点。第一种观点是林毅夫等（2010）率先提出的"潮涌"理论。在信息不对称的条件下，发展中国家在追赶发达国家的过程中，在产业发展方向上很容易形成社会共识，以至于在特定发展阶段会有大量企业同时涌入特定的行业，即"潮涌"现象，继而产生产能过剩。这种观点可以在一定程度上解释中国产能过剩的问题，但近年来由于一些已经被明确列为产能过剩、失去良好前景共识和预期利润的行业仍在持续扩大产能而受到质疑（杨其静、吴海军，2016；席鹏辉等，2017）。第二种观点认为产能过剩产生的直接原因是地方政府干预下的过度投资（王文甫等，2014），而深层次的原因则在于中国政治集权、经济分权的特殊体制（江飞涛等，2012；国务院发展研究中心《进一步化解产能过剩的政策研究》课题组等，2015）。席鹏辉等（2017）从财政激励的角度实证考察了地方政府行为对产能过剩的影响机制，杨其静和吴海军（2016）则是通过地方政府在产业层面对中央产能管制措施的反应，间接考察晋升竞争对产能过剩的影响，干春晖等（2015）利用世界银行 2012 年的企业调查数据，从地方官员任期的角度探讨了产能过剩的原因。

可以看到，目前大量研究认为中国产能过剩的出现与地方政府行为密切相关。的确，在中国现行的人事制度和财政体制安排下，地方官员利用其实际掌握的经济管理权力、财政权力和金融管理权力，以及辖区的土地、地方国企等各种资源，在推动地方经济增长上发挥了重要作用（徐现祥等，2007）。近期，系列文献关注到中国政府对经济发展实施的经济增长目标管理现象（徐现祥、刘毓芸，2017；Li et al.，2019；黄亮雄等，2021B）。各级政府通过国民经济和社会发展五年规划以及政府工作报告制定较明确的经济增长目标，指引当年辖区的经济建设。经济增长目标既是中国上级政府激励、管理下级官员的重要手段和政府绩效评价与管理的主要抓手（王汉生、王一鸽，2009；周黎安等，2015），也是地方官员获取更多的经济与财政收益，并向上级传递正面的能力信号和积极的忠诚态度的重要工具。

从现有的研究来看，政府制定经济增长目标确实有效地促进了经济增长。徐现祥和刘毓芸（2017）研究了除非洲和南美洲以外的全球各个经济体的经济增长目标数据，发现增长目标变动与实际经济增长速度变动显著正向相关。但是，余泳泽和潘妍（2019）通过分析中国 2004—2014 年 230个地级市政府工作报告的数据发现，以"层层加码"和"硬约束"的方式制定的经济增长目标显著抑制服务业结构升级。王贤彬等（2021）的研究则表明，经济增长压力对创新存在着先促进随后转为遏制的"倒 U 型"非线性影响效应。对于经济增长目标在速度效应与质量效应上的差异表现，徐现祥等（2018）指出这取决于政策工具。当政府的政策工具是要素投入时，经济增长目标与经济发展质量负相关；当政策工具是技术进步时，经济增长目标可以同时提高经济增长速度和发展质量。然而，尽管徐现祥等（2018）的研究初步证明增长目标侵蚀经济发展质量，但他们只是识别两者之间的线性相关关系，并没有识别背后的具体渠道。正如此前文献所指出，经济发展质量与供给侧关联最为密切，产能过剩就是经济发展质量亟须提升和供给侧亟须改革的一个重要维度和表现。

经济增长目标之所以能促进经济增长，很大程度上是由于各级政府掌握财政资金、土地、国企等各种资源的自由配置权，有条件最大限度地利用各种手段和工具实现既定的经济增长目标。在不定期的升迁考核机制的压力之下，地方政府推动当地经济增长最有效和最常用的手段无疑是投资扩张（张军等，2007）。

地方政府为了最大限度地实现投资快速扩张，动用了包括但不限于财政、金融、土地等一切可以借助的政策工具和资源手段。从中国的财政政策实践来看，各级政府财政支出具有显著的投资建设偏向特征，基础设施建设投资是财政资金的主要投向（吕炜、刘晨晖，2013）。基础设施投资本身就是一种投资，可以带动对相关产品的需求，增加实际产出。而且，完善的基础设施能够提高区域的吸引力，有利于地方政府招商引资（张军等，2007）。然而，当面临较大的增长压力时，地方政府还需采取更加强有力的措施扩大投资。人为地压低企业投资关键投入要素的价格是地方政府刺激投资的重要工具（江飞涛等，2012；干春晖等，2015），这些投入要素包括但不限于土地、贷款等。伴随着经济发展而来的土地价格上涨导致企业用地成本上升，而由于地方政府在很大程度上控制着企业用地的供给规模和价格，因此，地方政府常以低价出让用地的方式吸引企业入驻。更重要的是，即便以低价获取土地，企业仍可按市场价格将土地抵押给银行贷款，减小企业自有资金投资压力（江飞涛、曹建海，2009）。由于中国的金融资源被国有银行垄断，对于本地重点扶持的企业，地方政府时常扮演中间人的角色，帮助协调银行贷款，并通过不断创新投融资平台，降低企业融资成本。在地方政府的行政干预下，企业可以以较低的成本获取土地和资本，当劳动力价格相对上升时，企业就产生了以资本替代劳动、扩大产能投资的冲动。在企业生产过程中，地方政府也通过入股、直接拨付、技术改造及研发补助等形式给予补贴，降低企业成本，刺激企业生产（刘航、孙早，2014）。地方政府还会通过产业政策，致力于规划和支持新兴产业发展，为经济注入新的增长动力。新兴产业发展初期通常面临市场需求不足的难题，这种时候地方政府多采用政府购买的方式增加产品需求，提高新兴产业的产能利用情况（刘奕、林轶琼，2018）。

如我们前面所指出的，由于地方经济增长目标约束驱动下的政府干预投资扩张本身既形成了产能又在一定程度上形成和刺激了需求，因此适当的经济增长目标所导致的地方政府干预可以带动产能利用率的提升。但是，当经济增长目标提高到一定程度时，地方政府面临过高的经济增长压力，不得不采取更加强有力的措施进行干预，除了低价或免费提供土地、介入企业融资过程、降低环保标准等投资支持手段外，一些地方政府甚至通过财政支出直接为企业提供投资补贴（江飞涛等，2012）。投资补贴可以使投资企业在产品市场之外获取额外的投资收益，会严重地扭曲企业的产能投资行为，巨额的投资补贴甚至会诱使企业投资原本亏损的项目或供过于求的行业，导致过度的产能投资。一些地方政府为了追求自身短期经济利益，忽视本地实际情况争上新兴产业项目，与本地企业合谋套取中央政府的战略性新兴产业优惠政策，盲目扩大产能（余东华、吕逸楠，2015）。

跟产能过度扩张形成对比的是，企业面临的市场需求相对稳定，难以依靠行政力量超常规地扩张（干春晖等，2015）。尽管政府可以通过一些非市场手段刺激某些行业和企业继续加大力度生产，从而增加对某些上游行业的需求，但是整个经济体是一个复杂的系统，投入产出关系非常精细复杂，政府不可能在依靠行政手段保持产量增加的情况下解决市场供求平衡问题，反而会因为扭曲资源配置而加剧产能过剩。而且，政府干预下的投资形成的产能扩张往往不顾产业是否具有良好的市场需求前景，难以较好地引导需求增加，加上地方政府和企业为了快速回本盈利，往往热衷于投资产品和技术低端的项目，难以满足消费升级对高端产能日益增长的需求。多种因素叠加，导致过度形成的产能无法得到市场认可。当总产能的增幅持续高于需求的增长时，必然出现产能利用率下降的局面，并最终导致产能过剩。

更加棘手的是，出现产能过剩的行业，往往产品同质化程度高，竞争主要依靠价格，后进入者由于建厂成本和运营成本低，仍能形成价格竞争优势，容易继续大量投资（国务院发展研究中心《进一步化解产能过剩的政策研究》课题组等，2015）。而且，绝大部分产能过剩行业投资运营规模大，税基较为稳定和庞大，地方政府基于税收的考虑也会继续对其进行培育和保护（白重恩等，2004；席鹏辉等，2017），从而使产能利用情况进一步恶化。

综上所述，我们提出本章有待检验的理论假说：经济增长目标的提高起初有利于改善产能利用情况，但当经济增长目标达到一定程度时，进一步提高反而会导致产能利用率下降，即经济增长目标与产能利用率之间存在"倒U型"关系。

三、实证策略

（一）实证策略

本章的实证策略是，首先实证检验经济增长目标与产能利用率之间的关系，然后识别作用机制。考虑到政府经济增长目标转化为政府经济管理行为，进而影响企业生产行为存在时滞，我们将经济增长目标滞后一期，设定如下实证模型：

$$CU_{ijt} = \alpha + \beta_1 target_{it-1} + \beta_2 target_{it-1}^2 + X_{ijt-1}\Psi + Z_{it-1}\Gamma + \gamma_i + \delta_j + \lambda_t + \varepsilon_{ijt}$$

$$(8-1)$$

其中，CU_{ijt} 是城市 i 四位数行业 j 在时期 t 的产能利用率。之所以从行业层面考察产能过剩是因为从单个企业的层面度量产能过剩，更多反映的是企业经营状况，而行业层面的产能过剩是产业特征，反映的是该行业发展是否合理，行业内部资源配置是否合理，以及不同行业间资源配置是否合理，更加具有资源配置的含义。$target_{it-1}$ 是城市 i 在 $t-1$ 时期的经济增长目标，X_{ijt-1} 是城市行业层面的控制变量，Z_{it-1} 是城市层面的控制变量。为减弱内生性，所有控制变量均使用滞后一期。γ_i、δ_j、λ_t 分别是城市固定效应、行业固定效应和时间固定效应，ε_{ijt} 为随机扰动项。β_1 和 β_2 是本章关心的回归系数，若经济增长目标与产能利用率存在"倒U型"关系，预计 $\beta_1 > 0$，$\beta_2 < 0$。

本章采用的是滞后一期经济增长目标的一次项与平方项作为核心解释变量，已经在很大程度上减弱了可能由于地方政府基于对辖区企业产能的评估制定经济增长目标而产生的反向因果关系，但还是不能完全排除地方政府制定经济增长目标时可能会考虑未来的产能。如果这种情况成立的话，滞后目标和产能之间就存在反向因果关系，继而产生内生性的问题。此外，尽管我们已经尽可能控制可能影响产能的行业和城市层面的变量，但还是存在变量遗漏的可能性，变量的测量误差也难以完全规避，因此，为保证本章的发现稳健可信，在利用 OLS 方法得到基本的回归结果后，我们将采用工具变量法对式（8-1）的实证方程进行重新估计，以克服内生性的影响。

在工具变量的选取上，考虑到在"官员晋升锦标赛"的治理模式之下，一方面，地方官员的政治前途掌握在上级政府手中，不得不对上级设定的目标和分配的任务做出反应，往往倾向于在上级政府提出的经济增长目标的基础上，制定一个比上级政府更高的经济增长目标（周黎安等，2015）；另一方面，地方官员之间存在的激烈增长竞争（周黎安，2007），使得地方官员在制定本地区的经济增长目标时，不得不考虑其他地区，特别是有竞争关系地区的目标，以避免制定的目标处于低位，难以向上级政府传递能力信号。因此，我们选取了省级经济增长目标和省内各城市经济增长目标的中位值作为城市经济增长目标一次项的工具变量，将它们各自的平方项作为城市经济增长目标平方项的工具变量，按照上述分析，省级目标和竞争城市目标能够对地方政府的目标制定产生影响，但不会直接作用于当地经济发展，不会直接影响产能利用率，符合工具变量的选取原则。

（二）数据说明

在行业层面上，产能过剩是指在一定时期内，某行业的实际产出在一定程度上低于该行业的生产能力。与 Färe 等（1989）、董敏杰等（2015）、张少华和蒋伟杰（2017）、Fukuyama 等（2021）等文献一样，本章以产能利用率作为产能过剩的判断指标，并将之定义为实际产出对生产能力的比值。生产能力的测度方法主要有四种：①峰值法。这种方法实际上是以宏观产出的峰值作为生产能力。②调查法。以机器设备的设计生产能力作为生产能力，是工程意义上的生产能力。③函数法。以企业生产达到成本最小化或者利润最大化时的经济产出水平作为生产能力，被视为经济学意义上的生产能力。④DEA 法。生产能力指的是当前企业拥有的固定资本存量被用来购置生产能力最大的设备并且这些设备达到充分利用时的生产能力，为技术意义上的生产能力（韩国高等，2011；董敏杰等，2015）。本章的生产能力利用 DEA 方法测算得到，这是考虑到国务院 2013 年 10 月发布的《国务院关于化解产能严重过剩矛盾的指导意见》所指出的部分地方政府过于追求发展速度、助推重复投资和产能扩张，以及我国市场化改革滞后、生产要素价格扭曲、市场机制未能有效发挥的客观事实，相较于依赖技术有效假设的工程意义上的产能利用率，或者是企业生产成本最小化或利润最大化假设的经济学意义上的生产能力，使用技术意义上生产能力的 DEA 方法可能更符合中国的现实情况，而且不需要先验性地设定函数形式（梁咏梅等，2014）。具体地，我们参考 Färe 等（1989）的做法进行测算，测算的基础数据来自 2001—2007 年的工业企业数据库。在经过一系列的处理[1]后，我们将企业数据分城市按四位数行业加总，测算各城市四位数行业的产能利用率[2]。表 8-1 报告了两位数行业的产能利用率情况。从时间维度看，2001—2007 年中国制造业平均产能利用率为 0.750 8，2001 年为 0.742 6，2007 年达到 0.762 5，整体呈上升趋势。2001—2003 年间产能利用率从 0.742 6 下降至 0.738 5，2003 年后稳步上升至 0.762 5，这一结果与董敏杰等（2015）、张少华和蒋伟杰（2017）的发现基本一致。从行业维度看，大部分行业的产能利用率为 70%～80%，其中，烟草、文教体育用品、医药三大行业的平均产能利用率最高，化学纤维、黑色金属、石油加工等行业的平均产能利用率最低。

表 8-1　中国工业产能利用率

	2001 年	2002 年	2003 年	2004 年	2005 年	2006 年	2007 年
所有行业均值	0.742 6	0.736 0	0.738 5	0.740 0	0.753 1	0.758 1	0.762 5
农副食品加工业	0.711 3	0.735 4	0.708 7	0.716 5	0.738 7	0.775 1	0.766 3
食品制造业	0.756 9	0.721 0	0.741 4	0.753 8	0.757 3	0.764 1	0.760 1
饮料制造业	0.713 9	0.739 9	0.748 5	0.746 6	0.757 9	0.721 9	0.771 6
烟草制品业	0.838 5	0.842 5	0.795 5	0.842 3	0.789 5	0.771 0	0.859 8
纺织业	0.742 1	0.719 9	0.707 2	0.684 1	0.726 2	0.727 7	0.734 8
纺织服装、鞋、帽制造业	0.767 5	0.750 3	0.743 0	0.755 5	0.762 8	0.757 2	0.830 6

---

　　① 我们对工业企业数据作了如下处理：参照 Brandt 等（2012）的方法，将各年数据进行匹配以应对企业兼并重组等可能对企业代码变化的影响，并计算得到资本存量；删除企业总产值、平均从业人员数、中间投入、资本存量等关键变量缺失、等于或小于 0 的观测值；删除了产品销售收入小于 500 万元，或者平均从业人员数少于 8 人的观测值；删除了明显不合理的观测值，如总资产小于流动资产、总资产小于固定资产、累计折旧小于本年折旧等；删除了关键变量前后各 1% 分位数的观测值以摒除极端值的影响；对 2003 年以前数据的行业类别按《国民经济行业分类》（GB/T 4754—2002）进行了调整（谢千里等，2008；黄亮雄等，2013；贾润崧和胡秋阳，2016）。

　　② 需要指出的是，经过处理后余下的行业均为制造业。为使样本的技术特征尽可能接近，我们用四位数行业的投入产出数据构建生产前沿面。产出用总产值度量，固定投入要素用资本存量度量，可变投入要素分别用平均从业人员数、中间投入度量。

（续上表）

	2001 年	2002 年	2003 年	2004 年	2005 年	2006 年	2007 年
皮革、毛皮、羽毛（绒）及其制品业	0.784 1	0.753 8	0.749 8	0.735 8	0.751 6	0.757 0	0.731 2
木材加工及木、竹、藤、棕、草制品业	0.714 4	0.713 9	0.725 3	0.723 3	0.764 8	0.762 5	0.779 4
家具制造业	0.778 2	0.724 1	0.776 0	0.773 7	0.792 5	0.783 2	0.761 8
造纸及纸制品业	0.702 0	0.727 8	0.710 9	0.769 3	0.802 8	0.826 9	0.809 2
印刷业和记录媒介的复制	0.755 5	0.800 4	0.757 8	0.793 1	0.756 3	0.756 1	0.792 3
文教体育用品制造业	0.780 5	0.805 7	0.782 8	0.808 7	0.830 2	0.769 3	0.796 6
石油加工、炼焦及核燃料加工业	0.745 0	0.645 5	0.745 5	0.692 3	0.781 9	0.6705	0.7398
化学原料及化学制品制造业	0.711 3	0.721 8	0.715 2	0.734 0	0.736 6	0.745 6	0.756 2
医药制造业	0.759 5	0.725 7	0.822 6	0.799 8	0.781 7	0.809 3	0.816 9
化学纤维制造业	0.686 6	0.675 8	0.677 5	0.778 4	0.708 2	0.701 5	0.698 6
橡胶制品业	0.797 5	0.736 6	0.732 4	0.744 5	0.759 5	0.756 4	0.776 3
塑料制品业	0.756 0	0.734 0	0.742 5	0.715 8	0.744 0	0.780 0	0.719 3
非金属矿物制品业	0.722 2	0.719 5	0.721 8	0.742 3	0.759 6	0.777 4	0.785 6
黑色金属冶炼及压延加工业	0.686 2	0.674 5	0.709 0	0.739 5	0.741 3	0.701 6	0.678 9
有色金属冶炼及压延加工业	0.698 0	0.763 4	0.757 5	0.733 0	0.694 0	0.714 8	0.723 3
金属制品业	0.737 6	0.744 4	0.750 5	0.709 0	0.752 5	0.775 5	0.761 3
通用设备制造业	0.744 3	0.740 1	0.743 5	0.738 4	0.732 8	0.735 0	0.748 5
专用设备制造业	0.768 5	0.759 1	0.755 3	0.764 5	0.778 0	0.788 2	0.773 1
交通运输设备制造业	0.777 2	0.754 8	0.735 7	0.753 2	0.776 0	0.768 0	0.778 7
电气机械及器材制造业	0.750 8	0.732 6	0.747 5	0.718 9	0.738 5	0.737 0	0.740 3

（续上表）

	2001 年	2002 年	2003 年	2004 年	2005 年	2006 年	2007 年
通信设备、计算机及其他电子设备制造业	0.743 8	0.737 6	0.732 5	0.746 7	0.763 2	0.745 5	0.780 1
仪器仪表及文化、办公用机械制造业	0.785 6	0.759 8	0.785 0	0.762 7	0.789 0	0.787 4	0.778 6
工艺品及其他制造业	0.750 9	0.738 0	0.716 2	0.750 6	0.741 0	0.750 4	0.780 1

数据来源：根据公开资料自行整理。

本章实证方程中的关键解释变量——经济增长目标是从各地级市的政府工作报告中收集得到。由于并非每年的经济增长目标都有明确的数值，本章对带有"约""左右""高于""以上""最低""不低于"等修饰词的目标表述，采用具体数字；对区间的目标表述，采用区间均值。

除了核心解释变量，本章在实证回归中考虑了一系列控制变量。在城市行业层面，控制了：①行业规模。规模大的行业对地方 GDP、税收和就业等贡献大，是地方政府招商引资的重点，容易出现产能过剩。即便出现产能过剩，也会被视为税收支柱性产业而培育和保护（江飞涛等，2012；席鹏辉等，2017）。本章以城市各行业就业人数（对数形式）度量行业规模。②资本密集度。厂房、设备等固定资本的变动需要较长的周期，生产能力短期内难以根据市场需求迅速调整，因此，容易出现产能利用率下降的情况（董敏杰等，2015）。本章以城市各行业人均固定资本存量（对数形式）度量。③国有企业比重。国有企业易受政府干预、具有融资优势、存在政策性负担及预算软约束等特点，决定了国有企业难以完全市场化运作，落后产能未能及时淘汰（林毅夫、李志赟，2004）。我们以城市各行业国有及国有控股企业在工业总产值的比重度量。④市场集中度。垄断市场结构下，在位企业为阻碍潜在竞争者进入，可能采取保有一定过剩产能的策略（Driver，2000），故我们以销售收入计算的赫芬达尔指数来刻画市场集中度。⑤出口比重。具有外部市场需求的产业更可能降低市场饱和导致的产能利用率低的风险（Salim，2008），我们以出口交货值占总产值的比重度量外部市场需求。

在城市层面，我们控制了以下因素：①经济发展阶段。林毅夫（2007）认为，中国作为发展中国家，社会对产业的前景易形成共识，继而引起投资大量涌入，导致产能过剩。为反映经济发展阶段对产能利用率的影响，本章加入城市人均实际 GDP（对数形式）。②固定资产投资。韩国高等（2011）和王文甫等（2014）均指出，过度投资是产能过剩产生最直接的成因，故本章以城市的固定资产投资增速考察投资对产能利用率的影响。③工业部门的发展。工业部门越齐全，产业关联就越紧密，产能更容易被下游企业消化掉（刘航、孙早，2014）。因此，本章以第二产业增加值占 GDP 的比重度量工业部门的发展情况。

本章以全国地级市四位数行业为考察对象，由于存在数据缺失，所以是非平衡面板数据。城市行业层面的数据来自中国工业企业数据库，城市层面的数据来源于历年《中国城市统计年鉴》。表 8 - 2 报告了主要变量的描述性统计。

表 8 - 2　主要变量描述性统计

变量名	观测数	均值	标准差	最小值	最大值
产能利用率	75 277	0.753 2	0.095 3	0.366 2	1.000 0
经济增长目标	75 277	0.124 3	0.020 5	0.060 0	0.314 0
就业人数（对数形式）	75 277	5.964 2	1.426 0	2.564 9	12.011 5
人均固定资本存量（对数形式）	75 277	3.976 7	0.934 3	- 1.436 7	7.908 5
国有企业工业产值比重	75 277	0.060 3	0.205 6	0.000 0	1.000 0
赫芬达尔指数	75 277	0.595 4	0.343 2	0.004 1	1.000 0
出口交货值比重	75 277	0.149 6	0.271 3	0.000 0	1.000 0
人均实际 GDP（对数形式）	75 277	9.721 0	0.768 3	7.915 3	12.343 8
固定资产投资增速	75 277	0.304 5	0.287 4	- 0.273 8	2.185 3
第二产业增加值比重	75 277	0.501 5	0.090 5	0.157 0	0.859 2

四、实证分析

（一）基本回归结果

表 8 - 3 报告了基于实证方程估计经济增长目标等因素影响产能利用率的实证结果。与预期一致，在样本期间，经济增长目标与产能利用率呈现显著的"倒 U 型"关系。

表 8 - 3 第（1）列为仅加入上期经济增长目标一次项的 OLS 回归结

果，上期经济增长目标一次项的回归系数为 0.160 9，通过显著性水平为 1% 的统计检验，表明随着经济增长目标的提高，产能利用率上升。第 (2) 列同时加入上期经济增长目标一次项与平方项的 OLS 回归结果，上期经济增长目标一次项的回归系数为 0.941 3，通过显著性水平为 1% 的统计检验；平方项的回归系数为 −2.794 3，通过显著性水平为 1% 的统计检验。这表明，与理论预期一致，随着经济增长目标的提高，产能利用率上升，但上升的速度越来越慢，当经济增长目标提高到一定程度时，目标的提高将导致产能利用率下降，即经济增长目标与产能利用率之间存在"倒 U 型"关系。第 (3) 列在第 (2) 列的基础上引入了上期就业人数（对数形式）、上期人均固定资本存量（对数形式）、上期国有企业工业产值比重、上期赫芬达尔指数和上期出口交货值比重等城市四位数行业层面的控制变量，与第 (2) 列的回归结果相比，回归结果没有发生本质变化，上期经济增长目标一次项和平方项的回归系数分别为 1.117 0 和 −3.295 9，都通过显著性水平为 1% 的统计检验。第 (4) 列基于第 (3) 列进一步加入上期人均实际 GDP（对数形式）、上期固定资产投资增速和上期第二产业增加值比重等城市层面的控制变量，回归结果同样没有发生实质性改变，上期经济增长目标一次项和平方项的回归系数分别为 0.939 7 和 −2.755 6，仍然都通过显著性水平为 1% 的统计检验。

第 (5) 列在第 (4) 列的基础上控制了城市固定效应、行业固定效应和时间固定效应。控制了固定效应后，一次项的回归系数减小为 0.418 9，通过显著性水平为 1% 的统计检验；平方项的回归系数为 −1.146 1，通过显著性水平为 1% 的统计检验。以上结果表明，尽管经济增长目标的回归系数大小有了较大变化，但经济增长目标与产能利用率的"倒 U 型"关系依然显著成立，当经济增长目标为 0.182 8 时，产能利用率达到最大值。也就是说，当经济增长目标到达 0.182 8 之前，随着目标上升，产能利用率将提高；而当经济增长目标越过拐点 0.182 8 之后，随着目标上升，产能利用率将下降。从现在样本的情况来看，969 个观测样本的目标超过这个临界值，约占样本总量的 1.3%，其中包括了鄂尔多斯、铁岭、乌海、吉林等以煤炭、钢铁、化工、电解铝等产能过剩较为严重的行业为主导产业的城市。

其他控制变量方面，与预期一致，产能利用率与就业人数（对数形式）、人均固定资本存量（对数形式）、国有企业工业产值比重、赫芬达尔指数、固定资产投资增速等存在显著的负相关关系，与第二产业增加值比重呈现显著的正相关关系。出口交货值比重的回归系数不显著，这可能是因为 1997—1998 年亚洲金融危机的外部冲击下国外市场需求减少，使得出口对产能利用率的影响变得不明显。人均实际 GDP（对数形式）的回归系数同样不显著，这应该是经济周期导致的，即便是在经济发展水平较高的阶段，也可能会因为经济不景气出现产能利用率不高的情况。

根据以上回归结果，我们初步验证了理论命题，即经济增长目标与产能利用率存在"倒 U 型"关系。

表 8 - 3　基本回归结果

	(1)	(2)	(3)	(4)	(5)
	被解释变量：产能利用率				
上期经济增长目标	0.160 9***	0.941 3***	1.117 0***	0.939 7***	0.418 9***
	(0.017 5)	(0.078 2)	(0.074 6)	(0.075 1)	(0.125 9)
上期经济增长目标平方项		-2.794 3***	-3.295 9***	-2.755 6***	-1.146 1***
		(0.271 0)	(0.259 3)	(0.258 6)	(0.426 7)
上期就业人数（对数形式）			-0.013 4***	-0.013 5***	-0.013 2***
			(0.000 4)	(0.000 4)	(0.000 3)
上期人均固定资本存量（对数形式）			-0.032 7***	-0.033 3***	-0.038 7***
			(0.000 4)	(0.000 4)	(0.000 4)
上期国有企业工业产值比重			-0.020 5***	-0.018 6***	-0.018 1***
			(0.001 8)	(0.001 8)	(0.001 6)
上期赫芬达尔指数			-0.033 4***	-0.031 4***	-0.028 0***
			(0.001 5)	(0.001 5)	(0.001 4)
上期出口交货值比重			-0.013 7***	-0.017 0***	-0.001 3
			(0.001 3)	(0.001 3)	(0.001 4)
上期人均实际 GDP（对数形式）				0.003 4***	-0.003 8
				(0.000 5)	(0.003 0)
上期固定资产投资增速				-0.012 6***	-0.005 2***
				(0.001 2)	(0.001 5)
上期第二产业增加值比重				0.027 4***	0.082 0***
				(0.004 1)	(0.015 2)
常数项	0.733 2***	0.680 6***	0.899 7***	0.872 4***	1.075 3***
	(0.002 2)	(0.005 6)	(0.006 4)	(0.007 2)	(0.038 7)
城市固定效应	无	无	无	无	有
行业固定效应	无	无	无	无	有
时间固定效应	无	无	无	无	有

（续上表）

	（1）	（2）	（3）	（4）	（5）
	被解释变量：产能利用率				
样本	75 277	75 277	75 277	75 277	75 277
R^2	0.001 2	0.002 6	0.119 5	0.123 1	0.413 8

注：括号内是稳健标准误；＊＊＊表示通过显著水平为1%的统计检验。

（二）IV 回归结果

表8－4报告的是利用 IV 法估计式（8－1）的实证方程的回归结果。与 OLS 法的回归结果一致，我们还是发现了经济增长目标与产能利用率之间存在显著的"倒 U 型"关系。

其中，第（2）、第（3）列报告了第一阶段的回归结果。第（2）列中，上期省级经济增长目标与省内各城市经济增长目标中位值一次项均与上期城市经济增长目标显著正相关。第（3）列中，上期省级经济增长目标与省内各城市经济增长目标中位值平方项也都跟上期城市经济增长目标平方项显著相关。此外，弱工具变量检验的 Kleibergen-Paap rk Wald F 统计量为 1 890.137 0，远远高于 Stock-Yogo 临界值，表明所选取的工具变量与内生变量显著相关。而过度识别检验中的 Hansen J 统计量为 0.550 1，无法通过显著性水平为 10% 的统计检验，也就是说，所有工具变量都满足外生性的要求。

在 IV 法使用的前提条件都满足的情况下，我们再看表8－4第（1）列所报告的第二阶段回归结果：上期经济增长目标一次项的回归系数为 1.433 4，通过显著性水平为 1% 的统计检验；上期经济增长目标平方项的回归系数为 －3.771 7，也通过显著性水平为 1% 的统计检验，表明即便考虑内生性，本章的发现仍然稳健，经济增长目标与产能利用率之间存在显著的"倒 U 型"关系。具体地，当经济增长目标为 0.190 0 时，产能利用率达到最大值。也就是说，在经济增长目标到达 0.190 0 之前，随着目标上升，产能利用率将提高；而当经济增长目标越过拐点 0.190 0 之后，随着目标上升，产能利用率将下降。

为了进一步确认是否应该采用 IV 法进行回归，我们进行了 Durbin-Wu-Hausman 检验，结果显示，chi2 值为 21.094 9，对应的 p 值为 0，表明确实应该采用 IV 法，因此，在后续的分析中，我们一律采用 IV 法进行回归分析。

表 8 - 4　IV 回归结果

	(1) 产能利用率 第二阶段回归	(2) 上期经济增长目标 第一阶段回归	(3) 上期经济增长目标平方项 第一阶段回归
上期经济增长目标	1.433 4***		
	(0.318 3)		
上期经济增长目标平方项	-3.771 7***		
	(1.264 0)		
IV：上期省级经济增长目标		0.747 9***	0.387 3***
		(0.075 0)	(0.036 3)
IV：上期省内各城市经济增长目标中位值		1.329 7***	0.148 3***
		(0.047 0)	(0.017 3)
IV：上期省级经济增长目标平方		-2.306 5***	-1.570 2***
		(0.378 3)	(0.183 8)
IV：上期省内各城市经济增长目标中位值平方		-4.036 3***	-0.310 0***
		(0.192 1)	(0.071 5)
Kleibergen-Paap rk Wald F 统计量		1 890.137 0	
Hansen J 统计量及 p 值		0.550 1	
		(0.759 5)	
样本	75 277	75 277	75 277
Centered R^2	0.412 9		

注：括号内是稳健标准误；＊＊＊表示通过显著水平为 1% 的统计检验；各列结果均加入了所有的控制变量并控制了城市固定效应、行业固定效应和时间固定效应，为节省篇幅这里没有报告控制变量的回归结果，以下各表同。

（三）考虑产业异质性

既有文献表明，产能利用率具有明显的产业异质性（董敏杰等，2015；张少华、蒋伟杰，2017）。与既有文献主要采取轻重工业的划分方法不同，我们试图从产业资本密集度、是否属于重点发展产业、国企比重高低等维度考察产业异质性，以加深对产能过剩的行业特征的理解。

首先，我们将样本划分为资本密集型产业和劳动密集型产业[1]，考察经济增长目标对产能利用率的影响。不管从财政收入还是政治晋升的角度，地方政府都有追求短期经济总量增长的强烈动机。资本密集型产业前期投入大，对地方 GDP、税收和就业的贡献立竿见影，往往是地方政府招商引资的重点，其资源配置更容易受到地方政府的干预。在生产过程中，即便出现产能过剩，也会被视为税收支柱性产业而培育和保护（江飞涛等，2012；席鹏辉，2017）。因此，经济增长目标对资本密集型产业的影响应当更为明显。表 8 - 5 第（1）列是资本密集型产业的回归结果。本章所关心的上期经济增长目标变量的回归系数，一次项通过显著性水平为 1% 的统计检验，大小为 1.006 4，平方项通过显著性水平为 5% 的统计检验，大小为 - 2.396 0。这表明在资本密集型产业，经济增长目标与产能利用率存在"倒 U 型"关系，与我们的预期一致。第（2）列是劳动密集型产业的回归结果。上期经济增长目标一次项的回归系数为 0.833 3，平方项的回归系数为 - 0.803 3，都没有通过显著性检验。也就是说，经济增长目标与产能利用率之间的"倒 U 型"关系在劳动密集型产业并没有体现，经济增长目标对产能利用率的影响主要体现在受地方政府干预更多的资本密集型产业。

其次，我们依照国家"十五"和"十一五"两个五年规划，将工业发展一章中提到的所有制造业产业提取出来，视为重点产业[2]，并据此将样本划分为重点产业和非重点产业，考察经济增长目标对产能利用率的影响。在世界各国促进产业结构优化升级和经济发展的过程中，往往会有意识地选择一些适合经济体现阶段资源禀赋优势的、前后相关联性强的产业作为重点产业，将资源导向这些产业，以充分发挥这些产业对其他产业和国民经济的带动作用，加快产业转型升级的速度，促进一国经济更好更快地发展。换言之，被列为重点产业的产业，受政府影响更大，因此受经济增长目标影响也更明显。表 8 - 5 第（3）列是重点产业的回归结果，上期

---

[1]　借鉴李荣林和姜茜（2010）的做法，将石油加工、炼焦及核燃料加工业，化学原料及化学制品制造业，医药制造业，黑色金属冶炼及压延加工业，有色金属冶炼及压延加工业，通用设备制造业，专用设备制造业，交通运输设备制造业，电气机械及器材制造业，通信设备、计算机及其他电子设备制造业，仪器仪表及文化、办公用机械制造业归为资本密集型产业，其他制造业归为劳动密集型产业。

[2]　根据本章整理，重点产业包括纺织业，纺织服装、鞋、帽制造业，造纸及纸制品业，化学原料及化学制品制造业，非金属矿物制品业，黑色金属冶炼及压延加工业，有色金属冶炼及压延加工业，金属制品业，专用设备制造业，交通运输设备制造业，电气机械及器材制造业，通信设备、计算机及其他电子设备制造业。

经济增长目标一次项的回归系数为 1.429 3，平方项的回归系数为 −3.278 8，均通过显著性水平为 1% 的统计检验。这一结果说明重点产业的经济增长目标与产能利用率存在"倒 U 型"关系。非重点产业的回归结果如第（4）列所示，上期经济增长目标一次项的回归系数为 0.513 4，平方项的回归系数为 −0.826 4，都没有通过显著性检验，表明经济增长目标与产能利用率之间的"倒 U 型"关系在非重点产业不成立。上述发现与我们的预期一致，经济增长目标对产能利用率的影响主要体现在受地方政府影响更大的重点产业。

最后，我们根据四位数行业国企比重的中位数，将国企比重高于中位数的样本划分为国企比重高的产业，低于中位数的样本划分为国企比重低的产业。诚然，国有企业受政府干预的程度较私营企业更高，且具有融资优势、存在政策性负担及预算软约束等（林毅夫、李志赟，2004），这些特征决定了国有企业难以完全市场化运作，更容易出现产能过剩的情况。但张少华和蒋伟杰（2017）利用 2001—2011 年中国 30 个省（自治区、直辖市）工业行业的投入产出数据测算的产能利用率显示，国有企业的平均动态产能利用率为 0.686 7，平均静态产能利用率为 0.660 4，而私营企业的平均动态产能利用率为 0.634 9，平均静态产能利用率为 0.599 8，均低于国有企业，这就使得经济增长目标可能对产能利用率产生的差异性影响表现得并不那么明晰。表 8 - 5 第（5）列和第（6）列分别是国企比重高的产业和国企比重低的产业的回归结果。可以看到，在国企比重高的行业，上期经济增长目标一次项的回归系数为 0.787 3，通过显著性水平为 5% 的统计检验，平方项的回归系数为 −1.694 9，通过显著性水平为 10% 的统计检验；类似地，在国企比重低的行业，上期经济增长目标一次项的回归系数为 1.354 7，平方项的回归系数为 −2.722 0，均通过显著性水平为 1% 的统计检验。也就是说，在国企比重高和低的产业均体现了经济增长目标与产能利用率之间的"倒 U 型"关系。

表 8 - 5　分产业的回归结果

	(1)	(2)	(3)	(4)	(5)	(6)
	产能利用率					
	资本密集型产业	劳动密集型产业	重点产业	非重点产业	国企比重高的产业	国企比重低的产业
上期经济增长目标	1.006 4***	0.833 3	1.429 3***	0.513 4	0.787 3**	1.354 7***
	(0.335 4)	(0.938 0)	(0.294 6)	(1.071 5)	(0.323 9)	(0.343 2)

	（1）	（2）	（3）	（4）	（5）	（6）
	产能利用率					
	资本密集型产业	劳动密集型产业	重点产业	非重点产业	国企比重高的产业	国企比重低的产业
上期经济增长目标平方项	-2.396 0**	-0.803 3	-3.278 8***	-0.826 4	-1.694 9*	-2.722 0***
	(1.080 3)	(4.081 1)	(0.863 6)	(4.710 6)	(0.981 3)	(0.941 0)
Kleibergen – Paap rk Wald F 统计量	845.116 0	240.129 0	1 114.977 0	134.284 0	906.494 0	779.750 0
Hansen J 统计量及 p 值	1.349 6	1.465 4	2.490 4	1.449 0	3.678 6	2.064 1
	(0.509 2)	(0.480 6)	(0.287 9)	(0.484 6)	(0.158 9)	(0.356 3)
样本	37 154	38 123	43 143	32 134	32 810	42 467
Centered R^2	0.416 3	0.416 4	0.424 2	0.401 7	0.180 0	0.197 6

注：括号内是稳健标准误；＊＊＊、＊＊、＊分别表示通过显著水平为1%、5%和10%的统计检验。

（四）稳健性检验：变换核心变量的度量指标

本部分通过变换核心变量的度量指标，以检验本章的发现是否稳健。表8-6第（1）列以是否存在产能过剩作为被解释变量的度量指标。由于中国目前还没有建立产能过剩的认定标准，我们借鉴江源（2006）和韩国高等（2011）的做法，利用欧美等地区判断产能过剩的标准，将产能利用率低于79%的行业视为存在产能过剩，取值为1；将产能利用率等于或高于79%的行业视为不存在产能过剩，取值为0。鉴于被解释变量为0-1变量，我们采用probit回归模型。从回归结果来看，上期经济增长目标一次项的回归系数为-14.687 5，通过显著性水平为1%的统计检验；平方项的回归系数为35.253 9，通过显著性水平为5%的统计检验，这表明随着经济增长目标的提高，出现产能过剩的概率将先下降，但是下降的速度越来越慢，当经济增长目标提高到一定程度时，增长目标继续提高反而增加产能过剩出现的概率。换言之，经济增长目标与产能过剩的出现存在"U型"关系，反之即经济增长目标与产能利用率之间存在"倒U型"关系。

第（2）列通过改变产能过剩的界定标准进一步做了稳健性检验。我们将产能利用率低于样本均值的行业视为产能过剩，将产能利用率等于或高于样本均值的行业视为不存在产能过剩，分别令其等于1和0。改变产能过剩界定标准的回归结果显示，同样的，上期经济增长目标一次项的估计系数显著为负，平方项显著为正，经济增长目标与产能过剩的"U型"关系没有发生变化。

我们还采用随机生产前沿方法（SPF）重新测算产能利用率，考察回归结果的稳健性，结果如表 8-6 第（3）列所示：上期经济增长目标一次项的回归系数为 2.353 5，通过显著性水平为 1% 的统计检验；平方项的回归系数为 -7.044 5，也通过显著性水平为 1% 的统计检验，再次表明经济增长目标与产能利用率存在"倒 U 型"关系。

在不同的经济形势下，地方政府为完成制定的经济增长目标所承受的压力显然不同。顺周期时，即便是制定了较高的经济增长目标，地方政府完成目标的难度可能也不大，对经济的干预程度自然较弱。反之，逆周期时，较低的经济增长目标可能都很难完成，地方政府要完成目标需要付出更多的努力。尽管我们已经在回归中控制了时间固定效应来应对经济形势可能给结果造成的影响，在此仍然尝试将核心解释变量替换为相对经济增长目标，采用当期经济增长目标与 GDP 增速的比值度量，以进一步考察结论的稳健性。表 8-6 第（4）列报告了相应的回归结果，可以看到，上期相对经济增长目标的一次项显著为正，平方项显著为负，即经济增长目标与产能利用率存在"倒 U 型"关系，与基本结论保持一致。

表 8-6　替换核心变量的回归结果

	（1）	（2）	（3） SPF 四位数行业前沿面产能利用率	（4） 产能利用率
	是否产能过剩			
上期经济增长目标	-14.687 5***	-12.769 9***	2.353 5***	
	(4.419 1)	(4.150 4)	(0.690 6)	
上期经济增长目标平方	35.253 9**	22.081 8*	-7.044 5***	
	(13.694 0)	(12.684 4)	(2.724 3)	
上期相对经济增长目标				0.197 8***
				(0.058 0)
上期相对经济增长目标平方				-0.116 2***
				(0.033 0)
Kleibergen-Paap rk Wald F 统计量			216.852 0	75.237 0

	（1）	（2）	（3）SPF 四位数行业前沿面产能利用率	（4）产能利用率
	是否产能过剩			
Hansen J 统计量及 p 值			0.150 3 (0.927 6)	4.015 0 (0.134 4)
样本	75 259	75 245	75 277	75 044
Wald chi2	17 235.650 0	18 423.520 0		
Centered R^2			0.712 6	0.140 1

注：括号内是稳健标准误；＊＊＊、＊＊、＊分别表示通过显著水平为1%、5%和10%的统计检验。

五、机制分析

至此，本章已发现，与理论预期一致，经济增长目标与产能利用率存在稳健的"倒 U 型"关系。接下来将进一步分析经济增长目标对产能利用率的影响机制。

在中国特殊的政治经济体制下，经济增长目标除了作为当年辖区经济建设的重要指引外，更是上级政府考核地方官员政绩的关键指标。在定期考核机制的压力下，地方官员具有实施短期行为追求经济增长的强烈动机，以良好的业绩向上级传递正面的能力信号和积极的忠诚态度。为实现既定经济增长目标，地方政府往往扩大政府购买规模、增加政府补贴，实现企业产量增长的同时也出现了投资过度，最终导致非周期性产能过剩现象的产生（王文甫等，2014）。

为检验以上机制，本章分别以城市四位数行业的工业总产值（对数形式）和资本存量（对数形式）作为被解释变量，考察经济增长目标对它们的影响。如果上述机制成立，那么经济增长目标对工业总产值和资本存量两者的影响应该有不同的表现。表 8 – 7 报告了相应的回归结果。第（1）列被解释变量为工业总产值，上期经济增长目标一次项的回归系数为26.698 7，通过显著性水平为 1% 的统计检验，平方项的回归系数为 – 51.782 9，也通过显著性水平为 1% 的统计检验。这表明，经济增长目标可以促进工业产值增长，但促进效果越来越小，甚至最后会带来负面效果。第（2）列被解释变量为资本存量，上期经济增长目标一次项的回归系数为 5.904 4，通过显著性水平为 1% 的统计检验，平方项的回归系数为 -1.820 7，没有通过显著性检验。这表明，经济增长目标可以促进产能增长，且不存在增长速度减慢的情况。以上分析表明，经济增长目标之所以与产能利用率呈现"倒 U 型"关系，是因为经济增长目标在同时提高实际产出和产能的情况下，对前者的促进作用日益变小，致使产能利用率最终下降。

表 8-7　经济增长目标影响产能利用率的机制分析

	（1） 工业总产值（对数形式）	（2） 资本存量（对数形式）
上期经济增长目标	26.698 7***	5.904 4***
	(3.498 6)	(1.706 4)
上期经济增长目标平方项	-51.782 9***	-1.820 7
	(10.732 4)	(3.993 8)
Kleibergen-Paap rk Wald F 统计量	1 261.833 0	1 398.096 0
Hansen J 统计量及 p 值	3.559 0	1.450 8
	(0.168 7)	(0.484 1)
样本	75 277	75 277
Centered R^2	0.723 8	0.792 5

注：括号内是稳健标准误；＊＊＊表示通过显著水平为 1% 的统计检验。

至此，经济增长目标对产能利用率的影响机理已基本明晰，紧接着，我们试图进一步识别地方政府为实现经济增长目标具体采用何种政策手段影响产能利用率。由于土地和环境的"模糊产权"问题以及金融体系的"预算软约束"，低价供地、金融干预和降低企业生产环保标准成为地方政府不当干预企业投资的最为重要的手段（江飞涛等，2012），因此，我们考察地方政府制定的经济增长目标是否影响了这三种手段。

首先，我们利用中国地价信息服务平台所公布的 104 个监测城市的工业用地价格[①]，考察经济增长目标对工业用地价格的影响。表 8-8 第（1）列报告的回归结果显示，上期经济增长目标的回归系数为 -0.286 8，通过显著性水平为 10% 的统计检验，即经济增长目标显著降低了工业用地价

---

① 实际监测了 106 个城市，但拉萨 2008 年才有监测数据，三亚 2017 年才有数据。

格。其次，我们从贷款可获得性和融资成本两个角度验证经济增长目标对企业融资过程的影响。其中，贷款可获得性以城市年末金融机构人民币各项贷款余额占 GDP 的比重度量，数据来自历年《中国城市统计年鉴》，第（2）列的结果表明，经济增长目标并没有显著提高贷款可获得性；融资成本采用工业企业数据库的企业利息支出占负债比重的城市均值度量，在第（3）列的回归结果中同样没有发现经济增长目标对城市融资成本的显著性影响。最后，对于企业生产环保标准，我们以 $PM_{2.5}$ 度量，$PM_{2.5}$ 水平越高，意味着企业生产环保标准越低。从第（4）列的结果可以看到，上期经济增长目标的回归系数为 77.575 4，通过显著性水平为 10% 的统计检验，表明经济增长目标显著提高了 $PM_{2.5}$ 水平，换言之，经济增长目标显著降低了企业生产环保标准。

由此可见，地方政府为实现经济增长目标主要通过低价提供工业用地和降低企业生产环保标准来拉高经济增长率，从而影响产能利用率。

表 8 - 8　目标影响产能的政策手段分析

	（1）	（2）	（3）	（4）
	工业用地价格	年末金融机构人民币各项贷款余额占 GDP 比重	企业利息支出占负债比重	$PM_{2.5}$
上期经济增长目标	− 0.286 8 *	0.498 8	0.044 7	77.575 4 *
	（0.153 2）	（0.937 5）	（0.036）	（42.731 3）
上期人均实际 GDP（对数形式）	0.001 1	− 0.269 7 * * *	0.010 6	− 4.882 2 * *
	（0.005 1）	（0.056 3）	（0.165 9）	（2.093 6）
上期固定资产投资增速	0.002 9	− 0.027 8	− 0.045 6	− 3.624 0 * * *
	（0.001 8）	（0.020 1）	（0.059 7）	（0.904 9）
上期第二产业增加值比重	− 0.105 5	− 0.208 6	− 0.663 4	25.870 7 * * *
	（0.074 6）	（0.191 1）	（0.628 8）	（8.542 1）
城市固定效应	有	有	有	有
时间固定效应	有	有	有	有
Kleibergen-Paap rk F Wald 统计量	10.755 0	23.282 0	25.803 0	24.056 0
Hansen J 统计量及 p 值	0.753 1	0.866 0	1.045 9	1.414 3
	（0.385 5）	（0.352 1）	（0.306 5）	（0.234 3）

（续上表）

	(1)	(2)	(3)	(4)
	工业用地价格	年末金融机构 人民币各项贷款 余额占 GDP 比重	企业利息支出 占负债比重	PM$_{2.5}$
样本	245	605	606	579
Centered R^2	0.158	0.363 5	0.000 2	0.469 3

注：括号内是稳健标准误；＊＊＊、＊＊、＊分别表示通过显著水平为1%、5%和10%的统计检验。工业用地价格的单位为万元/平方米。

六、结论性评述

化解产能过剩是提高供给体系质量和效率、实现高质量发展的工作重点。中国地方政府多年来在推动经济发展中起到了重要作用，但也对中国式产能过剩的形成有着不可推卸的责任。本章结合经济增长目标管理与官员晋升压力视角，重点考察地方经济增长目标对产能利用率的影响效应、机制及其特征。研究发现，经济增长目标与产能利用率之间存在"倒 U型"关系。该结论是稳健的，变换度量变量后依然成立。对产业异质性的分析表明，经济增长目标对产能利用率的影响主要体现在受地方政府干预更多的资本密集型产业和重点产业，而在国企比重高和国企比重低的行业都存在。进一步地，我们发现，这种"倒 U 型"关系的出现是因为经济增长目标对实际产出的影响先增后减，对产能则持续存在扩张效应。我们还发现，经济增长目标对产能利用率的影响通过降低工业用地价格和环保标准实现。

经济增长目标与产能利用率"倒 U 型"关系假说的验证，不仅有利于我们更好地认识经济发展过程中的政府策略与行为，而且有利于我们更好地认识经济转型对体制改革的要求。在"官员晋升锦标赛"下，作为对地方政府官员的关键考核指标，适当的经济增长目标可以形成对地方官员的有效激励，使地方政府充分调动各种资源，积极发挥作用，与市场形成有益补充，使产能得以扩张和产能利用率得以提高，提升经济增长绩效与发展质量。但是，过于强调 GDP 至上的政绩考核，往往会导致地方政府制定过高的经济增长目标，在巨大的经济增长压力下，短期的政治晋升诉求迫使地方官员采取人为扭曲资源配置的方式令企业过度扩张产能，最终导致产能利用率下降、产能过剩久治不愈。正如党的十八届三中全会所强调的，市场在资源配置中起决定性作用，不仅需要政府通过自身改革使市场对资源配置起决定性作用，还要求政府更好地发挥本职作用。具体做法如下：

第一，理性地改革唯 GDP 至上的政绩考核机制，构建多元化的官员政绩考核指标体系。正如党的十九大所指出的，中国经济进入新时代，"已由高速增长阶段转向高质量发展阶段，正处在转变发展方式、优化经济结构、转换增长动力的攻关期"。以 GDP 增长为核心的政绩考核体系往往迫使地方官员为了追求晋升而制定过高的目标并对经济过度干预，过分追求经济增长速度而忽略了经济发展质量。如果中国能够适当地改革目标管理体制，构建多元化的政绩考核指标体系，使地方政府在追求地方经济增长的同时兼顾生态环境以及民生福利，则有望"推动经济发展质量变革、效率变革、动力变革，提高全要素生产率"，实现高质量发展，满足人民日益增长的美好生活需要。

第二，对处理政府与市场的关系而言，政府在积极作为的同时应更多地协同考量市场的作用，实现"看不见的手"和"看得见的手"有机统一、相互补充、相互协调、相互促进。比如，对于存在产能过剩的产业，应当允许低效率企业自由退出市场，并协助妥善解决企业破产后的债务及人员安置问题。强化市场制度建设，强调市场竞争的作用，加强经济资源的优化配置，让国有企业和非国有企业在公平竞争的市场环境中优胜劣汰。转变政府职能，强化服务意识，为企业创造廉洁高效的投资发展环境。

第三，大力推进要素市场化改革。化解由政府价格信号引起的产能过剩，关键在于减少政府对稀缺资源的垄断控制，健全要素市场价格体系，切实发挥市场配置资源的基础性作用。具体而言，改革现有的土地管理制度，不断规范政府对土地利用的管控，切实发挥市场配置资源的基础性作用，对于工业用地应该使用市场化机制定价。推进金融体系的市场化改革，减少地方政府对银行信贷的不当干预，硬化金融系统的预算约束，提高金融资源配置效率。通过要素市场化改革，通过市场配置土地、资金等稀缺而关键的生产要素，提升要素资源配置效率，提高投资回报率与产能利用率，真正实现高质量发展。

第九章　经济增长目标与城镇化

一、引言

改革开放以来，中国的城镇化进程加快，城市空间出现了飞跃发展，城镇化率由 1978 年的 17.9% 增长到 2018 年的 70.3%。然而，这种快速、大规模的城镇化发展，往往呈现出建设用地和建成区面积扩大速度高于城镇人口增长速度的状况，即激进城镇化现象（吴一凡等，2018）。激进城镇化主要是指由于人为原因出现的建筑物空置率高，基础设施使用率不高，是城镇化中人口、产业与土地不匹配的表现，也是一种资源错配和效率低下的表现（常晨、陆铭，2017；Woodworth and Wallace，2017）。激进城镇化现象较为常见的是住房空置率高。据西南财经大学中国家庭金融调查与研究中心发布的《2017 中国城镇住房空置分析》报告，2017 年中国城镇地区住房空置率为 21.4%。实际上，激进城镇化并不仅指建筑物空置率高，它在更一般的意义上代表了规划开发的土地面积过度扩张，而相应的以"人口"为中心的经济活动疲弱不足的形态。推进新型城镇化是高质量发展的典型要求，党的十九届五中全会指出，"完善新型城镇化战略，构建高质量发展的国土空间布局和支撑体系"。由此，分析激进城镇化的成因，扭转城市低效扩张的状态，显得尤为迫切。

当前学者已注意到中国城市扩张中的激进城镇化现象，大多认为其与地方政府行为密切相关（范进、赵定涛，2012；吴一凡等，2018），但对地方政府行为背后激励机制的相关研究主要集中在理论层面，实证文献则分别从财政激励、晋升激励等各种角度展开，并未找到一个较为统一的解释性实证策略和方式。实际上，地方官员的行为主要受到晋升激励驱动（周黎安，2007）。在政治激励驱动之下，地方政府以及官员之间存在激烈竞争（黄亮雄等，2015），且最终直接体现为经济增长的竞争。彭冲和陆铭（2019）就指出晋升激励下的政绩观偏差导致地方官员实施短视性政策与行为，是中国新城建设过热的原因。他们检验了地方官员换届、年龄与新城新区建设的关系，但是并未直接验证政绩激励或经济增长压力的内在影响。本章继续直接从经济增长目标的视角切入，考察地方政府在激烈的经济增长政绩竞争格局下，如何影响了中国的城镇化。

经济增长目标既是中国上级政府激励、管理下级官员的重要手段和政府绩效评价与管理的主要抓手（周黎安等，2015），更是地方官员获取更多的经济与财政收益，并向上级传递正面的能力信号和积极的忠诚态度的重要工具。中国的地方政府和官员呈现出积极有为特征，在政治激励之下，设定经济增长目标，以之作为引导乃至干预辖区资源配置的策略和工具，以求对经济增长实现超前引领。这种做法既直接关系到经济发展方式的选择，也关系到城市扩张不平衡的激进城镇化现象是否得到治理，从而最终关系到经济发展质量。本章融合政治经济学和城市经济学的视角，借鉴和综合上述文献，进一步发展出有待论证的基本理论假说：经济增长目标的提高增加了激进城镇化现象。在经验分析上，本章首先采用美国国家海洋和大气管理局（NOAA）的美国国防气象卫星搭载的可见光成像线性扫描业务系统（DMSP/OLS）的夜间灯光数据，把城市区域的灯光分解为城镇灯光和非城镇灯光，并结合官方公布的城市建成区面积，构建激进城镇化指标。继而，本章采用地级市政府工作报告中公布的经济增长速度目标数据作为核心解释变量进行经验分析，指出经济增长目标设定的提高显著导致城市扩张中的激进城镇化现象出现。

相对于已有文献，本章可能的创新和边际贡献主要体现在以下几个方面。第一，中国激进城镇化引起的建成区面积扩大速度高于城镇人口的增长速度现象虽然已引起学术界的关注（方创琳、王岩，2015；张川川等，2016），但如何较为严谨地衡量激进城镇化，目前的研究仍不足。Zheng et al.（2017）、秦蒙等（2019）开始用夜间灯光来反映城市低效扩张，而本章进一步基于激进城镇化的重要特点——新建城区的夜间灯光不足，采用夜间灯光数据，创造性地把城市夜间灯光区分为城镇灯光与非城镇灯光，进而采用建成区面积与城镇灯光数据（Digital Number，DN）总值的比值来捕捉激进城镇化的程度，拓展了有关激进城镇化以及有关城市低效扩张度量的研究。第二，尽管已有文献讨论政府体制和政策对低效城市扩张、快速城镇化的影响，但定量研究的文献不多，彭冲和陆铭（2019）从地方官员特征的角度解释了新城过度建设的现象，本章进一步从经济增长目标的角度聚焦和切入，旨在考察地方政府所制定的经济增长目标如何影响实体经济中的城市扩张。这既丰富了经济学关于计划与市场关系的研究，也丰富了高质量发展视域下的政府目标治理研究。第三，尽管最近兴起了经济目标管理研究，但大多研究关注于目标的制定法则（余泳泽、杨晓章，2017；詹新宇、刘文彬，2020），或者是目标对经济增长及相关因素的影响（徐现祥、刘毓芸，2017；余泳泽等，2019）。本章则应用到城市发展模式分析，更好地解释中国式城市扩张特征，无疑是对经济增长目标研究文献的拓展。第四，从空间政治经济学的视角探讨了资源配置效率，增加对实现城市有序合理扩张的政策性认识。经济资源在空间层面的有效配置，是提高经济发展效率不可或缺的前提。本章强调了政治体制机制、经济管理体制、生产要素资源配置以及经济发展效率之间存在理论关联。更加现实的是，在强调高质量发展的新征程中，如何让城市土地面积与经济活动较为均衡地扩张，是新时代城市化发展亟待解决的问题（常晨、陆铭，2017）。本章通过一系列的检验和分析，来试图回答如何降低经济增长目标引致激进城镇化出现的负面效应。

本章以下部分的结构安排依次是：文献综述与理论假说；实证模型介绍与数据说明；实证分析；机制分析；异质性分析；结论性评述。

二、文献综述与理论假说

（一）文献综述

1. 经济增长目标管理文献

在我们所掌握的文献范围内，经济增长目标管理文献主要基于中国情境展开分析。中国政府在经济社会管理方面形成和具备了有力的管理工具。在这些管理方式与工具体系当中，非常重要的一个维度就是目标管理（马亮，2013）。中国通过经济社会发展的目标管理引领和推动整个国家的经济社会发展，体现出有为政府超前引领经济社会发展的重要特点。中国政府的经济社会发展目标管理意志集中体现在国民经济和社会发展五年规划纲要、政府年度工作报告等当中。在这些重量级的政府文件当中，政府主动对经济社会发展进行规划设计，设定相应的发展目标。党的十一届三中全会以来，各级政府的目标管理更加关注经济增长目标，且经济增长目标的设定与管理呈现出持续性和系统性。中国各级政府持续系统地制定经济增长目标，这些目标除了作为当年辖区经济建设的重要指引外，更是上级政府考核地方官员政绩的关键指标（周黎安等，2015）。在中国政治集权与经济分权相结合的治理模式下，上级政府掌握地方官员的政治前途，各级地方政府具有追求经济增长以实现上级党和政府所交代的任务和目标的强烈动机（Xu，2011）。地方官员晋升竞争与经济增长目标管理相结合，有力地推动了经济增长。

地方政府制定经济增长目标，主要受到三方面体制因素的影响（王贤彬、黄亮雄，2019；刘勇等，2021）：一是，目标直接体现了本级政府领导的意志。在现行的人事制度和财政体制之下，地方官员拥有适度的自由决策和行动的空间，同时更了解地方的实际状况（马亮，2013；余泳泽、杨晓章，2017）。二是，目标制定也在一定程度上体现了上级政府的意志。在上级政府掌握地方官员政治前途的情况下，地方官员不得不对上级设定的目标和分配的任务做出反应，往往出现"层层加码"现象（周黎安等，2015；Li et al.，2019）。三是，目标制定也受到周围同级地区的影响。"官员晋升锦标赛"的治理模式之下，地方官员之间存在激烈的横向竞争（周黎安，2007；黄亮雄等，2015）。当多个地区的地方政府处于同一个上级政府的领导之下时，同级的众多地方政府在制定本地经济增长目标时会考虑周围同级其他地区的策略。

与此同时，学者甚为关注经济增长目标带来的影响。起初，学者们关注的是经济增长目标对实际的经济增长的影响（徐现祥、刘毓芸，2017）。徐现祥等（2018）进一步指出，当政府实现经济增长目标的政策工具是要素投入时，经济增长目标与经济发展质量负相关。随着研究的深入，学者们开始关注经济增长目标对其他经济因素的影响。余泳泽和潘妍（2019）分析了经济增长目标对服务业结构升级的影响。余泳泽等（2019）则研究了经济增长目标对制造业出口技术复杂度的影响。由此可见，尽管经济增长目标管理的分析愈发深入，但从我们所掌握的文献来看，目前尚未探讨经济增长目标对城市发展模式与城市扩张的影响。

2. 有关激进城镇化的研究文献

城镇化是一个复杂的经济社会发展过程，至少包括土地城镇化、人口城镇化和产业城镇化等方面。长期以来，中国城镇化过分强调土地城镇化，而忽视人口城镇化和产业城镇化，也就是所谓的激进模式（方创琳、王岩，2015）。激进城镇化中的土地城镇化与人口城镇化、产业城镇化的不匹配，可表现为城镇面积，例如新城、工业园不断增多，但城镇人口增长缓慢，城镇产业较为落后（朱纪广等，2020）。激进城镇化是由人为因素导致，例如，城市规划建设不当引致的"人产城"的严重不融合，进而出现人少、无产、陷入发展萧条状态的城镇或区块（Woodworth and Wallace，2017），更明显的特征是建筑物空置率高，基础设施使用率不高（常晨、陆铭，2017）。而建成区面积扩大速度高于城镇人口增长速度，表现为夜间灯光不足、经济活动不足（Zheng et al.，2017）。

激进城镇化中土地城镇化与人口城镇化、产业城镇化的不匹配问题，已被学者所讨论，但更多的是现象的描述、成因的探讨以及政策的提出（王桂新，2013）。研究认为中国的激进城镇化主要由于政府绩效推动、土地财政规划不科学、投资商投机、个人投资渠道少等，过分注重房地产的城市化，忽视了人的城市化，缺乏产业支撑，特别是产业发展与城市空间扩张脱节，出现产城不融合（范进、赵定涛，2012；常晨、陆铭，2017）。研究普遍认为激进城镇化会造成：土地资源浪费、巨额经济损失，阻碍城镇化良性发展（朱纪广等，2020）；房价虚高，隐藏着房地产泡沫破灭、资金链条紧绷乃至断裂、城市发展缺乏产业支撑等诸多风险（张川川等，2016）。解决的办法有：通过中央政府、地方政府以及开发商三个层面的共同努力，围绕推进产城融合，转变政府职能、科学规划、加强对土地的审批、加快户籍制度改革等（吴一凡等，2018）。上述分析大多是定性研究，缺乏较为严谨的定量分析，尤其是检验激进城镇化形成的原因。

与激进城镇化概念较为接近，在一定程度上反映城市低效无序扩张，但更强调城市边界扩张、聚集程度不足的城市蔓延则得到更多且更细致的学术关注。城市蔓延（urban sprawl）描述了一种以低密度、分散化为核心特征的城市发展模式（Glaeser and Khan，2004）。城市蔓延的影响涉及经济、社会、生态等多个维度（秦蒙等，2019）。王家庭等（2019）总结了中国城市蔓延的动力来源于中国的官员考核机制、土地制度、二元经济结构及转型过程中的特殊因素等多方面。激进城镇化更强调建成区面积扩大与夜间灯光和人口增长的不匹配（Zheng et al.，2017），其更直接指向中国城市的低效无序扩张。但是，当前对激进城镇化的严谨定量分析仍不尽充分。

（二）假说提出

现有文献指出，制定经济增长目标确实能有效地促进经济增长（徐现祥、刘毓芸，2017）。目标之所以能促进经济增长，很大程度上是由于政府掌握财政资金、土地、地方国企等各种资源的自由配置权，有条件最大限度地利用各种手段和工具实现既定的经济增长目标。分税制以来的土地出让、房地产等领域的一系列改革给予了地方政府以推动城市化为抓手获取财政收益及实现经济增长的巨大政策空间。中国的城镇化进程更多地受地方政府与官员决策的引导和干预，政府通过土地出让计划和城市规划安排，对城市空间结构和区域功能产生了直接的影响（秦蒙等，2016）。而地方政府与官员决策的目的是完成经济增长目标，短期内提高经济增长，在"官员晋升锦标赛"中胜出（刘淑琳等，2019；余永泽、潘妍，2019）。

一方面，完成经济增长目标、提高经济增长，需要足够的财政支撑，而出让土地能获得财政收入，弥补财政缺口，也就是土地财政。自分税制改革后，地方政府的财源变得紧张，财政收入下降（肖洁等，2015）。政府对土地的供给和开发量，拥有很强的控制力，为了缓解财政压力、弥补财政缺口，地方政府越来越倾向于通过出让土地，获取土地收入和后续的税金（孙秀林、周飞舟，2013）。卢洪友等（2011）认为政府的"卖地"冲动与财政缺口大小成正比，地方财政缺口越明显，当地政府对财政收入的需求越迫切，卖地的动力和幅度自然也就越大。同时，政府可以通过招商引资，发展工业或开发房地产获得后续的税金（张莉等，2019）。由于地方政府需通过出让土地来弥补眼前的财政缺口，短期内大量出让土地的动机就会非常强烈，往往导致过快的、超出人口发展必要的土地开发。这种城市空间的快速扩张，往往呈现出无序和低效的特征。

另一方面，更为重要的是，出让土地，扩大建成区面积，是分税制改革以来地方官员追求经济增长最为直接的手段。在不定期的升迁考核机制的压力之下，地方政府推动当地经济增长最有效和最常用的手段无疑是扩张投资（张军等，2007）。而在进入城镇化推动经济增长的阶段，扩张投资无疑需要以土地为载体才能实现，出让土地成为最为重要的基础性操作。刘淑琳等（2019）也验证了经济增长目标能促进地区投资。从中国2000年以来的财政政策实践来看，基础设施建设投资稳定地成为财政资金的主要投向（吕炜、刘晨晖，2013）。这种投资冲动的背后是"官员晋升锦标赛"的竞争，重要的不是土地出让的绝对数量，而是区域之间的相对程度（周黎安，2007）。即出让土地有利于本地经济增长，但出让土地本身并不是最重要的，关键是以卖地作为"武器"，在投资竞争和 GDP 增长中击败周边其他地区。

地方政府竞争中的"卖地"行为必然导致城镇面积扩大。白燕飞等（2017）研究了地方官员对城市空间增长的影响及作用机制。他们指出，地方主要官员上任后会增加土地出让面积以获取财政收益以及通过刺激基础设施建设实现对城市空间的重塑。彭冲和陆铭（2019）指出中国的新城建设集中体现了增长目标短期化下的发展模式，地方官员更替会显著推动地方新城建设力度。因此，地方政府短期内极度热衷于出让土地，扩大城市发展空间。与此同时，地方政府难以在短期内改变户籍制度限制，且在完成经济增长目标的压力下，地方政府往往并不重视新人口的引入，因为城市人口政策难以在短期内改变，且对当期经济增长的拉动效应很小，城市用地扩张带来的环境受损、交通不便等负面影响并未由政府和前来投资的企业充分承担，而投资增加、财政增收等正面效果却会立竿见影地惠及本届政府和在任官员。这种成本收益状况使土地出让超出新增人口的正常需求量（秦蒙等，2016）。中国土地城镇化远远领先于人口城镇化，中国城市建成区面积扩张远高于同期城镇人口增速（Peng et al.，2017）。在人口增长无法匹配建成区面积扩张的情况下，就会导致激进城镇化现象的出现。综上所述，我们提出理论假说：经济增长目标的提高显著导致激进城镇化现象的出现。

经济增长目标是政府管理和调控经济运行的重要方式，其设定是否科学合理，能够影响众多要素资源配置合理程度。这一理论假说正是从城市扩张的角度指出了在中国特定的制度背景下，经济增长目标管理具有资源配置效应。

三、实证策略

（一）模型设定

为了检验经济增长目标的提高是否导致激进城镇化现象出现，本章参考秦蒙等（2016）、卢盛峰等（2017）、秦蒙等（2019），设定如下回归模型：

$$radu_{it} = \beta_0 + \beta_1 target_{it} + \beta_2 L.\, target_{it} + \beta_3 L2.\, target_{it} + X_{it}\psi + \gamma_i + \lambda_t + \varepsilon_{it}$$

$$(9-1)$$

其中，下标 i 表示城市，下标 t 表示年份。被解释变量 $radu$ 为表征激进城镇化变量，主要为城市建成区面积与核算的城市城镇灯光 DN 总值的比值，并作对数处理。核心解释变量 $target$ 为城市经济增长目标，作对数处理。由于经济增长目标的制定到激进城镇化现象的出现可能需要一定的时限，即存在一定的时滞，为了捕捉经济增长目标对激进城镇化的滞后效应，模型中同时添加了经济增长目标的当期（$target$）、滞后一期

（*L. target*）以及滞后两期（*L2. target*）①。γ_i 和 λ_t 分别是城市固定效应和年份固定效应。X_{it} 和 ε_{it} 分别是控制变量和随机扰动项。β_1、β_2、β_3 是本章最关心的系数。当本章的理论假说成立时，β_1、β_2、β_3 至少有一个系数显著大于0。值得注意的是，如果经济增长目标的提高引致激进城镇化现象出现，是存在一定的滞后效应的，则 β_2 或 β_3 显著大于0，其中，$\beta_2 > 0$ 是存在一年的滞后效应，$\beta_3 > 0$ 是存在两年的滞后效应。

（二）数据说明

本章的研究对象为全国地级市，回归样本区间为2001—2016年。限于数据可得性，2001—2003年地级市数量为281个，2004—2010年为282个，2011—2016年为284个。

关于核心解释变量的设定，本章参考徐现祥等（2018）、刘淑琳等（2019）的方法，经济增长目标变量采用每年年初地级市政府工作报告公布的经本级人大批准的经济增长目标，数据主要通过以下途径手工收集：一是通过各省及地级市的人民政府门户网站获取，这是政府工作报告的主要来源。二是通过地级市年鉴获取，地级市政府工作报告通常会在该地级市当年的统计年鉴上以"特载"形式出版。

被解释变量为城市建成区面积与核算的城市城镇灯光 DN 总值的比值的对数值。首先，夜间灯光数据来源于美国国防气象卫星搭载的可见光成像线性扫描业务系统（DMSP/OLS）数据，年份为1992—2013年，本章采用了曹子阳等（2015）方法进行修正。在稳健性检验中，我们也采用了美国国家极轨卫星搭载的可见光近红外成像辐射仪（NPP/VIIRS）数据，样本年份为2012—2016年②。在获取和修正灯光数据的基础上，本章把城市区域灯光划分为城镇灯光和非城镇灯光。基本步骤如下：

第一，基于中国东西部经济差异，利用"胡焕庸线"（"黑河—腾冲

---

① 根据《土地管理法》和《国有土地使用权出让合同》，从土地出让合同签订到开工要在1年以内，而竣工时间在合同签订后3年左右。而中国土地市场网（http://www.landchina.com）的数据显示，一般情况下，土地出让后，企业在一年内就会开始动工，而竣工时间也大多在3年以内（张莉等，2019）。事实上，部分地区对于开工竣工时间的规定还会更短。例如，上海要求交地日后的6个月内开工，竣工时间根据建筑面积，设定为1~3年。上述是文件规定的时间，在实际操作中，例如，住宅类土地，会采用分批交楼的方式，即不必等到工程完全竣工，住宅就会有人居住。同时，经济增长目标是年初公布的，而有关土地的数据，是基于整年的统计。因此，综合上述的时间，我们选择了滞后两年。

② 第一代夜间灯光数据 DMSP/OLS 的空间分辨率约为1km，第二代灯光数据 NPP/VIIRS 的空间分辨率约500m。两个数据存在缺乏星上的辐射定标、像元饱和、时间尺度不连续、多源夜间灯光影像辐射不一致等问题（陈颖彪等，2019），一般地，两组数据不能直接比较。

线"）将中国分为两个区域，生成东西部分区的矢量文件（shp）。将东西两部分矢量 shp 转换为与 DMSP 或 NPP 像元大小一致且单个像元位置一致的栅格数据（tiff 影像）。

第二，实验分别获取东西部提取城镇的阈值，以 DMSP 为例，通过多次实验确定东、西部的最佳阈值分别为 34 和 25。即东部地区的灯光 DN 值大于等于 34、西部地区的灯光 DN 值大于等于 25 的像元视为城镇区域，其余的为非城镇区域[①]。

第三，根据像元大小和相应类型的像元数量，统计城镇面积与非城镇面积及各自的灯光总值数据。

回归的控制变量包括：人均实际 GDP 的对数值（lpgdp）、产业结构指数（high =1×第一产业占 GDP 比重 +2×第二产业占 GDP 比重 +3×第三产业占 GDP 比重）、消费占 GDP 比重（consum_ratio，全社会消费品零售总额/GDP ×100）、投资占 GDP 比重（invest_ratio，全社会固定资产投资/GDP ×100）、市辖区人口比重（mun_ratio，市辖区人口/全市人口 ×100）、赤字率 [def_ratio，（财政支出 − 财政收入）/财政收入 ×100]、FDI 占GDP 比重（fdi_ratio，外商直接投资/GDP ×100）。

上述数据，除经济增长目标和夜间灯光数据外，均来源于历年《中国城市统计年鉴》。表 9 - 1 报告了所有主要变量的描述性统计。

表 9 - 1　主要变量的描述性统计

变量	变量定义	样本量	均值	标准差	最小值	最大值
radu	ln（城市建成区面积/城镇灯光总值）	3 608	−5.990	0.782	−8.902	−1.576
target	经济增长目标对数	2 435	2.516	0.196	1.065	3.555
lpgdp	ln（人均实际GDP）	3 609	9.711	0.888	7.387	13.045
high	产业结构指数	3 613	120.741	13.441	77.560	180.680
consum_ratio	消费占 GDP 比重	3 613	33.557	10.622	2.640	383.523

---

① Yi et al.（2014）、Harari（2020）、秦蒙等（2016）、秦蒙等（2019）等也有类似的设定，但各灯光阈值有所差异。本章的阈值大于 Yi et al.（2014）、秦蒙等（2016）和秦蒙等（2019），但小于 Harai（2020），同时，本章进一步对发展差异巨大的东西给予不同的阈值。而事实上，本章也阐释了上述文献的阈值，结果并没有发生实质的变化。

变量	变量定义	样本量	均值	标准差	最小值	最大值
invest_ratio	投资占 GDP 比重	3 613	53.581	27.280	6.291	559.426
mun_ratio	市辖区人口比重	3 612	33.268	23.460	3.339	100.000
def_ratio	赤字率	3 342	8.126	11.061	−6.715	222.980
fdi_ratio	FDI 占 GDP 比重	3 475	2.269	2.894	0.000	47.645

在获得数据的基础上，我们进行有关城市扩张、激进城镇化的统计分析。自 1978 年以来，中国经历了城市扩张的快速阶段，是激进城镇化的模式（方创琳、王岩，2015）。这种城市扩张，主要表现为两个方面：城市建成区面积的不断扩大和城镇人口规模的不断提高。

从全国城市建成区面积看，建成区面积从 2001 年的 2.40 万平方公里，增长到 2018 年的 5.85 万平方公里，是 2001 年的 2.43 倍，年均增长 5.37%。建成区面积占城区面积的比重，也由 2008 年的 20.38%，上升到 2018 年的 29.10%。从全国城镇人口规模看，2001 年，全国城镇人口为 4.81 亿人，2018 年增长到 8.31 亿人，年均增长 3.09%。城镇人口占总人口比重，也就是一般的城镇化率指标，2001 年为 37.66%，2018 年上升到 59.58%。进入 21 世纪，中国的城镇化率以年均 1 个百分点的速度较为稳定地增加（陆铭，2016）。

在城市扩张的过程中，不但建成区面积在扩大，城镇人口也在扩大，但这种双向扩张是不平衡的。图 9-1 给出了建成区面积与城镇人口比值的年度变动趋势。2001—2018 年，该比值不断扩大，由 2001 年的 0.50，提高到 2018 年的 0.70。换言之，建成区面积的扩大速度快于城镇人口扩大的速度（Peng et al.，2017）。

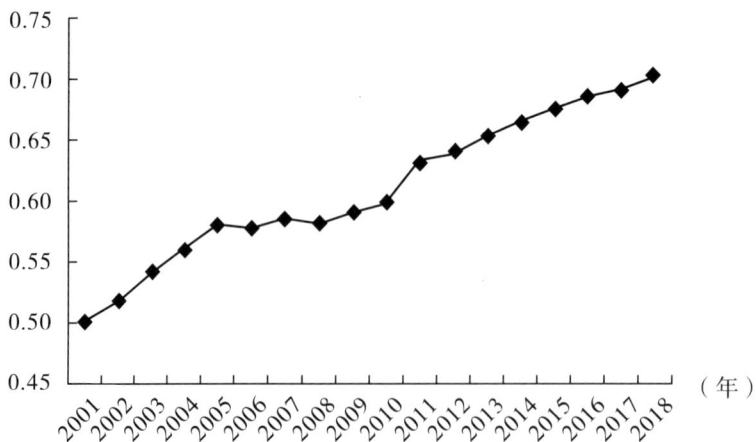

图 9 - 1　建成区面积与城镇人口比值的变动

图 9 - 2 基于夜间灯光数据分析城市扩张趋势。按上文所述，把城市灯光划分为城镇灯光与非城镇灯光。2001—2013 年，城镇灯光总值从 1 025.37万上升到1 709.40万，年均增长 4.35%。而城镇灯光值占城市总灯光值的比重，总体也有所上升，由 2001 年的 45.30%，上升到 2013 年的 49.34%。

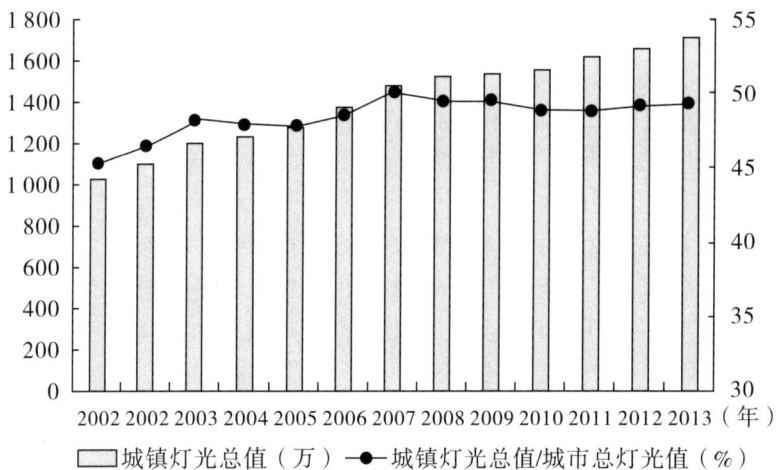

图 9 - 2　城镇灯光总值的变动趋势

图 9 – 3 呈现全国及分东中西部城市建成区面积与城镇灯光总值比值的变动①。2001—2013 年，全国总体上该比值是不断提高的。2001 年，该比值为 0.23，2013 年，该比值上升到 0.28。相比于城镇灯光总值年均 4.35% 的增长率，2001—2013 年，城镇建成区面积的年均增长率为 5.91%，建成区面积的平均扩大速度快于城镇灯光总值的增长速度。

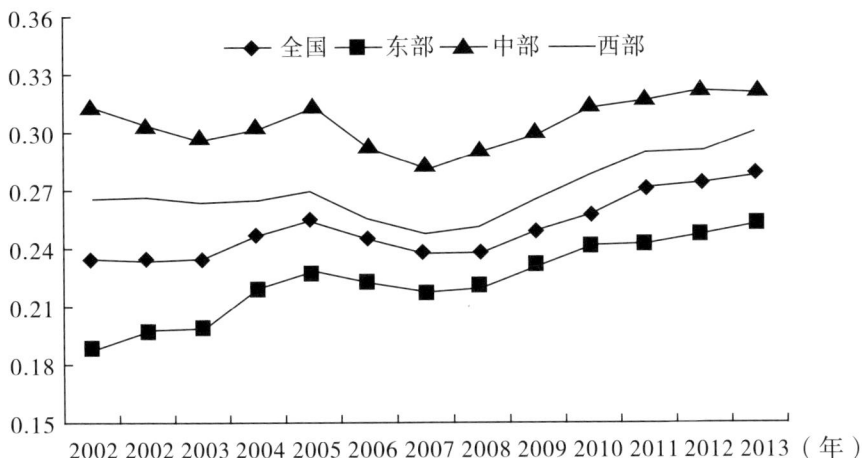

图 9 – 3　建成区面积与城镇灯光总值比值的变动

我们再具体分析东部、中部、西部三地区的情况。首先，从趋势上，三地区的城市建成区面积与城镇灯光总值比值整体呈上升趋势，2001 年，东部、中部、西部的比值分别为 0.19、0.31 和 0.27，2013 年，东部、中部、西部的比值分别上升到 0.25、0.32 和 0.30。由此，三地区的建成区面积的平均扩大速度均快于城镇灯光总值，三地区均出现不同程度的激进城镇化现象。其次，比较三地区的比值大小，中部最大，西部其次，东部最小，而且，中部和西部地区大于全国平均水平，而东部地区小于全国平均水平。由此，中西部地区相比于东部地区，激进城镇化现象较为严重。

结合图 9 – 1 至图 9 – 3，在城市扩张过程中，城市建成区面积扩大的速度快于城镇人口扩大的速度，也快于城镇灯光总值增长的速度。那么，土地上空有建筑，但几乎没有常住人口生活或者工作，导致夜间灯光缺乏或亮度不足，便是激进城镇化现象的表现。这成为中国城市扩张过程中引人关注的话题。本章拟从政府治理的角度出发，强调经济增长目标对激进城镇化现象出现的影响。

① 建成区面积的单位为平方公里，该比值乘了 100。

四、实证分析

(一) 基本结果

表 9 - 2 报告了基于式（9 - 1）的基本回归结果。表 9 - 2 中采用的是 2001—2013 年的数据，被解释变量为城市建成区面积与城镇灯光总值比值的对数值，灯光数据来源于美国 NOAA 的夜间灯光数据。观察三期的城市经济增长目标（target、L. target、L2. target）的回归系数，在回归中滞后两期的经济增长目标（L2. target）系数均在 5% 的统计水平上显著为正，即城市经济增长目标提高，城市建成区面积与城镇灯光总值比值的对数值也随之提高，但存在一定的时滞效应，时滞大概为 2 年。换言之，城市设定越高的经济增长目标，城市建成区面积的增长率越高于城镇灯光总值的增长率，那么就越可能出现建成区扩张，但实际经济活动不足的局面，这就是激进的城镇化。这与理论假说的预期一致。

具体地，表 9 - 2 第（1）列没有添加控制变量，但控制城市固定效应和年份固定效应，滞后两期的经济增长目标（L2. target）的回归系数为 0.354 7，能够通过显著性水平为 5% 的统计检验，滞后一期的经济增长目标（L. target）的回归系数为 0.289 9，在 5% 的统计水平上显著。第（2）至第（5）列在控制城市固定效应和年份固定效应的基础上，分别添加不同控制变量，回归结果没有发生本质变化，滞后两期的经济增长目标的回归系数也均通过显著性水平为 5% 的统计检验。其中，第（5）列指出，滞后两期的城市经济增长目标设定提高 1%，激进城镇化指标则提高 0.339%。以上回归结果较为一致地表明，在 2001—2013 年间，经济增长目标越高，激进城镇化现象越明显。

表 9 - 2 　基准回归结果

	(1)	(2)	(3)	(4)	(5)
被解释变量：ln（城市建成区面积/城镇灯光总值）（对数形式）					
L2. target	0.354 7**	0.328 9**	0.328 8**	0.316 6**	0.338 7**
	(0.141 9)	(0.145 4)	(0.145 7)	(0.144 2)	(0.152 2)
target	0.173 3	0.152 4	0.121 6	0.071 1	0.035 6
	(0.123 9)	(0.125 2)	(0.126 2)	(0.129 7)	(0.131 8)

	（1）	（2）	（3）	（4）	（5）
	被解释变量：ln（城市建成区面积/城镇灯光总值）（对数形式）				
L. target	0.289 9**	0.273 3*	0.255 2*	0.240 1*	0.168 0
	(0.138 8)	(0.139 8)	(0.139 6)	(0.140 7)	(0.171 0)
lpgdp		0.233 5	0.244 1	0.320 1	0.337 3*
		(0.193 2)	(0.196 5)	(0.197 7)	(0.195 2)
high			-0.012 7***	-0.011 2**	-0.011 1**
			(0.004 8)	(0.004 9)	(0.005 0)
consum_ratio				0.001 9	0.003 6
				(0.003 1)	(0.003 1)
invest_ratio				0.002 3	0.002 5
				(0.001 6)	(0.001 8)
mun_ratio					-0.005 2
					(0.004 7)
def_ratio					0.005 5*
					(0.003 1)
fdi_ratio					0.007 3
					(0.015 2)
城市固定效应	控制	控制	控制	控制	控制
年份固定效应	控制	控制	控制	控制	控制
N	1 686	1 684	1 683	1 681	1 651
R^2	0.956	0.956	0.957	0.957	0.957

注：括号内是稳健标准误；*、**、***分别表示通过显著水平为10%、5%和1%的统计检验；N 为样本量，R^2 拟合优度；后续回归均控制城市和年份固定效应，限于篇幅，不再列示。

表9-3进一步检验经济增长目标对城市建成区面积（对数形式）以及夜间灯光值的影响。第（1）列的被解释变量为城市建成区面积（对数形式），滞后两期经济增长目标（L2. target）的回归系数为0.122 3，在5%水平上显著，表明经济增长目标的提高促进了城市建成区面积的扩大。第（2）列的被解释变量为城镇灯光总值（对数形式），三期的经济增长目标的回归系数在统计意义上不显著。我们把城市区域的灯光划分为城镇灯光和非城镇灯光两部分，第（2）列展现了城镇灯光总值的情况。而第（3）列的被解释变量是城市总灯光值，即城镇灯光和非城镇灯光值的和。

此时，三期的经济增长目标的回归系数也不显著。换而言之，城市经济增长目标的提高并未显著提高城镇灯光总值以及城市总灯光值。结合表 9 - 2 的结果，可以更加清晰地说明，经济增长目标提高引致激进城镇化现象的出现主要是因为，经济增长目标的提高促进了城市建成区面积扩大，但未能有效提升城镇夜间灯光总值。

表 9 - 3　经济增长目标对建成区面积与灯光总值的影响

| | （1） | （2） | （3） |
	ln（城市建成区面积）（对数形式）	ln（城镇灯光总值）（对数形式）	ln（城市总灯光值）
L2. target	0.122 3＊＊	− 0.213 3	− 0.122 8
	（0.049 4）	（0.188 2）	（0.076 7）
target	− 0.003 9	− 0.053 7	0.089 2
	（0.060 5）	（0.165 2）	（0.065 5）
L. target	− 0.047 7	− 0.246 2	− 0.099 8
	（0.050 0）	（0.206 4）	（0.091 1）
其他控制变量	有	有	有
N	1 651	1 631	1 669
R^2	0.962	0.966	0.944

注：括号内是稳健标准误；＊＊表示通过显著水平为 5% 的统计检验；N 为样本量，R^2 为拟合优度。

（二）稳健性检验

我们进行以下几项稳健性检验佐证表 9 - 2 结论，一是更换被解释变量；二是更换夜间灯光数据的来源；三是考虑内生性问题，采用工具变量法；四是安慰剂检验①。

1. 更换被解释变量

表 9 - 2 采用城市建成区面积与城镇灯光总值比值（对数形式）来反

---

① 事实上，我们也进行了考虑经济增长目标数据的部分缺失问题、控制交乘的固定效应以及系统 GMM 方法的稳健性检验，这里限于篇幅，没有列示，对此感兴趣的读者可访问《世界经济》网站（http://www.jweonline.cn）2021 年第 6 期在线期刊中本章的补充材料。后文类似情况简称"见网站"。

映激进城镇化。表9－4更换反映激进城镇化的变量。第（1）列采用的是城市建成区面积与城镇面积比值（对数形式），其中，城镇面积是城镇灯光所对应的区域面积。此时，滞后两期的经济增长目标的回归系数为0.385 2，通过5%的显著性水平检验。第（2）列的被解释变量为城市建成区面积与城市总灯光亮度比值（对数形式），滞后两期的经济增长目标的回归系数也在5%的统计水平上显著为正。第（3）列的被解释变量为城市建成区面积与市辖区人口比值（对数形式），滞后两期的经济增长目标的回归系数也在10%的统计水平上显著为正。

特别地，第（1）至第（3）列表明经济增长目标会增加城市建成区面积，自然会压缩非建成区面积。如果本章的理论假说成立，那么，采用非建成区面积与非城镇灯光总值的比值（对数形式）作为被解释变量，经济增长目标的系数将显著为负。表9－4的第（4）列正是呈现这样的结果，以非建成区面积与非城镇灯光总值的比值（对数形式）作为被解释变量，三期的经济增长目标的回归系数也至少在10%的统计水平上显著为负，符合上述预期。

表9－4　稳健性检验Ⅰ：更换被解释变量

	（1） ln（城市建成区面积/城镇面积）（对数形式）	（2） ln（城市建成区面积/城市总灯光值）（对数形式）	（3） ln（城市建成区面积/市辖区人口）（对数形式）	（4） ln（非建成区面积/非城镇灯光总值）（对数形式）
L2. target	0.385 2**	0.128 2**	0.092 2*	－0.034 0*
	(0.154 5)	(0.065 0)	(0.050 5)	(0.020 2)
target	0.087 3	0.042 8	0.198 1***	－0.057 7***
	(0.131 6)	(0.065 6)	(0.052 7)	(0.019 7)
L. target	0.152 9	0.039 3	0.071 0	－0.064 2***
	(0.170 5)	(0.077 1)	(0.063 5)	(0.023 9)
其他控制变量	有	有	有	有
样本量	1 651	1 651	1 667	1 189
R^2	0.986	0.928	0.829	0.992

注：括号内是稳健标准误；＊＊＊、＊＊、＊分别表示通过显著水平为1%、5%和10%的统计检验；N为样本量，R^2为拟合优度；各列结果均加入了所有的控制变量并控制了城市固定效应、产业固定效应和时间固定效应，为节省篇幅这里没有显示控制变量的回归结果。以下各表同。

2. 更换灯光来源数据

表9-2至表9-4所采用的夜间灯光数据来源于美国国防气象卫星搭载的可见光成像线性扫描业务系统（DMSP/OLS），其公布数据只到2013年。我们更换灯光亮度数据的来源，采用美国国家极轨卫星搭载的可见光近红外成像辐射仪（NPP/VIIRS）数据，予以考察。该数据源公布了自2012年以来的全球夜间灯光数据。由此，我们可以考察的时间段为2012—2016年。

表9-5各列的回归与表9-2的回归结果一致显示，无论添加控制变量与否，无论是否控制城市固定效应和年份固定效应，更换了灯光来源数据后，滞后两期的经济增长目标的回归系数均至少在10%的统计水平上显著为正。换言之，采用不同卫星来源的灯光数据，经济增长目标的提高，导致激进城镇化现象出现的结论并没有发生任何改变。

表9-5　稳健性检验Ⅱ：使用2012—2016年数据

	（1）	（2）	（3）	（4）	（5）
L2. target	0.165 4**	0.173 0**	0.177 6**	0.174 0**	0.141 9*
	(0.080 8)	(0.080 2)	(0.080 1)	(0.082 8)	(0.084 2)
target	0.087 4*	0.111 2**	0.114 5**	0.123 0**	0.195 9***
	(0.048 3)	(0.048 7)	(0.048 0)	(0.051 6)	(0.043 6)
L. target	0.197 4***	0.219 6***	0.222 3***	0.236 7***	0.305 2***
	(0.061 1)	(0.062 5)	(0.061 6)	(0.064 2)	(0.070 0)
N	741	740	740	734	699
R^2	0.964	0.964	0.964	0.964	0.963

3. 内生性处理

经济增长目标的制定往往先于建成区的建设，也就是先于激进城镇化的出现。但是，也不排除这样的可能，即经济增长目标的制定是基于对潜在建成区面积及其投资项目及潜力的评估。一旦存在这种情况，本章的基本回归就会面临内生性问题。

表9-6采用工具变量法进行回归，具体参考余泳泽等（2019）、刘淑琳等（2019），采用两项工具变量。首先，第（1）列以省级经济增长目标当期、滞后一期、滞后两期作为地级市经济增长目标当期、滞后一期、滞后两期的工具变量。第（2）列以省内其他地级市经济增长目标均值的当期、滞后一期、滞后两期作为地级市经济增长目标当期、滞后一期和滞后

两期的工具变量。两列的地级市经济增长目标滞后两期（$L2.target$）的系数均在5%的统计水平上显著为正。可见，经济增长目标的提高导致激进城镇化的结论依然成立。

表9-6　稳健性检验Ⅲ：工具变量法

	(1) Ⅳ：省级经济增长目标	(2) Ⅳ：省内其他地级市目标均值
$L2.target$	1.614 0**	0.965 1**
	(0.790 3)	(0.434 2)
$target$	0.734 6	-0.113 9
	(0.622 3)	(0.435 8)
$L.target$	-1.397 1	0.464 5
	(1.087)	(0.637 3)
其他控制变量	有	有
N	1 667	1 644
R^2	0.948	0.951

4. 安慰剂检验

表9-2的回归发现经济增长目标的提高，导致城市建成区面积的增长速度快于城镇灯光的增长速度，激进城镇化现象由此出现。而这种正向关系也可能是某种无法观测和捕捉的因素引起的结果。换言之，虽然，我们在回归方程中添加了一系列控制变量，也控制了城市固定效应和年份固定效应，但可能并不足以捕捉到全部影响因素，更多的特征可能无法观测。经济增长目标和激进城镇化出现均同时受到某个因素影响，从而使得二者呈现正向关系，而不是因为经济增长目标与激进城镇化出现之间存在因果关系。为了排除上述可能，我们参考 Liu 和 Lu（2015）的做法，在现有数据的基础上，随机给地级市分配经济增长目标，再进行式（9-1）回归，再观察经济增长目标滞后两期的系数，分别随机进行 300、500 和 1 000次。估计系数的累积概率密度分布图由图9-4呈现。

图9-4中垂直线标示了基准回归得到的经济增长目标滞后两期的回归系数，系数值为0.338 7，可以发现基准回归结果系数远远偏离0值，且在密度分布之外。由此可反推，未观测的其他因素几乎不会对估计结果产生影响，之前的估计结果是稳健的，经济增长目标对激进城镇化的正向影响更可能是一种因果关系。

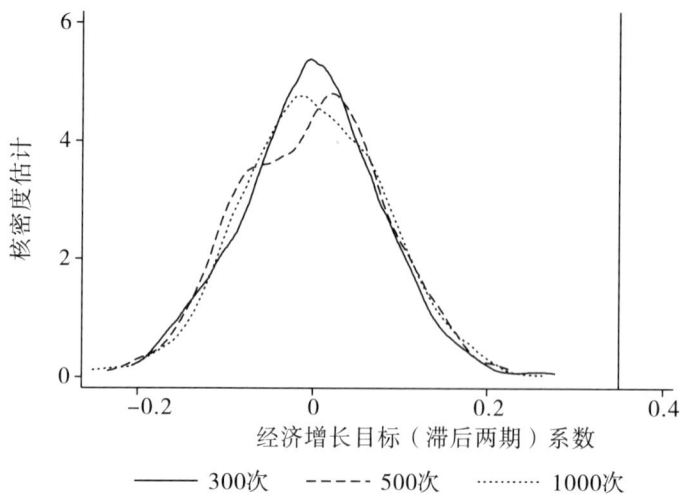

图 9 - 4　安慰剂检验 I：随机分配目标

　　一般地，城镇化，甚至是激进城镇化现象的出现，可能是政府主导的结果，也可能是非政府主导因素，如市场的结果。理论假说和表 9 - 2 结论强调的是，政府主导的力量，导致城市过度扩张和激进城镇化现象出现。如果有其他非政府主导的因素导致激进城镇化现象出现，将会影响表 9 - 2 的因果关系判断；如果其他非政府主导的因素并不显著导致激进城镇化现象出现，就能够更加有力地佐证理论假说。基于此思路，我们参考詹新宇和刘文彬（2020）的设定，采用实际 GDP 增长率减去经济增长目标、实际 GDP 增长率与经济增长目标的比值（对数形式），包括滞后两期、滞后一期及当期作为解释变量，重新进行回归。由于经济增长目标很大程度上反映了政府主导的经济增长力量，而实际经济增长与此的差距代表非政府主导的经济增长力量，或者说是市场自生以及外生力量驱动的经济增长力量。

　　表 9 - 7 第（1）、第（2）列的解释变量为三期的实际 GDP 增长率减去增长目标，第（2）列进一步控制了地方官员的一系列特征变量，三个解释变量的回归系数不显著。第（3）、第（4）列的解释变量为三期的实际 GDP 增长率与经济增长目标比值（对数形式），第（4）列也添加了地方官员的一系列特征变量，三个解释变量的回归系数也不显著。这表明这种非政府主导的经济增长力量并没有改变建成区面积和城市经济活动的密度关系，可能是因为市场力量会导致土地面积与经济活动较为均衡地扩张。这从侧面佐证了表 9 - 2 结果具有较好的稳健性。

表 9 - 7　安慰剂检验 II：政府与市场

	（1）	（2）		（3）	（4）
L2. (实际 GDP 增长率 – 增长目标)	0.010 3	0.014 5	L2. ln(实际 GDP 增长率/增长目标)	0.156 0	0.150 8
	（0.009 1）	（0.009 4）		（0.096 0）	（0.093 1）
实际 GDP 增长率 – 增长目标	– 0.014 1	– 0.005 9	ln(实际 GDP 增长率/增长目标)	– 0.136 8	– 0.102 8
	（0.009 2）	（0.009 2）		（0.088 5）	（0.075 1）
L. (实际 GDP 增长率 – 增长目标)	– 0.006 7	– 0.001 9	L. ln(实际 GDP 增长率/增长目标)	0.013 3	0.026 1
	（0.009 5）	（0.010 0）		（0.094 6）	（0.094 9）
其他控制变量	有	有	其他控制变量	有	有
书记/市长变量	不控制	控制	书记/市长变量	不控制	控制
N	1 614	1 542	N	1 609	1 537
R^2	0.938	0.936	R^2	0.936	0.936

五、机制分析

这一部分，我们进行机制分析。我们推测，城市建成区面积的快速扩张，与城市地方政府的策略与行为直接相关，特别是可能与土地出让行为相关。因此，这里主要考察土地出让的渠道，逻辑是当城市设定较高的经济增长目标时，地方政府和官员为了完成经济增长目标，大幅度增加土地出让，过分提高建成区面积，但是城镇人口增长并未能有效匹配，导致建成区经济活动相对疲弱，于是激进城镇化现象出现。

表 9 - 8 考察经济增长目标与土地出让的关系。第（1）列的被解释变量为土地出让面积（对数形式），滞后两期的经济增长目标的回归系数在 5% 的统计水平上显著为正。第（2）列的被解释变量为土地出让成交价款（对数形式），滞后两期的增长目标的回归系数在 5% 的统计水平上显著为正。第（3）列的被解释变量为土地出让成交价款与 GDP 比值（对数形式），滞后两期的经济增长目标的回归系数也在 5% 的统计水平上显著为正。也就是说，经济增长目标提高，地方政府不但增加土地出让面积，获得更高的出让成交价款，同时出让成交价款与 GDP 比值也相应提高。第（4）列的被解释变量为土地出让成交价款与土地出让面积的比值（对数形式），滞后两期的经济增长目标的回归系数在 10% 的统计水平显著为负，即经济增长目标提高，导致土地出让面积相对于土地出让成交价款出现了

更快的增长，表明地方政府更积极地扩大土地出让规模，而不惜以土地出让单价的显著下降为实现方式。

表9-8　经济增长目标与土地出让Ⅰ

	(1) ln（土地出让面积） （对数形式）	(2) ln（土地出让成交价款） （对数形式）	(3) ln（土地出让成交价款/GDP） （对数形式）	(4) ln（出让成交价款/土地出让面积） （对数形式）
L2. target	0.251 3**	0.336 0**	0.248 5**	-0.174 1*
	(0.121 2)	(0.147 5)	(0.123 8)	(0.093 5)
target	0.397 6***	0.003 0	-0.037 5	-0.170 6
	(0.142 9)	(0.155 2)	(0.123 7)	(0.111 7)
L. target	0.238 0	0.145 3	0.153 6	0.053 7
	(0.154 2)	(0.177 2)	(0.150 0)	(0.119 9)
其他控制变量	有	有	有	有
N	1 650	1 648	1 648	1 648
R^2	0.815	0.898	0.737	0.780

表9-8指出城市经济增长目标提高，土地出让面积和成交款都会提高。那么，城市经济增长目标是否显著影响市辖区人口呢？表9-9给出了答案，第（1）、第（2）列的被解释变量是市辖区人口（对数形式），滞后两期的经济增长目标的回归系数不显著，即经济增长目标不会显著作用于市辖区人口规模。第（3）、第（4）列的被解释变量是土地出让面积与市辖区人口比值（对数形式），滞后两期经济增长目标的回归系数至少在10%的统计水平上显著为正，表明经济增长目标的提高，会导致出让土地面积的增长率快于市辖区人口的增长率，这种城市扩张的不平衡，最终导致激进城镇化现象出现。

一般地，土地出让分为协议出让和招拍挂出让两类。2002年由中华人民共和国国土资源部发布的《招标拍卖挂牌出让国有土地使用权规定》，明确了招标拍卖挂牌的范围，即商业、旅游、娱乐和商品住宅等各类经营性用地，必须以招标、拍卖或者挂牌方式出让。除此之外的其他类型用地（工业、仓储或其他重点扶持的项目用地等）可以协议方式出让。2006年进一步完善了工业用地出让招拍挂制度。

表 9 - 9　经济增长目标与土地出让 II

	（1）	（2）	（3）	（4）
	ln（市辖区人口）		ln（土地出让面积/市辖区人口）	
	（对数形式）		（对数形式）	
L2. target	0. 019 7	0. 042 4	0. 249 2**	0. 214 0*
	（0. 030 9）	（0. 026 3）	（0. 113 2）	（0. 124 5）
target	0. 014 4	0. 040 4	0. 480 1***	0. 354 4***
	（0. 031 1）	（0. 024 8）	（0. 126 8）	（0. 125 0）
L. target	− 0. 018 3	− 0. 003 6	0. 315 9**	0. 222 6
	（0. 026 5）	（0. 023 3）	（0. 143 0）	（0. 148 2）
其他控制变量	无	有	无	有
N	1 688	1 653	1 669	1 650
R^2	0. 980	0. 995	0. 772	0. 773

　　表 9 - 10 进一步区分协议出让和招拍挂两种方式的结果[①]。第（1）至第（3）列考察的是土地协议出让状况。第（1）、第（2）列是协议出让面积和协议出让成交价款的考察，经济增长目标回归系数并不显著，城市经济增长目标的提高并不显著影响协议出让。第（3）列的被解释变量为协议出让成交价款与协议出让面积的比值（对数形式），滞后两期的经济增长目标的回归系数在 5% 的统计水平显著为负，这在某种程度上意味着地方政府更加倾向于出让土地。第（4）至第（6）列考察的是土地招拍挂出让状况。第（4）列的被解释变量是招拍挂出让面积（对数形式），滞后两期的经济增长目标回归系数在 5% 的统计水平上显著为正。第（5）列的被解释变量为招拍挂出让成交价款（对数形式），滞后两期的经济增长目标回归系数也在 1% 的统计水平上显著为正。这又佐证了经济增长目标的提高，通过刺激地方政府加大土地出让，尤其是以招拍挂的方式出让土地，获得更高的成交价款，进而扩大建成区面积，快于相应城镇人口与灯光亮度的增速，从而导致激进城镇化现象出现。

---

① 招拍挂出让数据由土地出让总数据减去协议出让数据得到。

表9-10 协议出让与招拍挂的差异

	(1) ln（协议出让面积）	(2) ln（协议出让成交价款）	(3) ln（协议出让成交价款/协议出让面积）（对数形式）	(4) ln（招拍挂出让面积）（对数形式）	(5) ln（招拍挂出让成交价款）（对数形式）	(6) ln（招拍挂出让成交价款/招拍挂出让面积）
L2. target	-0.068 6 (0.259 4)	-0.149 9 (0.269 3)	-0.303 5** (0.153 2)	0.271 8** (0.128 6)	0.374 7*** (0.132 4)	0.054 5 (0.106 3)
target	0.398 9 (0.255 3)	0.330 0 (0.272 4)	-0.485 6*** (0.158 6)	0.186 1 (0.128 2)	0.002 5 (0.131 3)	-0.024 9 (0.104 0)
L. target	0.358 9 (0.289 7)	0.114 8 (0.303 7)	-0.073 7 (0.194 0)	0.191 9 (0.155 4)	0.177 3 (0.159 1)	0.092 0 (0.114 8)
其他控制变量	有	有	有	有	有	有
N	1 562	1 559	1 576	1 579	1 574	1 556
R^2	0.654	0.658	0.561	0.852	0.909	0.774

六、异质性分析

本部分进行异质性分析，展现经济增长目标导致激进城镇化现象出现的效应在不同条件下的差异，从而更加深入地剖析其背后的特征规律。

（一）地区异质性

在地区维度，我们关注城市赤字率方面的异质性。根据赤字率（def_ratio）构造是否高于赤字率虚拟变量来赋值，若赤字率大于等于中位数，就赋值为1；否则，赋值为0。然后，将其与滞后两年的经济增长目标交乘，添入回归方程中。

表9-11中，两列的经济增长目标（滞后两期）和是否高赤字率虚拟变量的交叉项（L2. target × Ddef）系数也至少在10%的统计水平上显著为正，也就是说，经济增长目标的提高显著导致激进城镇化出现的效应，在高赤字率的城市更明显。在高赤字率的城市，为了满足更高的经济增长目标，政府会出让更多的土地，并且争取获得更多的成交价款，从而激进城镇化现象出现的可能性和程度更高。

表 9 – 11　城市赤字率的异质性

	（1）	（2）
$L2. target \times Ddef$	0.388 9**	0.318 6*
	（0.189 5）	（0.186 8）
其他控制变量	无	有
N	1 699	1 667
R^2	0.934	0.942

（二）时间异质性

在时间维度方面，我们观察是否召开重要会议的异质性。在"官员晋升锦标赛"当中，地方官员往往关心职业晋升的可能，尤其对全国党代会、全国人大第一次会议尤为重视，因为上述重要会议期间或者前后，上级政府往往会较大幅度地重新配置官员干部，这对众多官员来说意味着有晋升的岗位。于是，我们构造重要会议年份虚拟变量，重要会议包括全国党代会以及全国人大第一次会议。在样本当中，重要会议的年份分别为2002 年、2003 年、2007 年、2008 年、2012 年和 2013 年。即当是上述年份时，$Dmee$ 赋值为 1，其余赋值为 0。

表 9 – 12 两列的经济增长目标（滞后两期）和是否召开重要会议年份虚拟变量的交叉项（$L2. target \times Dmee$）系数均在 1% 的统计水平上显著为正，也就是说，经济增长目标的提高显著导致激进城镇化现象出现的效应，在召开重要会议年份时更大。这也与理论假说一致，为了增加晋升可能性，基于实现经济增长目标，地方官员在召开重要会议年份会更加积极，更倾向于出让土地，扩大建成区面积，激进城镇化现象更为普遍。

表 9 – 12　重要会议召开的异质性

	（1）	（2）
$L2. target \times Dmee$	0.716 8***	0.723 0***
	（0.208 2）	（0.179 6）
其他控制变量	无	有
N	1 699	1 667
R^2	0.944	0.951

（三）官员异质性

最后，我们考察官员维度的异质性，关注官员的任期。任期是影响官员行为的重要因素。市委书记的平均任期大约是4年。我们构造市委书记任期虚拟变量（Dste），当市委书记当年任期大于等于4年就赋值为1，其余赋值为0。

同样地，表9-13两列的经济增长目标（滞后两期）和书记任期虚拟变量的交叉项（L2. target × Dste）系数均在10%的统计水平上显著为负，也就是说，经济增长目标的提高显著导致激进城镇化现象出现的效应，在书记任期大于等于4年的情况下减少，或者说，经济增长目标的提高显著导致激进城镇化现象出现的效应，在书记任期不足4年时更大。一般地，相比于当年任期小于4年，当年任期已经大于等于4年时市委书记的晋升空间概率更小。在晋升激励驱动的实现经济增长目标的压力下，更有晋升希望的任期小于4年的市委书记，更倾向于在短期内增大土地出让，扩大建成区面积，从而带来激进城镇化现象。

表9-13 官员任期的异质性

	（1）	（2）
L2. target × Dste	-0.314 3*	-0.278 8*
	(0.179 6)	(0.166 8)
其他控制变量	无	有
N	1 697	1 665
R^2	0.953	0.955

七、结论性评述

激进城镇化是中国快速城镇化过程中的重要现象，其典型特征是，建成区面积扩张，而人口数量稀少，经济活动疲弱，夜间灯光亮度不足。本章以有为政府的经济增长目标管理的视角，探究激进城镇化形成的原因。本章通过匹配2001—2016年全国地级市的经济增长目标数据与夜间灯光亮度数据，以城市建成区面积与城镇灯光亮度的比值来捕捉激进城镇化程度，并建立固定效应面板回归模型，实证检验经济增长目标对激进城镇化出现的影响。研究发现，城市经济增长目标的提高，加大了建成区面积的增速，使其快于城镇灯光亮度及市辖区人口的增速，从而出现激进城镇化现象。究其机制，源于经济增长目标对土地出让，尤其是招拍挂方式的扩大作用。总而言之，经济增长目标的提高导致激进城镇化既是一种平均意义上的规律，同时也在不同的环境条件下呈现出巨大的差异性，该结论为缓解乃至化解激进城镇化现象提供了政策启示。

第一，构建以高质量发展为目标的官员考核指标体系。在以 GDP 为核心的考核机制下，地方官员为了实现晋升目标，制定较高的增长目标，并对经济过度干预，过分追求经济增长速度而忽略了经济发展质量，本章关注的激进城镇化就是其中的扭曲现象。如果中国能够适当地改革目标管理体制，构建以高质量发展为目标的政绩考核指标体系，使地方政府在追求地方经济增长的同时兼顾生态环境以及民生福利，则有望"推动经济发展质量变革、效率变革、动力变革，提高全要素生产率"，实现高质量发展，满足人民日益增长的美好生活需要。党的十九届四中全会为经济高质量发展提供制度支撑，明确指出"坚持党管干部原则，落实好干部标准，树立正确用人导向，把制度执行力和治理能力作为干部选拔任用、考核评价的重要依据"。

第二，改革中央与地方政府的财政分配体制，优化地方政府的事权与财权体系。分税制改革以后，地方政府的财权和事权高度不对称，"缺钱"成为地方政府争相"卖地"的重要原因。在当前的政治体制下，可通过调整中央与地方的财政分配比例，提高地方政府的增值税与所得税分配比例，以及对贫困地区实行规模史大与更透明的转移支付，让地方政府有更多的自主财力，减少对土地财政的依赖。党的十九届四中全会也强调"优化政府间事权和财权划分，建立权责清晰、财力协调、区域均衡的中央和地方财政关系，形成稳定的各级政府事权、支出责任和财力相适应的制度"。

第三，强化科学规划，建立城市扩张约束制度。地方政府官员之所以能按照自己的意愿随意地扩建城区，一是因为没有系统性的城市规划，二是缺乏城市规划程序的制度约束。习近平总书记在中央城市工作会议上指出"城市工作要树立系统思维，从构成城市诸多要素、结构、功能等方面入手，对事关城市发展的重大问题进行深入研究和周密部署，系统推进各方面工作"。要客观地立足于城市定位，在合理的城镇人口增长预期、产业发展和城市空间发展的基础上，形成城市规划，制订与之相符的城市土地出售计划，并依据此计划作为控制土地出让的标准。同时，城市规划实现透明化，要有城市居民的参与，并建立起严格的城市规划约束制度，对擅自违背城市规划的地方政府官员应给予严厉处罚。

第四，发挥市场机制，促进城市空间扩张、产业优化、人口增长的协调发展。在新型城镇化推进过程中，需要"土地城镇化""人口城镇化"和"产业城镇化"三者联动。党的十九届五中全会强调"推进以人为核心的新型城镇化"。当前应该促进户籍制度改革，逐步取消城市落户限制，促进城市人口合理增长。在合理的规划指引下，鼓励城市产业进行有针对性的改变与创新，创造更多的良性就业岗位，鼓励人口和其他要素资源的流动，优化城市内部乃至城市之间企业和个人的区位选择。同时，完善公共服务和基础建设，提升城市居民收入与消费水平，提高城市人民的生活水平。

第十章 结论与研究展望

一、研究发现

在中国，经济增长目标管理贯穿整个政治系统，涵盖党委、行政部门，也覆盖从上至下的各层级政府，是中国宏观经济增长过程中的一个重要现象。值得注意的是，过去，中国一直前瞻性地提出并可信地主导实际经济增长的增长目标；如今，我国经济转向高质量发展阶段，开启全面建设社会主义现代化的新征程中，更应适时进行经济增长目标管理体制优化，全面地分析经济增长目标带来的影响效应，剖析其中的作用机制。

本书试图突破已有文献着重于考察经济增长目标的经济增长效应的局限性，着重考察经济增长目标驱动和引领经济增长的具体渠道和机制，并且深入地考察了经济增长目标管理所产生的经济发展质量效应。具体地，在介绍了本书的研究脉络，进行相关文献综述后，本书主要分成两部分：第二章至第五章集中考察经济增长目标实现经济增长绩效的渠道和机制；第六章至第九章进一步考察经济增长目标所产生的经济发展质量效应，即考察经济增长目标对经济效率和资源配置效率方面的影响。从理论视角来看，本文关注的是经济增长目标管理，并且将其提升为政府超前引领在经济发展领域的体现和实践，是"有为政府"和"有效市场"紧密结合的可行探索。

本书发现，经济增长目标显著地推动了地方固定资产投资、外商直接投资、基础设施建设以及创新。尽管对于上述经济维度的具体影响具有某些异质性，但是最为基础性的发现是经济增长目标设置对这些经济增长动力都有积极影响。而且，在实证上，我们花了很大的精力来将相关关系升华为因果关系。从这个意义来看，经济增长目标的合理设置，在一定的制度体系框架之下，并非仅仅是一种数字幻象，而是能够产生实实在在的实际效应。已有文献已经在实证上发现了经济增长目标会带来实际经济增长，而本书的研究则从经济增长的具体动能方面提供了进一步的证据。由于中国经济增长的主要动力是物质资本积累及基础设施完善，近年来创新则被寄予推动经济长期增长的厚望，本书提供了经济增长目标对此的驱动证据。而且，我们发现了经济增长目标对投资、基础设施数量等具有线性促进作用，而对基础设施质量、创新则是非线性影响。这一理论发现与现实具有较好的匹配性，能够较好地解释以往高经济增长目标与高实际经济增长匹配，而创新表现较为一般的典型事实。这些发现也意味着经济增长目标对经济运行过程中的资源配置和流动具有不可忽视的影响。

基于上述的发现和分析，本书进一步从多个方面深入探讨了经济增长目标所产生的资源配置效应，从不同方面考察了其所可能具有的效率影响。本书分别考察了经济增长目标所带来的制造业全要素生产率效应、企业风险承担效应、产能利用率效应以及城市空间扩张效应。这些方面尽管并非都是对资源配置效率的直接度量，但是它们都在本质上反映了经济体在不同维度上的资源配置情况，能够反映资源配置的有效程度。全要素生产率是对资源配置效率较为直接的衡量，企业风险承担程度则是企业配置资源积极乃至激进程度的一种体现，产能利用率也是反映资源是否配置不足或者配置过度的有效指标，而城市空间扩张则反映了城市内部资源在地理空间上的配置。因此，本书相关章节已经形成了一个横跨企业—行业乃至城市多维度多切面的经济增长目标的资源配置效应分析框架，并且得到了较为一致的发现。经济增长目标对企业风险承担具有显著的激励效应，对城市空间扩张也有显著的推动效应，这些都体现出政府所主导的经济增长目标对企业微观经济主体和城市区域经济主体的资源配置和扩张激进程度具有一致的推动作用。这种推动作用在合理范围内能够发挥资源有效配置的作用，提升资源配置效率，但是一旦经济增长目标过高或者约束过硬，那么这种推动作用就可能会扭曲资源配置，反而降低资源配置效率。我们在制造业全要素生产率以及产能利用率两个方面的研究就很好地证实了这一点。例如，经济增长目标和产能利用率之间是"倒 U 型"的非线性关系。因此，经济增长目标具有资源配置效应，应当予以更进一步的关注。

二、研究启示

根据上述发现，本书衍生出以下政策启示：

第一，应当保留经济增长目标。可以看到，在中国，经济增长目标管理是中国上级激励与约束下级官员的重要手段（周黎安等，2015），这充分体现了数字管理的特征。从党的十二大至今，党中央几乎每年都强调经济增长目标。十九大报告虽然没有明确提出 GDP 增长或者翻番类的目标要求，但强调"到建党一百年时建成经济更加发展、民主更加健全、科教更加进步、文化更加繁荣、社会更加和谐、人民生活更加殷实的小康社会，然后再奋斗三十年，到新中国成立一百年时，基本实现现代化，把我国建成社会主义现代化国家"。在疫情冲击的 2020 年，《政府工作报告》虽然没有设定具体的经济增长速度目标，但并不等于不需要经济增长，也不等于不需要努力实现一定的经济增长速度（刘伟，2020）。2021 年的《政府工作报告》把经济增长目标设定为 6%，2022 年也设定为 5.5%。本书的研究指出，为确保既定增长目标的实现，各级政府通常会出台各种配套政策和指导规划，力图把各种要素引导或者配置到某些特定的行业或经济活动中去。虽然经济增长目标会带来一些扭曲行为，但毋庸置疑，经济增长目标会对经济增长，甚至经济发展质量带来显著影响。在经济转向高质量发展阶段的今天，需要不断提高资源配置效率，着力推动质量变革、效率变革和动力变革，保留经济增长目标仍十分重要。

第二，合理设定经济增长目标，不宜过高也不宜过低。过去 40 多年，中国的经济增长目标一直主导着实际经济增长（徐现祥等，2018；Lyu et al.，2018）。我们的研究也发现，经济增长目标在一定程度上能提高投资，提高基础设施数量水平；适当的经济增长目标也能促进创新，提高全要素生产率，提高产能利用率，但过高的经济增长目标，却不利于基础设施质量、创新、全要素生产率以及产能利用率的提高。在中国"政治集权，经济分权"的"官员晋升锦标赛"下，目标责任考核是中国政府管理体制的核心组成部分，目标是政府工作的"指挥棒"，政府分配和监督目标的完成，目标约束着政府与领导干部的行为（马亮，2017）。过低的经济增长目标，并不利于激励各级政府及领导干部，而过高的经济增长目标，又使得各级政府过于重视短期行为。由此，要更加科学合理地开展经济增长目标设定工作。

第三，优化经济增长目标叙述方式，强化预期引导和管理作用，弱化指令性色彩。建立面向高质量发展，更为科学的政府目标管理体系，更好发挥政府的超前引领作用。政府引领并不总是超前的，以 GDP 为核心的考核机制激励地方官员为了追求晋升制定较高的增长目标并对经济过度干预，过分追求经济增长速度而忽略了经济发展质量。首先，将经济增长目标从"硬约束"转变为"软约束"，设定在一个合理的区间。其次，引入多维度考核目标，淡化增长速度考核，将工作重心转向"创新、协调、绿色、开放、共享"等新发展理念。构建以高质量发展为目标的政绩考核指标体系，使地方政府在追求地方经济增长的同时兼顾生态环境以及民生福利，则有望"推动经济发展质量变革、效率变革、动力变革，提高全要素生产率"，实现高质量发展，满足人民日益增长的美好生活需要。党的十九届四中全会为经济高质量发展提供制度支撑，明确指出"坚持党管干部原则，落实好干部标准，树立正确用人导向，把制度执行力和治理能力作为干部选拔任用、考核评价的重要依据"。最后，目标考核趋向多元化后，也应该承认这种区域差异。在全国一盘棋的格局下，不同区域应有不同的发展侧重点，目标体系也有不同的侧重点，从而消除欠发达地区的政府过度干预、资源配置过度扭曲的现象。

第四，完善经济增长目标实现体制机制，减弱特惠性和非竞争中性的政策和资源分配举措，增强政策的科学性、公平性和透明性。在我国的政治经济体制下，"有为政府"是推动我国发展的重要保证，但"有为政府"并不能成为政府扭曲市场的借口。本书的实证指出，为了满足高经济增长目标，地方政府偏向性地作用于规模较大、国有企业以及有政治联系的企业。"竞争中性"原则强调国有企业和民营企业间的平等市场竞争地位，通过公平的市场竞争机制消除资源配置的扭曲状态，增强所有市场参与者的竞争力。基于此，才能打造公平便捷的营商环境，进一步激发中小企业活力和发展动力。

第五，注重经济增长目标和其他重要目标的协同配合，强化正向协同效应，规避目标冲突。建立多元的目标体系，是未来中国经济高质量发展的必然要求。但要注意多重目标的协调性。从我们的研究指出，一般地，设定高经济增长目标，会带来高的实际经济增长，会对吸引外资、提升基础设施数量产生正向影响，但对创新、全要素生产率、产能利用率形成"倒 U 型"关系。十九大强调"创新、协调、绿色、开放、共享"的新发展理念，经济增长目标需要兼容这五大新发展理念。在清晰把握多元目标之间关系的基础上，规避目标冲突，强调目标间的协同配合。例如，基于经济增长目标与创新、全要素生产率、产能利用率形成"倒 U 型"关系，我们可以合理设定经济增长速度目标的大小以及叙述方式，能保证增长速度与创新、全要素生产率、产能利用率的相互促进。这不但需要政府各部门的合作，还需要政府、企业、社会等各方面的相互配合。

三、研究展望

本书主要进行了两大方面的工作，分别考察了经济增长目标驱动实际经济增长的渠道和机制，以及考察了经济增长目标产生了怎样的经济发展质量效应。本文虽然涉及投资（包括外资）、基础设施、创新、全要素生产率、产能利用率、城镇化等领域，但经济增值目标是一项复杂的系统工程，本书的研究只是冰山一角，仅仅起到抛砖引玉的作用。正是如此，本书忽略了一些重要且有待研究的话题，主要有如下几个方面：

第一，进一步研究经济增长目标的资源配置效应。提高资源配置效率是实现高质量发展的重要动力源泉，中国经济突破攻关期，转向高质量发展阶段，最根本的是推进全面深化改革，形成适应高质量发展要求的体制环境，不断提高资源的配置效率。在新时代新征程中，中国发展面临着新形势、新挑战，无疑对中国的经济增长目标管理提出了更高的要求。因此，如何继续科学有序地将经济增长目标管理体制改革推进，最大限度地减少改革阻力，并发挥其正面效应，成为一个亟须回答的问题。本书对经济增长目标规划驱动实际经济增长的渠道和机制，以及对经济发展质量效应的研究，虽然在一定程度上展现了经济增长目标的资源配置效应，但仍不充分。值得注意的是，当前兴起的经济增长目标管理文献主要是考察经济增长目标管理本身及其与经济增长的关系，缺乏对具体实施工具与作用机制的挖掘，以及对其他领域的分析。研究资源配置影响因素又缺乏深层次的政府治理机制与运行制度的讨论。对经济增长目标管理的资源配置效应的探讨，不仅可以丰富经济增长文献和宏观经济管理文献，而且提升了中国地方官员激励文献的宽度与深度。进一步地，中国当前的地方政府运作具有强烈的数字化管理特色，数字化管理模式遍及经济管理和社会民生等领域。未来对政府经济增长目标管理的研究，对理解政府整个数字量化管理模式均具有普遍的认知价值。

第二，研究经济增长目标的微观效应，特别是使用更大样本的微观企业和个人样本来识别微观经济主体如何对宏观层面目标做出反应，其机制有哪些。在本书的研究中，我们也采用了微观企业数据，例如，中国上市企业的风险承担水平数据、专利和研发数据，以及中国工业企业数据库数据等，但本书更多地强调经济增长目标带来的宏观经济效应，在微观效应研究上仍有待深入。我们知道，中国过去的经济增长成就，不仅是市场经济力量不断释放的结果，也是政府力量积极合理干预的结果。在全面建成社会主义现代化强国的新阶段，同样需要"有效市场"与"有为政府"的相互配合，关键在于如何提高微观主体，包括企业和个人的资源配置效率。我们需要专门从经济增长目标切入，考察政府主动制定的经济增长目标如何影响实体经济运行，更大样本的微观企业和个人如何对宏观层面目标做出反应，深入分析作用机理与条件，丰富市场与政府关系的研究。

第三，研究经济增长目标变迁背后的内在机制。本书更多地探讨经济增长目标产生的经济效应，甚少涉及经济增长目标变迁的讨论。王贤彬和黄亮雄（2019）、刘勇等（2021）提出了地方政府制定经济增长目标的三元框架：一是，目标直接体现了本级政府领导的意志。在"经济分权"的体制下，地方官员更了解地方的实际状况，也拥有适度的自由决策和行动的空间（马亮，2013；余泳泽、杨晓章，2017）。二是，目标制定也在一定程度上体现了上级政府的意志。为了赢得上级的青睐，下级官员倾向于在增长目标上"层层加码"和添加"确保""力争"等硬约束（周黎安等，2015；Li et al.，2019；余泳泽、潘妍，2019）。三是，目标制定也受到周围同级地区的影响。"官员晋升锦标赛"治理模式之下，地方官员之间存在激烈的横向竞争（付强、乔岳，2011；黄亮雄等，2015）。当上级政府提出某个经济发展目标，下级政府会竞相提出更高的发展目标，形成区域互动。但当前的分析更多的是实证检验，仍甚为缺乏目标变迁的具体理论机制分析。在这方面，徐现祥和梁剑雄（2014）、徐现祥和刘毓芸（2017）和 Li 等（2019）率先做出了探索。徐现祥和梁剑雄（2014）最早将经济增长目标模型化，但该模型回答的是什么因素决定地方政府经济增长目标的设定。徐现祥和刘毓芸（2017）把政府行政审批引入内生增长模型中，即引入企业投资需要官员审批的假定，来探讨经济增长目标管理对实际经济增长的影响。Li et al.（2018）基于经济增长目标是上级政府传递其对经济增长重视程度的讯号并激励地方官员为之努力的假设，构建 Tullock 竞赛模型考察以锦标赛为基础的多层级组织的最优目标设定。

第四，研究经济增长目标和其他经济社会发展目标之间的关系及其效应。上文指出，新征程新阶段，需要引入多维度考核目标，淡化增长速度考核，注重经济增长目标和其他重要目标的协同配合。而事实上，在政府工作报告等文件公布的目标中，除了经济增长速度目标，还包括通货膨胀、就业、能耗、环保、民生等各方面的目标，在未来，我们更为强调"创新、协调、绿色、开放、共享"的新发展理念。然而，在当前的研究上，对于其他经济社会发展目标的讨论仍然不足，当然也谈不上研究经济增长目标和其他经济社会发展目标之间的关系及其效应。经济增长目标与其他经济社会发展目标对某方面的影响关系是替代的，还是互补的，还是其他，这种关系是怎样引起的，机制如何，需要什么条件支撑，又要在什么条件下改变？这些都是未来重要的研究方向。

最后，值得再次强调的是，尽管本书仍然未能回答上述许多方面的问题，但本书已经深入经济增长目标如何引领经济发展的机制层面，从而较为全面地涉及和验证了中观经济学学科当中的资源生成理论、超前引领理论和政府双重属性理论等核心理论，未来的经济增长目标相关研究必将会进一步检验相关理论，甚至推动相关理论进一步完善和成熟。

参考文献

一、英文

[1] ACEMOGLU D, JOHNSON S, ROBINSON J A. The colonial origins of comparative development: an empirical investigation [J]. American economic review, 2001, 91 (5): 1369 – 1401.

[2] ACEMOGLU D, ROBINSON J A. The rise and decline of general laws of capitalism [J]. Journal of economic perspectives, 2015, 29 (1): 3 – 28.

[3] AGHION P, HOWITT P. The economics of growth [M]. Cambridge: MIT Press, 2008.

[4] AGHION P, CAI J, DEWATRIPONT M, et al. Industrial policy and competition [J]. American economic journal: macroeconomics, 2015, 7 (4): 1 – 32.

[5] AGHION P, REENEN J V, ZINGALES L. Innovation and institutional ownership [J]. Cepr discussion papers, 2013, 103 (1): 277 – 304.

[6] ALESINA A, HARNOSS J, RAPOPORT H. Birthplace diversity and economic Prosperity [J]. Journal of Economic Growth, 2016, 21 (2): 101 – 138.

[7] ANDERSON R C, MANSI S A, REEB D M. Founding family ownership and the agency cost of debt [J]. Journal of financial economics, 2002, 68 (2): 263 – 285.

[8] ANTON J J, GREENE H, YAO D A. Policy implications of weak patent rights [J]. Innovation policy and the economy, 2006, 6 (1): 1 – 26.

[9] ARIF S, LEE C M C. Aggregate investment and investor sentiment [J]. The review of financial studies, 2014, 27 (11): 3241 – 3279.

[10] ARMSTRONG C S, VASHISHTHA R. Executive stock options, differential risk-taking incentives, and firm value [J]. Journal of financial economics, 2012, 104 (1): 70 – 88.

[11] AYYAGARI M , DEMIRGÜÇ-KUNT A, MAKSIMOVIC V. Firm innovation in emerging markets: the role of finance, governance, and competition [J]. Journal of financial and quantitative analysis, 2011, 46 (6): 1545 – 1580.

[12] BENITO A, HERNANDO I. Firm behavior and financial pressure: evidence from Spanish panel data [J]. Bulletin of economic research, 2007, 59 (4): 283 – 311.

[13] BHATTACHARYA U, HSU P H, TIAN X, et al. What affects innovation more: policy or policy uncertainty? [J]. Journal of financial and quantitative analysis, 2017, 52 (5): 1869 – 1901.

[14] BLOCH C. R&D Spillovers and productivity: an analysis of geographical and technological dimensions [J]. Economics of innovation and new technology, 2013, 22 (5): 447 – 460.

[15] BOUBAKRI N, COSSET J C, SAFFAR W. The role of state and foreign owners in corporate risk-taking: Evidence from privatization [J]. Journal of financial economics, 2013, 108 (3): 641 – 658.

[16] BOYNE G, GOULD-WILLIAMS J. Planning and performance in public organizations: An empirical analysis [J]. Public management review, 2003, 5 (1): 115 – 132.

[17] BRANDT L, BIESEBROECK J V, ZHANG Y F. Creative accounting or creative destruction? Firm-level productivity growth in Chinese manufacturing [J]. Journal of development economics, 2012, 97 (2): 339 – 351.

[18] BRONWYN H H. Handbook of the economics of innovation [M]. Amsterdam: Elsevier, 2010.

[19] CHANG H J, CHEEMA A. Conditions for successful technology in developing countries: learning rents, state structures and institutions [J]. Economic of innovation and new technology, 2002, 11 (4 – 5): 369 – 398.

[20] CHEN Y, LIU M, SU J. Greasing the wheels of bank lending: evidence from private firms in China [J]. Journal of banking & finance, 2013, 37 (7): 2533 – 2545.

[21] CHINTRAKARN P, JIRAPORN P, TONG S H. How do powerful CEOs view corporate risk-taking? Evidence from the CEO pay slice (CPS) [J]. Applied economics letters, 2015, 22 (2): 104 – 109.

[22] COLES J L, DANIEL N D, NAVEEN L. Managerial incentives and risk-taking [J]. Journal of financial economics, 2006, 79 (2): 431 – 468.

[23] DJANKOV S, HART O, MCLIESH C, et al. Debt enforcement around the world [J]. Journal of political economy, 2008, 116 (6): 1105 – 1149.

[24] DOEPKE M, ZILIBOTTI F. Handbook of economic growth 2 [M]. Amsterdam: Elsevier, 2014.

[25] DOMINIKA L, REBECCA L. Taxation and corporate risk-taking [C]. Oxford university centre for business taxation, 2013.

[26] DRIVER C. Capacity utilisation and excess capacity: theory, evidence and Policy [J]. Review of industrial organization, 2000, 16 (1): 69 – 87.

[27] ECKHARDT B. The Spatial pattern of localized R&D spillovers: an empirical Investigation for Germany [J]. Journal of economic geography, 2003, 4 (1): 43 – 64.

[28] FACCIO M, MARCHICA M T, MURA R. CEO gender and corporate risk-taking, and the Efficiency of Capital Allocation [J]. Journal of corporate finance, 2016, 39: 193 – 209.

[29] FACCIO M, MARCHICA M T, MURA R. Large shareholder diversification and corporate risk-taking [J]. The review of financial studies, 2011, 24 (11): 3601 – 3641.

[30] FÄRE R, GROSSKOPF S, KOKKELENBERG E C, et al. Measuring plant capacity, utilization and technical change: a Nonparametric approach [J]. International economic review, 1989, 30 (3): 655 – 666.

[31] FISMAN R, SHI J, WANG Y, et al. Social ties and the selection of China's political elite [J]. American economic review, 2020, 110 (6): 1752 – 1781.

[32] FUKUYAMA H, LIU H H, SONG Y Y, et al. Measuring the capacity utilization of the 48 largest iron and steel enterprises in China [J]. European journal of operational research, 2021, 288 (2): 648 – 665.

[33] GLAESER E L, KAHN M E. Chapter 56 Sprawl and urban growth [J]. Handbook of regional and urban economics, 2004, 4: 2481 – 2527.

[34] HABIB A, HASAN M M. Firm life cycle, corporate risk-taking and investor sentiment [J]. Accounting & Finance, 2017, 57 (2): 465 – 497.

[35] HADLOCK C J, PIERCE J R. New evidence on measuring financial constraints: moving beyond the KZ index [J]. The review of financial studies, 2010, 23 (5): 1909 – 1940.

[36] HALL R E, JONES C I. Why do some countries produce so much

more output per worker than others? [J]. The quarterly journal of economics, 1999, 114: 83 –116.

[37] HALPERN D. Inside the nudge unit: how small changes can make a big difference [M]. London: WH Allen, 2015.

[38] HARARI M. Cities in bad shape: urban geometry in India [J]. American economic review, 2020, 110 (8): 2377 –2421.

[39] HARRIGAN J. Airplanes and comparative advantage [J]. Journal of international economics, 2010, 82 (2): 181 –194.

[40] HASHMI A R, VAN B J. The relationship between market structure and innovation in industry equilibrium: a case study of the global automobile industry [J]. The review of economics and statistics, 2016, 98 (1): 192 –208.

[41] HIRSHLEIFER D, HSU P H, LI D M. Innovative efficiency and stock returns [J]. Journal of financial economics, 2013, 107 (3): 632 –654.

[42] HOLMSTROM B. Agency costs and innovation [J]. Journal of economic behavior & organization, 1989, 12 (3): 305 –327.

[43] HOOD C. Gaming in target world: the targets approach to managing British public services [J]. Public administration review, 2006, 66 (4): 515 –521.

[44] JIA N, SHI J, WANG Y. Coinsurance within business groups: evidence from related party transactions in an emerging market [J]. Management science, 2013, 59 (10): 2295 –2313.

[45] JIN H H, QIAN Y Y, WEINGAST B R, et al. Regional Decentralization and Fiscal Incentives: Federalism, Chinese Style [J]. Journal of public economics, 2005, 89 (9 –10): 1719 –1742.

[46] JONES B F, OLKEN B A. Do leaders matter? National leadership and growth since World War II [J]. The quarterly journal of economics, 2005, 120 (3): 835 –864.

[47] KAMIEN M I, SCHWARTZ N L. Uncertain entry and excess capacity [J]. The American economic review, 1972, 62 (5): 918 –927.

[48] KERR W R, NANDA R. Financing innovation [J]. Annual review of financial economics, 2015, 7 (1): 445 –462.

[49] KING R G, LEVINE R. Finance, entrepreneurship and growth: theory and evidence [J]. Journal of monetary economics, 1993, 32 (3): 513 –542.

[50] KLEER R. Government R&D subsidies as a signal for private inves-

tors [J]. Research policy, 2010, 39 (10): 1361 – 1374.

[51] KUNG J K S, CHEN S. The tragedy of the nomenklatura: career incentives and political radicalism during China's great leap famine [J]. American political science review, 2011, 105 (1): 27 –45.

[52] LA PORTA R, LOPEZ-DE-SILANES F, SHLEIFER A, et al. Law and finance [J]. Journal of political economy, 1998, 106 (6): 1113 – 1155.

[53] LI J. The paradox of performance regimes: strategic responses to target regimes in Chinese local government [J]. Public administration, 2015, 93 (4): 1152 – 1167.

[54] LI H, ZHOU L A. Political turnover and economic performance: the incentive role of personnel control in China [J]. Journal of public economics, 2005, 89 (9 – 10): 1743 – 1762.

[55] LI X, LIU C, WENG X, et al. Target setting in tournaments: theory and evidence from China [J]. The economic journal, 2019, 129 (623): 2888 – 2915.

[56] LITOV L P, JOHN K, YEUNG B Y. Corporate governance and corporate risk taking [J]. The journal of finance, 2008, 63 (4): 1679 – 1728.

[57] LIU D, XU C, YU Y, et al. Economic growth target, distortion of public expenditure and business cycle in China [J]. China economic review, 2020, 63: 101373.

[58] LIU Q, LU Y. Firm investment and exporting: evidence from China's value-added tax reform [J]. Journal of international economics, 2015, 97 (2): 392 –403.

[59] LOCKE E. Motivation, cognition, and action: an analysis of studies of task goals and knowledge [J]. Applied psychology, 2000, 49: 408 –429.

[60] LOCKE E A, LATHAM G P. New directions in goal-setting theory [J]. Current directions in psychological science, 2006, 15 (5): 265 –268.

[61] LONG J B, PLOSSER C I. Real business cycles [J]. Journal of political economy, 1983, 91 (1): 39 –69.

[62] LONG J B D, SUMMERS L H. Equipment investment and economic growth [J]. The quarterly journal of economics, 1991, 106 (2): 445 –502.

[63] LOW A. Managerial risk-taking behavior and equity-based compensation [J]. Journal of financial economics, 2009, 92 (3): 470 –490.

[64] LUCAS R E. On the mechanics of economic development [J]. Jour-

nal of monetary economics, 1988, 22 (1): 3 – 42.

[65] LYU C, WANG K, ZHANG F, et al. GDP management to meet or beat growth targets [J]. Journal of accounting and economics, 2018, 66 (1): 318 – 338.

[66] MAMUNEAS T P, NADIRI M I. Public R&D policies and cost behavior of the US manufacturing industries [J]. Journal of public economics, 1996, 63 (1): 57 – 81.

[67] MCLEAN R D, ZHAO M. The business cycle, investor sentiment, and costly external finance [J]. Journal of finance, 2014, 69 (3): 1377 – 1409.

[68] MITCHELL W, LEIPONEN A. Virtual special issue on innovation, intellectual property and strategic management [J]. Strategic management journal, 2016, 37 (1): E1 – E5.

[69] OPPER S, BREHM, S. Networks versus performance: political leadership promotion in China [J]. Department of economics: Lund University, 2007.

[70] PALIGOROVA T. Corporate risk taking and ownership structure [R]. Bank of Canada working papers, 2010.

[71] PENG C, Song M, HAN F. Urban economic structure, technological externalities, and intensive land use in China [J]. Journal of cleaner production, 2017, 152: 47 – 62.

[72] PINDYCK R S. Irreversible investment, capacity choice, and the value of the firm [J]. American economic review, 1988, 78 (5): 969 – 985.

[73] QIAN Y, ROLAND G. Federalism and the soft budget constraint [J]. American economic review, 1998, 88 (5): 1143 – 1162.

[74] QIAN Y, ROLAND G, XU C. Coordination and experimentation in M-form and U-form organizations [J]. Journal of political economy, 2006, 114: 366 – 402.

[75] QIAN Y, WEINGAST B R. Federalism as a commitment to reserving market incentives [J]. Journal of economic perspectives, 1997, 11 (4): 83 – 92.

[76] QIAN Y, XU C. Why China's economic reforms differ: The M-form hierarchy and entry/expansion of the non-state sector [J]. Economics of transition, 1993, 1: 135 – 170.

[77] SALIM R A. Differentials at firm level productive capacity realization in Bangladesh food manufacturing: an empirical analysis [J]. Applied economics, 2008, 40 (24): 3111 – 3126.

参考文献

[78] SCHWEITZER M E, ORDÓÑEZ L, DOUMA B. Goal setting as a motivator of unethical behavior [J]. Academy of management journal, 2004, 47 (3): 422 – 432.

[79] SEIFERT B, GONENC H. Creditor rights and R&D expenditures [J]. Corporate governance: an international review, 2012, 20 (1): 3 – 20.

[80] SHIRK S L. The political logic of economic reform in China [M]. San Francisco: University of California Press, 1993.

[81] SHU C, WANG Q, GAO S, et al. Firm patenting, innovations, and government institutional support as a double-edged sword [J]. Journal of product innovation management, 2015, 32 (2): 290 – 305.

[82] SOLOW R A. A contribution to the theory of economic growth [J]. The quarterly journal of economics, 1956, 70 (1): 65 – 94.

[83] SOLOW R A. Technical change and the aggregate production function [J]. The review of economics and statistics, 1957, 39 (3): 312 – 320.

[84] SPOLAORE E, WACZIARG R. How deep are the roots of economic development? [J]. Journal of economic literature, 2013, 51 (2): 325 – 369.

[85] TUNG S, CHO S. Determinants of regional investment decisions in China: an econometric model of tax incentive policy [J]. Review of quantitative finance and accounting, 2001, 17 (2): 167 – 185.

[86] WOODWORTH M D, WALLACE J L. Seeing ghosts: parsing China's "Ghost City" controversy [J]. Urban geography, 2017, 38: 1270 – 1281.

[87] XU C. The fundamental institutions of China's reforms and development [J]. Journal of economic literature, 2011, 49 (4): 1076 – 1151.

[88] YI K, TANI H, LI Q, et al. Mapping and evaluating the urbanization process in northeast China using DMSP/OLS nighttime light data [J]. Sensors, 2014, 14 (2): 3207 – 3226.

[89] ZHENG Q, ZENG Y, DENG J, et al. "Ghost Cities" identification using multi-source remote sensing datasets: a case study in Yangtze River Delta [J]. Applied geography, 2017, 80: 112 – 121.

二、中文

[1] 白俊红. 中国的政府 R&D 资助有效吗? 来自大中型工业企业的经验证据 [J]. 经济学 (季刊), 2011, 10 (4): 1375 – 1400.

［2］白俊红，蒋伏心. 协同创新，空间关联与区域创新绩效［J］. 经济研究，2015，50（7）：174－187.

［3］白俊红，李瑞茜. 政府 R&D 资助企业技术创新研究述评［J］. 中国科技论坛，2013（9）：32－37.

［4］白燕飞，娄帆，李小建，等. 地方主官更替与城市空间增长——基于地级市面板数据的分析［J］. 经济地理，2017，37（10）：100－107.

［5］白重恩，杜颖娟，陶志刚，等. 地方保护主义及产业地区集中度的决定因素和变动趋势［J］. 经济研究，2004（4）：29－40.

［6］曹春方. 政治权力转移与公司投资：中国的逻辑［J］. 管理世界（月刊），2013（1）：143－157.

［7］曹春方，马连福，沈小秀. 财政压力、晋升压力、官员任期与地方国企过度投资［J］. 经济学（季刊），2014，13（4）：1415－1436.

［8］曹子阳，吴志峰，匡耀求，等. DMSP/OLS 夜间灯光影像中国区域的校正及应用［J］. 地球信息科学学报，2015，17（9）：1092－1102.

［9］常晨，陆铭. 新城之殇：密度，距离与债务［J］. 经济学（季刊），2017，16（4）：1621－1642.

［10］陈继勇，盛杨怿. 外商直接投资的知识溢出与中国区域经济增长［J］. 经济研究，2008，43（12）：39－49.

［11］陈颖彪，郑子豪，吴志峰，等. 夜间灯光遥感数据应用综述和展望［J］. 地理科学进展，2019，38（2）：205－223.

［12］陈云贤. 超前引领：对中国区域经济发展的实践与思考［M］. 北京：北京大学出版社，2011.

［13］陈云贤. 市场竞争双重主体论：兼谈中观经济学的创立与发展［M］. 北京：北京大学出版社，2020.

［14］陈云贤. 中国特色社会主义市场经济：有为政府＋有效市场［J］. 经济研究，2019，54（1）：4－19.

［15］陈云贤. 探寻中国改革之路：市场竞争双重主体论［J］. 经济学家，2020（8）：16－26.

［16］陈云贤，顾文静. 中观经济学：对经济学理论体系的创新与发展［M］. 北京：北京大学出版社，2015.

［17］陈云贤，邱建伟. 论政府超前引领：对世界区域经济发展的理论与探索［M］. 北京：北京大学出版社，2013.

［18］陈志勇，陈思霞. 制度环境、地方政府投资冲动与财政预算软约束［J］. 经济研究，2014，49（3）：76－87.

[19] 崔建军，吕亚萍. FDI 对我国区域经济增长影响的实证研究——基于 1998～2010 年面板数据 [J]. 经济问题，2014（1）：119 - 123.

[20] 戴魁早，刘友金. 市场化进程对创新效率的影响及行业差异——基于中国高技术产业的实证检验 [J]. 财经研究，2013（5）：4 - 16.

[21] 第一财经研究院，复旦大学产业发展研究中心. 中国城市和产业创新力报告 2017 [R]. 上海：第一财经研究院与复旦大学，2018.

[22] 丁从明，刘明，廖艺洁. 官员更替与交通基础设施投资——来自中国省级官员数据的证据 [J]. 财经研究，2015，41（4）：90 - 99.

[23] 丁菊红，邓可斌. 政府偏好、公共品供给与转型中的财政分权 [J]. 经济研究，2008，43（7）：78 - 89.

[24] 董敏杰，梁泳梅，张其仔. 中国工业产能利用率：行业比较、地区差距及影响因素 [J]. 经济研究，2015，50（1）：84 - 98.

[25] 樊纲，王小鲁，马光荣. 中国市场化进程对经济增长的贡献 [J]. 经济研究，2011，46（9）：4 - 16.

[26] 范承泽，胡一帆，郑红亮. FDI 对国内企业技术创新影响的理论与实证研究 [J]. 经济研究，2008，43（1）：89 - 102.

[27] 范进，赵定涛. 土地城镇化与人口城镇化协调性测定及其影响因素 [J]. 经济学家，2012（05）：61 - 67.

[28] 范子英，彭飞，刘冲. 政治关联与经济增长——基于卫星灯光数据的研究 [J]. 经济研究，2016，51（1）：114 - 126.

[29] 方创琳，王岩. 中国新型城镇化转型发展战略与转型发展模式 [J]. 中国城市研究，2015（00）：3 - 17.

[30] 冯根福，温军. 中国上市公司治理与企业技术创新关系的实证分析 [J]. 中国工业经济，2008（7）：91 - 101.

[31] 冯芸，吴冲锋. 中国官员晋升中的经济因素重要吗？ [J]. 管理科学学报，2013，16（11）：55 - 68.

[32] 冯宗宪，王青，侯晓辉. 政府投入、市场化程度与中国工业企业的技术创新效率 [J]. 数量经济技术经济研究，2011，28（4）：3 - 17.

[33] 付强，乔岳. 政府竞争如何促进了中国经济快速增长：市场分割与经济增长关系再探讨 [J]. 世界经济，2011，34（7）：43 - 63.

[34] 傅勇，张晏. 中国式分权与财政支出结构偏向：为增长而竞争的代价 [J]. 管理世界（月刊），2007（3）：4 - 12，22.

[35] 干春晖，邹俊，王健. 地方官员任期、企业资源获取与产能过剩 [J]. 中国工业经济，2015（3）：44 - 56.

220

［36］高琳，高伟华. 竞争效应抑或规模效应——辖区细碎对城市长期经济增长的影响［J］. 管理世界，2018，34（12）：67-80.

［37］高楠，于文超，梁平汉. 市场、法制环境与区域创新活动［J］. 科研管理，2017，38（2）：26-34.

［38］高培勇，杜创，刘霞辉，等. 高质量发展背景下的现代化经济体系建设：一个逻辑框架［J］. 经济研究，2019，54（4）：4-17.

［39］高翔，龙小宁，杨广亮. 交通基础设施与服务业发展——来自县级高速公路和第二次经济普查企业数据的证据［J］. 管理世界（月刊），2015（8）：81-96.

［40］顾乃华，李江帆. 中国服务业技术效率区域差异的实证分析［J］. 经济研究，2006，41（1）：46-56.

［41］顾群，谷靖，吴宗耀. 财政补贴、代理问题与企业技术创新——基于R&D投资异质性视角［J］. 软科学，2016，30（7）：70-73.

［42］顾元媛，沈坤荣. 地方政府行为与企业研发投入——基于中国省际面板数据的实证分析［J］. 中国工业经济，2012（10）：77-88.

［43］郭劲光，高静美. 我国基础设施建设投资的减贫效果研究：1987—2006［J］. 农业经济问题，2009，30（9）：63-71，112.

［44］郭庆旺，贾俊雪. 政府公共资本投资的长期经济增长效应［J］. 经济研究，2006，41（7）：29-40.

［45］国务院发展研究中心《进一步化解产能过剩的政策研究》课题组，赵昌文，许召元，等. 当前我国产能过剩的特征、风险及对策研究——基于实地调研及微观数据的分析［J］. 管理世界（月刊），2015（4）：1-10.

［46］韩国高，高铁梅，王立国，等. 中国制造业产能过剩的测度、波动及成因研究［J］. 经济研究，2011，46（12）：18-31.

［47］何玉润，林慧婷，王茂林. 产品市场竞争，高管激励与企业创新：基于中国上市公司的经验证据［J］. 财贸经济，2015（2）：125-135.

［48］贺大兴，姚洋. 平等与中性政府：对中国三十年经济增长的一个解释［J］. 世界经济文汇，2009（1）：103-120.

［49］贺大兴，姚洋. 社会平等、中性政府与中国经济增长［J］. 经济研究，2011，46（1）：4-17.

［50］洪俊杰，张宸妍. 融资约束、金融财税政策和中国企业对外直接投资［J］. 国际经贸探索，2020，36（1）：53-70.

［51］胡鞍钢，鄢一龙，吕捷. 从经济指令计划到发展战略规划：中国

五年计划转型之路（1953—2009）[J]. 中国软科学，2010（8）：14 - 24.

[52] 胡凯，吴清. R&D 税收激励、知识产权保护与企业的专利产出[J]. 财经研究，2018，44（4）：102 - 115.

[53] 胡深，吕冰洋. 经济增长目标与土地出让 [J]. 财政研究，2019（7）：46 - 59.

[54] 胡志国，严成樑，龚六堂. 政府研发政策的经济增长效应与福利效应 [J]. 财贸经济，2013（9）：112 - 120.

[55] 胡志强，苗长虹，华明芳，等. 中国外商投资区位选择的时空格局与影响因素 [J]. 人文地理，2018，33（5）：88 - 96.

[56] 黄亮雄，马明辉，王贤彬. 经济增长目标影响了企业风险承担吗？——基于市场和政府双重视角的考察 [J]. 财经研究，2021A，47（1）：62 - 76，93.

[57] 黄亮雄，安苑，刘淑琳. 中国的产业结构调整：基于三个维度的测算 [J]. 中国工业经济，2013（10）：70 - 82.

[58] 黄亮雄，钱馨蓓，隋广军. 中国对外直接投资改善了"一带一路"沿线国家的基础设施水平吗？[J]. 管理评论，2018，30（3）：226 - 239.

[59] 黄亮雄，钱馨蓓. 中国投资推动"一带一路"沿线国家发展——基于面板 VAR 模型的分析 [J]. 国际经贸探索，2016，32（8）：76 - 93.

[60] 黄亮雄，王鹤，宋凌云. 我国的产业结构调整是绿色的吗？[J]. 南开经济研究，2012（3）：110 - 127.

[61] 黄亮雄，王贤彬，刘淑琳. 经济增长目标与激进城镇化——来自夜间灯光数据的证据 [J]. 世界经济，2021B，44（6）：97 - 122.

[62] 黄亮雄，王贤彬，刘淑琳，等. 中国产业结构调整的区域互动——横向省际竞争和纵向地方跟进 [J]. 中国工业经济，2015（8）：82 - 97.

[63] 黄群慧. "新常态"、工业化后期与工业增长新动力 [J]. 中国工业经济，2014（10）：5 - 19.

[64] 黄寿峰. 廉洁度、公共投资与基础设施质量：宏观表现与微观证据 [J]. 经济研究，2016，51（5）：57 - 71.

[65] 贾润崧，胡秋阳. 市场集中、空间集聚与中国制造业产能利用率——基于微观企业数据的实证研究 [J]. 管理世界（月刊），2016（12）：25 - 35.

[66] 简泽，谭利萍，吕大国，等. 市场竞争的创造性、破坏性与技术升级 [J]. 中国工业经济，2017（5）：16 - 34.

［67］江飞涛，曹建海．市场失灵还是体制扭曲——重复建设形成机理研究中的争论、缺陷与新进展［J］．中国工业经济，2009（1）：53－64．

［68］江飞涛，耿强，吕大国，等，地区竞争、体制扭曲与产能过剩的形成机理［J］．中国工业经济，2012（6）：44－56．

［69］江飞涛，武鹏，李晓萍．中国工业经济增长动力机制转换［J］．中国工业经济，2014（5）：5－17．

［70］江源．钢铁等行业产能利用评价［J］．统计研究，2006（12）：13－19，83．

［71］姜军，申丹琳，江轩宇，等．债权人保护与企业创新［J］．金融研究，2017（11）：128－142．

［72］金碚．中国经济发展新常态研究［J］．中国工业经济，2015（1）：5－18．

［73］金碚．关于"高质量发展"的经济学研究［J］．中国工业经济，2018（04）：5－18．

［74］金刚，沈坤荣．地方官员晋升激励与河长制演进：基于官员年龄的视角［J］．财贸经济，2019，40（4）：20－34．

［75］孔东民，代昀昊，李阳．政策冲击、市场环境与国企生产效率：现状、趋势与发展［J］．管理世界（月刊），2014（8）：4－17．

［76］孔令池，高波，黄妍妮．中国省区市场开放、地方政府投资与制造业结构差异［J］．财经研究，2017，43（7）：133－144．

［77］黎文靖，郑曼妮．实质性创新还是策略性创新？——宏观产业政策对微观企业创新的影响［J］．经济研究，2016（4）：60－73．

［78］李涵，滕兆岳，伍骏骞．公路基础设施与农业劳动生产率［J］．产业经济研究，2020（4）：32－44＋128．

［79］李荣林、姜茜．我国对外贸易结构对产业结构的先导效应检验——基于制造业数据分析［J］．国际贸易问题，2010（8）：3－12．

［80］李书娟，陈邱惠，徐现祥．不利冲击下经济增长恢复的经验——基于中国经济目标管理实践［J］．经济研究，2021，56（7）：59－77．

［81］李书娟，徐现祥．身份认同与经济增长［J］．经济学（季刊），2016，15（3）：941－962．

［82］李书娟，徐现祥．目标引领增长［J］．经济学（季刊），2021，21（5）：1571－1590．

［83］李思慧．晋升激励视角下外资质量对创新效率的影响研究［J］．世界经济与政治论坛，2014（3）：116－129．

[84] 李万福, 杜静, 张怀. 创新补助究竟有没有激励企业创新自主投资——来自中国上市公司的新证据 [J]. 金融研究, 2017 (10): 130 – 145.

[85] 李文贵, 余明桂. 所有权性质、市场化进程与企业风险承担 [J]. 中国工业经济, 2012 (12): 115 – 127.

[86] 李习保. 中国区域创新能力变迁的实证分析: 基于创新系统的观点 [J]. 管理世界 (月刊), 2007 (12): 18 – 30, 171.

[87] 李贤珠. 中韩产业结构高度化的比较分析——以两国制造业为例 [J]. 世界经济研究, 2010 (10): 81 – 86, 89.

[88] 李彦龙. 税收优惠政策与高技术产业创新效率 [J]. 数量经济技术经济研究, 2018, 35 (1): 60 – 76.

[89] 李永友, 沈坤荣. 辖区间竞争、策略性财政政策与 FDI 增长绩效的区域特征 [J]. 经济研究, 2008, 43 (5): 58 – 69.

[90] 李政, 杨思莹, 路京京. 政府参与能否提升区域创新效率? [J]. 经济评论, 2018 (6): 3 – 14, 27.

[91] 梁泳梅, 董敏杰, 张其仔. 产能利用率测算方法: 一个文献综述 [J]. 经济管理, 2014, 36 (11): 190 – 199.

[92] 林毅夫. 潮涌现象与发展中国家宏观经济理论的重新构建 [J]. 经济研究, 2007 (1): 126 – 131.

[93] 林毅夫, 李志赟. 政策性负担、道德风险与预算软约束 [J]. 经济研究, 2004, 39 (02): 17 – 27.

[94] 林毅夫, 巫和懋, 邢亦青. "潮涌现象" 与产能过剩的形成机制 [J]. 经济研究, 2010, 45 (10): 4 – 19.

[95] 刘秉镰, 武鹏, 刘玉海. 交通基础设施与中国全要素生产率增长——基于省域数据的空间面板计量分析 [J]. 中国工业经济, 2010 (3): 54 – 64.

[96] 刘行, 建蕾, 梁娟. 房价波动、抵押资产价值与企业风险承担 [J]. 金融研究, 2016 (3): 107 – 123.

[97] 刘航, 孙早. 城镇化动因扭曲与制造业产能过剩——基于 2001—2012 年中国省级面板数据的经验分析 [J]. 中国工业经济, 2014 (11): 5 – 17.

[98] 刘金凤, 赵勇. 高铁对中国城镇化均衡发展的影响——基于中西部地区 163 个地级市面板数据的分析 [J]. 城市问题, 2018 (5): 15 – 25.

[99] 刘军, 王长春. 优化营商环境与外资企业 FDI 动机——市场寻求抑或效率寻求 [J]. 财贸经济, 2020, 41 (1): 65 – 79.

[100] 刘蕾, 陈灿. 资源竞争还是标杆竞争? ——地方政府城市基础设施投资的策略互动行为研究 [J]. 公共行政评论, 2020, 13 (5): 81 – 101, 206 – 207.

[101] 刘瑞明, 金田林. 政绩考核、交流效应与经济发展——兼论地方政府行为短期化 [J]. 当代经济科学, 2015, 37 (3): 9 – 18, 124.

[102] 刘淑琳, 王贤彬, 黄亮雄. 经济增长目标驱动投资吗? ——基于 2001—2016 年地级市样本的理论分析与实证检验 [J]. 金融研究, 2019 (8): 1 – 19.

[103] 刘伟. 现代化经济体系是发展、改革、开放的有机统一 [J]. 经济研究, 2017, 52 (11): 6 – 8.

[104] 刘伟. 如何应对我国经济面临的新矛盾及新挑战 [J]. 北京工商大学学报 (社会科学版), 2020, 35 (2): 1 – 8.

[105] 刘伟, 蔡志洲. 中国经济发展的突出特征在于增长的稳定性 [J]. 管理世界, 2021, 37 (5): 11 – 23, 2.

[106] 刘奕, 林轶琼. 地方政府补贴、资本价格扭曲与产能过剩 [J]. 财经问题研究, 2018 (11): 34 – 41.

[107] 刘勇, 杨海生, 徐现祥. 中国经济增长目标体系的特征及影响因素 [J]. 世界经济, 2021, 44 (4): 30 – 53.

[108] 娄洪. 长期经济增长中的公共投资政策——包含一般拥挤性公共基础设施资本存量的动态经济增长模型 [J]. 经济研究, 2004 (3): 10 – 19.

[109] 卢洪友, 袁光平, 陈思霞, 等. 土地财政根源: "竞争冲动"还是"无奈之举"? ——来自中国地市的经验证据 [J]. 经济社会体制比较, 2011 (1): 88 – 98.

[110] 卢盛峰, 陈思霞, 杨子涵. "官出数字": 官员晋升激励下的 GDP 失真 [J]. 中国工业经济, 2017 (7): 118 – 136.

[111] 鲁桐, 党印. 投资者保护、行政环境与技术创新: 跨国经验证据 [J]. 世界经济, 2015, 38 (10): 99 – 124.

[112] 陆铭. 大国大城: 当代中国的统一、发展与平衡 [M]. 上海: 上海人民出版社, 2016.

[113] 罗党论, 廖俊平, 王珏. 地方官员变更与企业风险——基于中国上市公司的经验证据 [J]. 经济研究, 2016, 51 (5): 130 – 142.

[114] 罗党论, 佘国满. 地方官员变更与地方债发行 [J]. 经济研究, 2015, 50 (6): 131 – 146.

[115] 吕炜, 刘晨晖. 经济转轨中的财政干预与政策效应——基于两

次积极财政政策的评述与比较［J］. 财政研究，2013（11）：21 – 25.

［116］马亮. 官员晋升激励与政府绩效目标设置——中国省级面板数据的实证研究［J］. 公共管理学报，2013，10（2）：28 – 39，138.

［117］马亮. 目标治国、绩效差距与政府行为：研究述评与理论展望［J］. 公共管理与政策评论，2017，6（2）：77 – 91.

［118］马淑琴，邹志文，邵宇佳，等. 基础设施对出口产品质量非对称双元异质性影响——来自中国省际数据的证据［J］. 财贸经济，2018，39（9）：105 – 121.

［119］马轶群. 技术进步、政府干预与制造业产能过剩［J］. 中国科技论坛，2017（1）：60 – 68.

［120］毛其淋，许家云. 政府补贴对企业新产品创新的影响——基于补贴强度"适度区间"的视角［J］. 中国工业经济，2015（6）：94 – 107.

［121］明秀南，黄玖立，冼国明. 进入管制、创新与生产率［J］. 世界经济文汇，2018（1）：1 – 21.

［122］庞瑞芝，师雯雯，丁明磊. 政企关联、研发与创新绩效——基于426家创新型企业的数据［J］. 当代经济科学，2014，36（1）：55 – 62 + 126.

［123］彭冲，陆铭. 从新城看治理：增长目标短期化下的建城热潮及后果［J］. 管理世界，2019，35（8）：44 – 57，190 – 191.

［124］钱先航，曹廷求，李维安. 晋升压力、官员任期与城市商业银行的贷款行为［J］. 经济研究，2011，46（12）：72 – 85.

［125］钱先航，徐业坤. 官员更替、政治身份与民营上市公司的风险承担［J］. 经济学（季刊），2014，13（4）：1437 – 1460.

［126］秦蒙，刘修岩，李松林. 中国的"城市蔓延之谜"——来自政府行为视角的空间面板数据分析［J］. 经济学动态，2016（7）：21 – 33.

［127］秦蒙，刘修岩，李松林. 城市蔓延如何影响地区经济增长？——基于夜间灯光数据的研究［J］. 经济学（季刊），2019，18（2）：527 – 550.

［128］邱洋冬，陶锋. 选择性产业政策提升了企业风险承担水平吗？——基于高新技术企业资质认定的证据［J］. 经济科学，2020（1）：46 – 58.

［129］全毅，孙鹏，刘婉婷. 日本实施国民收入倍增计划的背景、经验及启示［J］. 世界经济与政治论坛，2014（3）：144 – 157.

［130］史宇鹏，周黎安. 地区放权与经济效率：以计划单列为例［J］. 经济研究，2007，42（1）：17 – 28.

[131] 宋建波，文雯，王德宏. 海归高管能促进企业风险承担吗——来自中国 A 股上市公司的经验证据 [J]. 财贸经济，2017，38（12）：111-126.

[132] 宋凌云，王贤彬. 重点产业政策、资源重置与产业生产率 [J]. 管理世界，2013（12）：63-77.

[133] 孙文杰，沈坤荣. 人力资本积累与中国制造业技术创新效率的差异性 [J]. 中国工业经济，2009（3）：81-91.

[134] 孙文凯，刘元春. 政府制定经济目标的影响——来自中国的证据 [J]. 经济理论与经济管理，2016（3）：5-13.

[135] 孙秀林，周飞舟. 土地财政与分税制：一个实证解释 [J]. 中国社会科学，2013（4）：40-59.

[136] 唐东波. 挤入还是挤出：中国基础设施投资对私人投资的影响研究 [J]. 金融研究，2015（8）：31-45.

[137] 唐雪松，周晓苏，马如静. 政府干预、GDP 增长与地方国企过度投资 [J]. 金融研究，2010（8）：33-48.

[138] 陶然，苏福兵，陆曦，等. 经济增长能够带来晋升吗？——对晋升锦标竞赛理论的逻辑挑战与省级实证重估 [J]. 管理世界，2010（12）：13-26.

[139] 王凤彬，杨阳. 跨国企业对外直接投资行为的分化与整合——基于上市公司市场价值的实证研究 [J]. 管理世界，2013（3）：148-171.

[140] 王桂新. 城市化基本理论与中国城市化的问题及对策 [J]. 人口研究，2013，37（6）：43-51.

[141] 王汉生，王一鸽. 目标管理责任制：农村基层政权的实践逻辑 [J]. 社会学研究，2009，（2）：61-92，244.

[142] 王家庭，谢郁，马洪福，等. 中国城市蔓延的多指标指数测度研究——基于快速城镇化的背景 [J]. 城市规划，2019，43（6）：9-19.

[143] 王世磊，张军. 中国地方官员为什么要改善基础设施？——一个关于官员激励机制的模型 [J]. 经济学（季刊），2008（2）：383-398.

[144] 王文春，荣昭. 房价上涨对工业企业创新的抑制影响研究 [J]. 经济学（季刊），2014，13（2）：465-490.

[145] 王文甫，明娟，岳超云. 企业规模、地方政府干预与产能过剩 [J]. 管理世界，2014（10）：17-36，46.

[146] 王贤彬，陈春秀. 经济增长目标压力遏制制造业全要素生产率提升了吗？[J]. 产经评论，2019，10（6）：108-122.

[147] 王贤彬，黄亮雄. 地方经济增长目标管理——一个三元框架的

理论构建与实证检验 [J]. 经济理论与经济管理, 2019 (9): 30 - 44.

[148] 王贤彬, 刘淑琳, 黄亮雄. 经济增长压力与地区创新——来自经济增长目标设定的经验证据 [J]. 经济学 (季刊), 2021, 21 (4): 1147 - 1166.

[149] 王贤彬, 徐现祥, 李郇. 地方官员更替与经济增长 [J]. 经济学 (季刊), 2009, 8 (4): 1301 - 1328.

[150] 王贤彬, 徐现祥. 地方官员晋升竞争与经济增长 [J]. 经济科学, 2010 (6): 42 - 58.

[151] 王贤彬, 徐现祥, 周靖祥. 晋升激励与投资周期——来自中国省级官员的证据 [J]. 中国工业经济, 2010 (12): 16 - 26.

[152] 王贤彬, 许婷君. 外商直接投资与僵尸企业——来自中国工业企业的微观证据 [J]. 国际经贸探索, 2020, 36 (9): 72 - 87.

[153] 王贤彬, 张莉, 徐现祥. 地方政府土地出让、基础设施投资与地方经济增长 [J]. 中国工业经济, 2014 (7): 31 - 43.

[154] 王小鲁, 樊纲, 刘鹏. 中国经济增长方式转换和增长可持续性 [J]. 经济研究, 2009, 44 (1): 4 - 16.

[155] 王永进, 黄青. 交通基础设施质量、时间敏感度和出口绩效 [J]. 财经研究, 2017, 43 (10): 97 - 108.

[156] 王永进, 张国峰. 人口集聚、沟通外部性与企业自主创新 [J]. 财贸经济, 2015 (5): 132 - 146.

[157] 王雨飞, 倪鹏飞. 高速铁路影响下的经济增长溢出与区域空间优化 [J]. 中国工业经济, 2016 (2): 21 - 36.

[158] 王志刚, 龚六堂, 陈玉宇. 地区间生产效率与全要素生产率增长率分解 (1978—2003) [J]. 中国社会科学, 2006 (2): 55 - 66, 206.

[159] 韦倩, 王安, 王杰. 中国沿海地区的崛起: 市场的力量 [J]. 经济研究, 2014, 49 (8): 170 - 183.

[160] 魏后凯. 外商直接投资对中国区域经济增长的影响 [J]. 经济研究, 2002 (4): 19 - 26.

[161] 魏下海, 董志强, 刘愿. 政治关系、制度环境与劳动收入份额——基于全国民营企业调查数据的实证研究 [J]. 管理世界, 2013 (5): 35 - 46.

[162] 温军, 冯根福. 异质机构、企业性质与自主创新 [J]. 经济研究, 2012, 47 (3): 53 - 64.

[163] 温军, 冯根福. 风险投资与企业创新: "增值" 与 "攫取" 的

权衡视角 [J]. 经济研究, 2018, 53 (2): 185 - 199.

[164] 吴丰华, 刘瑞明. 产业升级与自主创新能力构建——基于中国省际面板数据的实证研究 [J]. 中国工业经济, 2013 (5): 57 - 69.

[165] 吴一凡, 刘彦随, 李裕瑞. 中国人口与土地城镇化时空耦合特征及驱动机制 [J]. 地理学报, 2018, 73 (10): 1865 - 1879.

[166] 席鹏辉, 梁若冰, 谢贞发, 等. 财政压力、产能过剩与供给侧改革 [J]. 经济研究, 2017, 52 (9): 86 - 102.

[167] 肖丁丁, 朱桂龙, 王静. 政府科技投入对企业 R&D 支出影响的再审视——基于分位数回归的实证研究 [J]. 研究与发展管理, 2013, 25 (3): 25 - 32.

[168] 肖洁, 龚六堂, 张庆华. 分权框架下地方政府财政支出与政治周期——基于地级市面板数据的研究 [J]. 经济学动态, 2015A (10): 17 - 30.

[169] 肖洁, 龚六堂, 张庆华. 市委书记市长变更、财政支出波动与时间不一致性 [J]. 金融研究, 2015B (6): 94 - 110.

[170] 肖文, 林高榜. 政府支持、研发管理与技术创新效率——基于中国工业行业的实证分析 [J]. 管理世界, 2014 (4): 71 - 80.

[171] 谢家智, 王文涛, 江源. 制造业金融化、政府控制与技术创新 [J]. 经济学动态, 2014 (11): 78 - 88.

[172] 谢千里, 罗斯基, 张轶凡. 中国工业生产率的增长与收敛 [J]. 经济学 (季刊), 2008, 7 (3): 809 - 826.

[173] 邢斐, 张建华. 外商技术转移对我国自主研发的影响 [J]. 经济研究, 2009, 44 (6): 94 - 104.

[174] 徐现祥, 李书娟, 王贤彬, 等. 中国经济增长目标的选择: 以高质量发展终结"崩溃论" [J]. 世界经济, 2018, 41 (10): 3 - 25.

[175] 徐现祥, 梁剑雄. 经济增长目标的策略性调整 [J]. 经济研究, 2014, 49 (1): 27 - 40.

[176] 徐现祥, 刘毓芸. 经济增长目标管理 [J]. 经济研究, 2017, 52 (7): 18 - 33.

[177] 徐现祥, 王贤彬. 晋升激励与经济增长: 来自中国省级官员的证据 [J]. 世界经济, 2010, 33 (2): 15 - 36.

[178] 徐现祥, 王贤彬, 舒元. 地方官员与经济增长——来自中国省长、省委书记交流的证据 [J]. 经济研究, 2007, 42 (9): 18 - 31.

[179] 徐业坤, 钱先航, 李维安. 政治不确定性、政治关联与民营企业投资——来自市委书记更替的证据 [J]. 管理世界, 2013 (5): 116 - 130.

［180］许成刚. 中国经济改革的制度基础［J］. 世界经济文汇，2009（4）：105 – 116.

［181］杨其静. 企业成长：政治关联还是能力建设？［J］. 经济研究，2011，46（10）：54 – 66，94.

［182］杨其静，吴海军. 产能过剩、中央管制与地方政府反应［J］. 世界经济，2016，39（11）：126 – 146.

［183］杨青青，苏秦，尹琳琳. 我国服务业生产率及其影响因素分析——基于随机前沿生产函数的实证研究［J］. 数量经济技术经济研究，2009，26（12）：46 – 57，136.

［184］杨汝岱. 中国制造业企业全要素生产率研究［J］. 经济研究，2015，50（2）：61 – 74.

［185］杨亭亭，罗连化，许伯桐. 政府补贴的技术创新效应："量变"还是"质变"？［J］. 中国软科学，2018（10）：52 – 61.

［186］杨维，姚程，苏梦颖. 城镇化水平影响创新产出的地区差异性和空间依赖性——基于非空间面板与空间面板模型的实证分析［J］. 中国软科学，2019（7）：91 – 101.

［187］姚洋. 中性政府：对转型期中国经济成功的一个解释［J］. 经济评论，2009（3）：5 – 13.

［188］姚洋，张牧扬. 官员绩效与晋升锦标赛——来自城市数据的证据［J］. 经济研究，2013，48（1）：137 – 150.

［189］于蔚，汪淼军，金祥荣. 政治关联和融资约束：信息效应与资源效应［J］. 经济研究，2012，47（9）：125 – 139.

［190］余东华. 地区行政垄断、产业受保护程度与产业效率——以转型时期中国制造业为例［J］. 南开经济研究，2008（4）：86 – 96.

［191］余东华，吕逸楠. 政府不当干预与战略性新兴产业产能过剩——以中国光伏产业为例［J］. 中国工业经济，2015（10）：53 – 68.

［192］余明桂，李文贵，潘红波. 管理者过度自信与企业风险承担［J］. 金融研究，2013（1）：149 – 163.

［193］余泳泽，刘大勇. 我国区域创新效率的空间外溢效应与价值链外溢效应——创新价值链视角下的多维空间面板模型研究［J］. 管理世界，2013（7）：6 – 20，70，187.

［194］余泳泽，刘大勇，龚宇. 过犹不及事缓则圆：地方经济增长目标约束与全要素生产率［J］. 管理世界，2019，35（7）：26 – 42，202.

［195］余泳泽，潘妍. 中国经济高速增长与服务业结构升级滞后并存

之谜——基于地方经济增长目标约束视角的解释 [J]. 经济研究, 2019, 54 (3)：150 – 165.

[196] 余泳泽, 杨晓章. 官员任期、官员特征与经济增长目标制定——来自 230 个地级市的经验证据 [J]. 经济学动态, 2017 (2)：51 – 65.

[197] 袁建国, 后青松, 程晨. 企业政治资源的诅咒效应——基于政治关联与企业技术创新的考察 [J]. 管理世界, 2015 (1)：139 – 155.

[198] 岳金桂, 陆晓晨. 地方政府竞争、土地价格与外商直接投资——基于 69 个地级市面板数据的分析 [J]. 南京审计大学学报, 2018, 15 (2)：35 – 45.

[199] 詹新宇, 刘文彬, 李文健. 地方经济增长目标管理与企业实际税负 [J]. 财政研究, 2020 (11)：84 – 100.

[200] 詹新宇, 刘文彬. 中国式财政分权与地方经济增长目标管理——来自省、市政府工作报告的经验证据 [J]. 管理世界, 2020, 36 (3)：23 – 39, 77.

[201] 詹新宇, 曾傅雯. 经济增长目标动员与地方政府债务融资 [J]. 经济学动态, 2021 (6)：83 – 97.

[202] 张川川, 贾珅, 杨汝岱. "鬼城"下的蜗居：收入不平等与房地产泡沫 [J]. 世界经济, 2016, 39 (2)：120 – 141.

[203] 张德荣. "中等收入陷阱"发生机理与中国经济增长的阶段性动力 [J]. 经济研究, 2013, 48 (9)：17 – 29.

[204] 张峰, 黄玖立, 王睿. 政府管制、非正规部门与企业创新：来自制造业的实证依据 [J]. 管理世界, 2016 (2)：95 – 111, 169.

[205] 张杰, 郑文平, 翟福昕. 竞争如何影响创新：中国情景的新检验 [J]. 中国工业经济, 2014 (11)：56 – 68.

[206] 张杰. 中国制造业要素配置效率的测算、变化机制与政府干预效应 [J]. 统计研究, 2016, 33 (3)：72 – 79.

[207] 张军. 资本形成、工业化与经济增长：中国的转轨特征 [J]. 经济研究, 2002 (6)：3 – 13.

[208] 张军. 中国经济发展：为增长而竞争 [J]. 世界经济文汇, 2005 (C1)：101 – 105.

[209] 张军. 分权与增长：中国的故事 [J]. 经济学 (季刊), 2008 (1)：21 – 52.

[210] 张军, 高远. 官员任期、异地交流与经济增长——来自省级经验的证据 [J]. 经济研究, 2007, 42 (11)：91 – 103.

[211] 张军，高远，傅勇，等. 中国为什么拥有了良好的基础设施？[J]. 经济研究，2007，42（3）：4-19.

[212] 张军，周黎安. 为增长而竞争：中国增长的政治经济学 [M]. 上海：上海人民出版社，2008.

[213] 张莉，高元骅，徐现祥. 政企合谋下的土地出让 [J]. 管理世界，2013（12）：43-51，62.

[214] 张莉，黄亮雄，刘京军. 土地引资与企业行为——来自购地工业企业的微观证据 [J]. 经济学动态，2019（9）：82-96.

[215] 张莉，王贤彬，徐现祥. 财政激励、晋升激励与地方官员的土地出让行为 [J]. 中国工业经济，2011（4）：35-43.

[216] 张莉，朱光顺，李夏洋，等. 重点产业政策与地方政府的资源配置 [J]. 中国工业经济，2017（8）：63-80.

[217] 张敏，童丽静，许浩然. 社会网络与企业风险承担——基于我国上市公司的经验证据 [J]. 管理世界，2015（11）：161-175.

[218] 张其仔，李蕾. 制造业转型升级与地区经济增长 [J]. 经济与管理研究，2017，38（2）：97-111.

[219] 张峣，路继业，姬东骅. 产业政策能否促进企业风险承担？[J]. 会计研究，2019（7）：3-11.

[220] 张少华，蒋伟杰. 中国的产能过剩：程度测算与行业分布 [J]. 经济研究，2017，52（1）：89-102.

[221] 张卫国，任燕燕，侯永建. 地方政府投资行为对经济长期增长的影响——来自中国经济转型的证据 [J]. 中国工业经济，2010（8）：23-33.

[222] 张卫国，任燕燕，花小安. 地方政府投资行为、地区性行政垄断与经济增长——基于转型期中国省级面板数据的分析 [J]. 经济研究，2011，40（8）：26-37.

[223] 张五常. 中国的经济制度 [M]. 北京：中信出版社，2008.

[224] 张一，柳春，魏昀妍，等. 制度距离如何影响 FDI 进入模式选择——来自工业企业的证据 [J]. 国际经贸探索，2019，35（8）：67-83.

[225] 张应武，刘凌博. 营商环境改善能否促进外商直接投资 [J]. 国际商务（对外经济贸易大学学报），2020（1）：59-70.

[226] 赵昌文，许召元，朱鸿鸣. 工业化后期的中国经济增长新动力 [J]. 中国工业经济，2015（6）：44-54.

[227] 赵立雨，师萍. 政府财政研发投入与经济增长的协整检验——基于

1989—2007 年的数据分析［J］. 中国软科学，2010（2）：53－58，186.

［228］中国经济增长前沿课题组. 中国经济增长的低效率冲击与减速治理［J］. 经济研究，2014，49（12）：4－17，32.

［229］钟春平，田敏. 预期、有偏性预期及其形成机制：宏观经济学的进展与争议［J］. 经济研究，2015，50（5）：162－177.

［230］钟凯，杨鸣京，程小可. 制度环境、公司治理与企业创新投资：回顾与展望［J］. 金融评论，2017，9（6）：60－71，124－125.

［231］周飞舟. 锦标赛体制［J］. 社会学研究，2009（3）：54－77＋244.

［232］周浩，郑筱婷. 交通基础设施质量与经济增长：来自中国铁路提速的证据［J］. 世界经济，2012，35（1）：78－97.

［233］周黎安. 晋升博弈中政府官员的激励与合作——兼论我国地方保护主义和重复建设问题长期存在的原因［J］. 经济研究，2004，39（6）：33－40.

［234］周黎安. 中国地方官员的晋升锦标赛模式研究［J］. 经济研究，2007，42（7）：36－50.

［235］周黎安. 转型中的地方政府：官员激励与治理［M］. 上海：格致出版社，2008.

［236］周黎安. "官场＋市场"与中国增长故事［J］. 社会，2018，38（2）：1－45.

［237］周黎安，刘冲，厉行，等. "层层加码"与官员激励［J］. 世界经济文汇，2015（1）：1－15.

［238］周黎安，罗凯. 企业规模与创新：来自中国省级水平的经验证据［J］. 经济学（季刊），2005（2）：623－638.

［239］朱纪广，许家伟，李小建，等. 中国土地城镇化和人口城镇化对经济增长影响效应分析［J］. 地理科学，2020，40（10）：1654－1662.